现代
消费经济学

刘 慧 龙少波 主编

中国财经出版传媒集团
经济科学出版社
Economic Science Press

图书在版编目（CIP）数据

现代消费经济学/刘慧，龙少波主编. —北京：经济科学出版社，2021.5
ISBN 978-7-5218-2513-8

Ⅰ.①现… Ⅱ.①刘…②龙… Ⅲ.①消费经济学-高等学校-教材 Ⅳ.①F014.5

中国版本图书馆 CIP 数据核字（2021）第 071990 号

责任编辑：周国强
责任校对：李　建
责任印制：王世伟

现代消费经济学
刘　慧　龙少波　主编
经济科学出版社出版、发行　新华书店经销
社址：北京市海淀区阜成路甲 28 号　邮编：100142
总编部电话：010-88191217　发行部电话：010-88191522
网址：www.esp.com.cn
电子邮箱：esp@esp.com.cn
天猫网店：经济科学出版社旗舰店
网址：http://jjkxcbs.tmall.com
北京季蜂印刷有限公司印装
787×1092　16 开　14.75 印张　360000 字
2021 年 5 月第 1 版　2021 年 5 月第 1 次印刷
ISBN 978-7-5218-2513-8　定价：59.00 元
（图书出现印装问题，本社负责调换。电话：010-88191510）
（版权所有　侵权必究　打击盗版　举报热线：010-88191661
QQ：2242791300　营销中心电话：010-88191537
电子邮箱：dbts@esp.com.cn）

序一

祝贺刘慧、龙少波主编的《现代消费经济学》问世!

记得读大学时,马克思主义对社会生产过程四个环节的划分及生产、交换、分配和消费之间的基本关系的理论给我留下了刻骨铭心的印象。但当逐个学习每一个环节时,政治经济学教科书上却没有消费的一席之地。带着这个疑问,我产生了对消费进行探索的渴望。令人欣喜的是,临近毕业论文选题之前,北京大学刘方棫教授给我们开了消费的选修课,并自谦为一名"新兵"。课程结束后,我们班同学在听课笔记的基础上帮助刘教授整理了讲稿。后来,在此讲稿的基础上诞生了我国第一部《消费经济学》;刘教授还开创了生产力经济学。与此同时,尹世杰教授等学者也开始了消费经济学的创建和探索。消费经济学一时成为经济学的一枝奇葩。

任何一门学科的形成和发展,都离不开学科所承担的历史任务。消费经济学和生产力经济学这两个典型的"国产学科",形成于中国改革开放初,社会实践对发展生产力和提升消费发出的强烈理论呼唤。在当时的历史背景下,以生产关系为研究对象的政治经济学,难以满足社会实践的现实需要,消费经济学和生产力经济学应运而生,起到了巨大的理论推动作用。随着社会主义政治经济学研究对象的扩展和西方经济学在国内的兴盛,这两门马克思主义政治经济学藤蔓上结出的"国产学科"逐渐式微;生产力经济学未能继续生长,消费经济学虽然在一批老中青学者的坚守和奋争中得以生存和延续,但始终未能复兴初创时的辉煌。

"十四五"时期,我国在全面建成小康社会的基础上,将开启全面建设社会主义现代化新征程。人民生活更加美好已经成为可及目标;消费在新发展阶段,与新发展理念、新发展格局直接相关、密切联系。因此,新的历史条件下,消费再次成为经济社会发展的关键。消费经济学因时而兴,而与现代化相适应的现代消费经济学再度兴起就成为历史必然。

这本《现代消费经济学》正是在这样的情境下应运而生。转变经济发展方式催生消费结构调整,消费升级迫切需要消费理论的指导。如何正确认识消费升级的历史必然性、消费升级有什么样的规律、消费升级与产业结构和其他经济因素的关联、如何选择消费升级的路径等问题,这本书都从理论和实践角度进行了相关梳理,并根据时代特征,对前沿的热点趋势问题进行了专题研究。例如,"消费扶贫"一章体现了中国特色社会主义的特色;"品牌消费"一章体现我国已经进入对高品质生活追求的阶段。面对现实生活中消费者的种种迷茫,消费者如何克服盲目、增强识别和抵御商家诱惑的能力,通过学习走向成熟和自觉,国家治理如何确保人的全面发展和公民对幸福的追求，"消费主义""公共消费"等章节都给予了详细的阐释。面对人类与自然环境不断恶化的趋势以及国内的生态危机，生态文明建设对合理消费、绿色消费的呼唤，本书也专列章节予以阐述。第三次工业革命和大数据时代，必然产生新的生产方式，对随之必然发生的消费方式变革，本书也专列章节对数字消费进行了详细的阐述。

我虽然毕业留校就开设了消费经济学课程，而且持续与研究生在课堂上进行了消费经济的专题探索，但始终没有成书，这本书的问世，也算帮我了却一个夙愿。刘慧在攻读硕士、博士学位时，就对消费经济学有着浓厚的研究兴趣，并打下了坚实的理论基础；毕业从教后又继续深入消费经济学的教学研究，吸收了现代经济学的研究方法。这本《现代消费经济学》不但坚持了马克思主义政治经济学关于消费的基本理论，而且系统梳理、广泛借鉴了西方经济学和国外现代有关消费的学说，视野开阔、富有启发；同时密切跟踪现实中的消费问题，深入思考、系统探索，写作深入浅出、比较实用。我想这本书有助于读者在较短时间内全面、深入了解消费经济学的相关经济知识。

希望这本书的出版能起到抛砖引玉的作用，让更多的学者加入到这个领域的研究中。基于这个期望，我愿意为本书做序。

首都经济贸易大学原校长
2021 年 3 月于北京

序二

消费是经济发展的重要动力，也是社会生产过程的终点和最终目的。我国已步入工业化后期，根据国际经验，消费将在这一阶段中成为拉动经济增长的主要动力。随着消费对国民经济增长贡献率越来越大，我国经济发展模式已由投资驱动型逐渐转变为消费驱动型，消费在我国国民经济"压舱石"的作用日益增强。同时，随着消费环境的持续优化，消费升级带动产业升级作用凸显，形成的产业升级和消费升级"双升级"态势使得我国经济结构进一步优化。在传统消费不断提质升级的同时，新兴消费、新生活方式也逐渐兴起，数字消费、共享消费、品牌消费、服务消费方兴未艾，未来我国消费趋势整体向好、发展潜力巨大。

当前中国特色社会主义进入新时代，我国社会的主要矛盾已转化为人民日益增长的美好生活需要和不平衡不充分的发展之间的矛盾。新消费、新生活方式涌现，并呈现数智化、个性化、体验化、社交化、简约化、人文化等新的特征。2020年《中共中央关于制定国民经济和社会发展第十四个五年规划和二〇三五年远景目标的建议》中，提出"线上线下全渠道满足消费需求"，以新业态新模式引领新型消费，激发新型消费内生动力。同时，规划纲要还明确提出"实施文化产业数字化战略，加快发展新型文化企业、文化业态、文化消费模式"。如何满足居民的高质量消费需求，如何激发新型消费的内生动力，扩大消费需求总量，加快消费优化升级，也是畅通国内经济大循环的重要任务之一。但同时也给传统的消费经济学带来了新的问题和挑战。因此，我们需要继续深入研究消费经济理论，进行消费经济学的教学和实践，以更好地激发居民消费潜力的释放，加快构建新发展格局。

基于以上背景，一本能够适应现代消费模式转变、反映现代消费新规律的消费经济学教材亟待出版。这本《现代消费经济学》始终以马克思主义政治经济学关于消费的基本理论为主线展开研究，同时又系统梳理、广泛借鉴了西方经济学和国外现代有关消费的学说，视野开阔、富有启发。这是一部很有特色、紧跟学术前沿的教材。例如，专列章节，详细介绍了数智革命时代应运而生的服务消费、文化消费、数字消费、共享消费等新消费模式，以及公共消费和消费扶贫等富有时代特色的消费理论。同时，基于人类与自然环境不断恶化的趋势以及国内的生态危机，生态文明建设对合理消费、绿色消费的呼唤，这本书也专列章节予以详细阐述。另外，本书大部分章节都设置了相关政策文件、前沿知识以及案例，将政策、理论、实践相结合，便于读者理论联系实际，理解国家消费经济政策制定的背景和实施效果。

希望本书的出版，能够为广大从事消费经济学研究的学者们提供相关参考和材料，帮助他们掌握和运用消费规律，为国家消费政策的制定和促进国民经济的发展提供科学依据。也希望这本书的出版能起到抛砖引玉的作用，让更多的学者加入到这个领域的研究中。

中国社会科学院财经战略研究院副院长、中国市场学会会长
2021年3月于北京

目录

第一章 导论 ··· 1
  第一节 消费与消费经济学 ··· 1
  第二节 消费经济学的研究对象 ··· 2
  第三节 消费经济学与其他经济学科的关系 ··· 5

第二章 消费理论 ··· 7
  第一节 马克思的消费经济理论 ··· 7
  第二节 西方主要消费经济理论 ··· 9
  第三节 西方其他消费经济理论 ··· 17
  思考题 ·· 29

第三章 消费需求 ·· 30
  第一节 消费需求的基本性质 ·· 30
  第二节 影响和决定消费需求的因素 ··· 33
  第三节 满足不同层次的消费需求 ·· 35
  扩展材料 ·· 38
  思考题 ·· 39

第四章 消费升级 ·· 40
  第一节 消费升级的含义及规律 ··· 40
  第二节 我国消费升级的历史演变 ·· 43
  第三节 消费升级的主要影响因素 ·· 45
  第四节 消费升级与产业升级 ·· 47
  扩展材料 ·· 49
  思考题 ·· 50

第五章　消费环境 ······ 51
第一节　消费环境的基本内容 ······ 51
第二节　我国消费环境的变迁与现状 ······ 53
第三节　改善消费环境的重要性 ······ 55
第四节　消费环境的优化路径 ······ 57
扩展材料 ······ 58
思考题 ······ 59

第六章　服务消费 ······ 60
第一节　服务消费的含义及特点 ······ 60
第二节　服务消费行为及决策 ······ 61
第三节　服务消费的发展基础 ······ 63
第四节　服务消费的新趋势 ······ 69
扩展材料 ······ 72
思考题 ······ 72

第七章　绿色消费 ······ 73
第一节　绿色消费的含义及特点 ······ 73
第二节　绿色消费的制约因素 ······ 75
第三节　培育绿色消费环境 ······ 77
第四节　绿色消费与绿色产业 ······ 82
第五节　绿色营销与绿色消费 ······ 83
扩展材料 ······ 85
思考题 ······ 86

第八章　文化消费 ······ 87
第一节　文化的内涵及规律 ······ 87
第二节　文化消费的内涵及特征 ······ 88
第三节　我国文化消费的发展 ······ 90
第四节　文化消费与消费文化 ······ 94
第五节　新时代的文化消费战略 ······ 96
扩展材料 ······ 98
思考题 ······ 99

第九章　数字消费 ·· 100

第一节　数字消费的内涵及特点 ···················· 100
第二节　数字消费的产生与前景 ···················· 102
第三节　数字消费者行为及趋势 ···················· 106
扩展材料 ·· 107
思考题 ·· 108

第十章　共享消费 ·· 109

第一节　共享消费的内涵及特点 ···················· 109
第二节　共享消费的产生及优势 ···················· 111
第三节　共享消费的主要模式 ······················ 114
扩展材料 ·· 116
思考题 ·· 117

第十一章　公共消费 ······································ 118

第一节　公共消费的内涵和特征 ···················· 118
第二节　公共消费的意义 ·························· 119
第三节　国内外公共消费政策实践 ·················· 123
第四节　中国公共消费发展路径选择 ················ 132
扩展材料 ·· 139
思考题 ·· 140

第十二章　消费信贷 ······································ 141

第一节　消费信贷的概念 ·························· 141
第二节　消费信贷决策 ···························· 145
第三节　我国消费信贷的现状和问题 ················ 147
第四节　完善我国消费信贷的对策 ·················· 149
扩展材料 ·· 150
思考题 ·· 151

第十三章　消费扶贫 ······································ 152

第一节　消费扶贫的定义和内涵 ···················· 152
第二节　消费扶贫的减贫机制 ······················ 156

第三节　消费扶贫与经济增长 159
扩展材料 161
思考题 163

第十四章　品牌消费 164

第一节　品牌的内涵与特征 164
第二节　品牌与消费者的关系 170
第三节　品牌消费的发展趋势 175
扩展材料 178
思考题 179

第十五章　消费主义 180

第一节　消费主义的内涵及特征 180
第二节　消费主义的形成 181
第三节　消费主义与产业革命 182
第四节　反消费主义的发展 184
扩展材料 185
思考题 186

第十六章　消费者权益 187

第一节　消费者权益 187
第二节　维护消费者权益的意义 189
第三节　消费者权利 191
第四节　消费者权益受损的表现和原因 194
第五节　加强维护消费者权益 196
扩展材料 197
思考题 198

第十七章　消费经济政策 199

第一节　消费经济政策的内容 199
第二节　消费经济政策的类型 200
第三节　中西方消费经济政策的比较 204
扩展材料 206
思考题 207

第十八章　消费经济调控 ······ 208

第一节　消费经济调控的必要性 ······ 208
第二节　中西方消费经济调控的历史回顾 ······ 210
第三节　消费经济调控的基本原则和方法 ······ 214
扩展材料 ······ 216
思考题 ······ 217

参考文献 ······ 218
后记 ······ 221

第一章
导　论

第一节　消费与消费经济学

一、消费的概念及作用

（一）消费的概念

消费是指使用物质资料（货物）和劳务来满足人们的某种需要的行为过程，是生产的最终目的。生产的目的是为了把产品或服务卖掉和被消费，如果产品和服务没有被消费，那么生产也就失去了意义。

消费是社会总需求的主体，是宏观经济分析的主要研究对象。

广义的消费包括生产消费和生活消费，狭义的消费专指生活消费。生活消费还可分为社会消费和个人消费两类，社会消费包括政府消费和集体消费。由居民个人收入实现的个人消费，是整个生活消费中的主要部分。

（二）消费的作用

1. 消费是社会再生产的重要环节

在社会再生产过程中，生产是决定性环节，它创造消费对象，决定消费方式，产生新的消费需要。但生产的目的和效果，要受消费的检验，生产出来的产品，只有被消费，其价值和使用价值、生产目的和效果才能得到实现。

消费在国民经济中具有重要地位，它是社会再生产过程中的一个环节，既是一次循环的终点，又是下一次循环的起点。消费既是社会再生产的一个重要环节，也是人的再生产的前提条件，为下一个生产过程再生产劳动力，为生产创造需要和动力。

2. 对消费者的作用

消费能够满足人们的需求，实现商品的价值，使人感到满足。消费是自我价值的满足与体现，激发人们为实现目标而不断努力，同时个人消费者为了满足更高的消费需求，提升消费层次，就需要努力工作赚钱，从而使得劳动者能够充分发挥自己的价值，得到个人能力的提升，使社会能够不断前进，生产力不断发展。

3. 对经济发展的作用

消费促进了货币流通，促进了商品流通，增加了就业岗位，促进了经济增长，对实现人民生活水平的提高有重大作用。消费是拉动经济发展的"三驾马车"之一，国家"扩大内需"的政策就是鼓励消费与投资，刺激消费，使商品能及时销售，实现社会的再生产。

4. 对企业的作用

消费对企业来讲也是非常重要的，企业为了使自己的商品更好地销售出去，就会进行市场调查、进行科学研究，依靠自主创新，生产出为广大消费者所喜爱的高质量商品，促进企业内部结构优化，引导产业结构调整，推动产业优化升级，形成严密科学的结构与管理体制。

另外，中共十九大报告提出要"完善促进消费的体制机制，增强消费对经济发展的基础性作用"，这不仅是首次强调消费的基础性作用，更要求从体制与机制的高度解决居民消费不足的问题。我国经济已由高速增长阶段转向高质量发展阶段，这不仅是对中国经济所处的新发展阶段的正确认识，更为"增强消费对经济发展的基础性作用"这一目标的实现打开了空间。

二、消费经济学

消费经济学的英文名称为"consumer economics"，"consumer"是消费者的意思，也就是说消费经济学的出发点和归宿点是人，是为了消费者的经济学。

我们要研究消费、需要、需求、幸福、消费者、消费者利益等问题，要研究品牌消费、公共消费、服务消费、绿色消费等热点、前沿问题。

消费经济学是经济学的一个重要分支学科，是理论经济学、应用经济学、社会学等学科交融发展的一个领域。

消费经济学研究将微观消费与宏观消费相结合，通过观察消费、储蓄、投资、信贷、就业等具体经济现象，分析总需求水平、产业结构演变、产业发展、消费方式变化等宏观经济问题，是统计、计量经济和博弈方法在消费经济问题实证研究中的具体应用。

第二节 消费经济学的研究对象

一、研究消费者行为的经济学科

消费者是商品市场的购买者、金融市场的购买者，也是劳动力市场的供给者。消费经济学要研究与消费有直接关系的人类的经济活动。其经济活动是指，消费者在通过劳动力供给或者消费信贷获得可支配的收入，收入在消费和储蓄之间进行分配时，会有不同的消费决策和储蓄决策。用于消费的部分会在各个消费项目（食品、衣物、住房、交通、服务、娱乐休闲、旅游等）之间进行再分配，对于每一项细分，消费者每天都要进行购买决策，即买什么（what）、在哪里买（where）、如何买（how）、买多少（how much）、何时买（when）以及为什么买（why），涉及商品、品牌、时间、地点等决策。因此，消费经济学研究影响消费行为的宏观、中观、微观因素，从而为宏观经济政策服务。

二、研究"花钱"的学科

消费经济学以消费为出发点,对消费与生产、消费与交换、消费与分配的关系进行再分析。消费经济学是经济学,离不开供给与需求、成本和收益的分析,但出发点和观察点不同,就会有不同的结论。它是研究"花钱"的学问。

消费经济学与传统经济学都要研究流通过程,传统经济学研究的是怎么卖,而消费经济学研究的是怎么买。商品营销学和消费经济学都会涉猎消费者心理学和消费者行为学。但前者关心的是如何利用消费者心理和把控消费者行为,以实现商品的售出和利润的获得;而后者关心的却是如何抵御商家诱惑和把控自我、理性购买,以实现成本最小、收益最大。[1]

举个例子,某品牌的老年运动鞋,通过电视广告的大肆宣传,诱惑了一大批"爷爷辈"的粉丝,人手至少一双,有的老人给家里每一位成员来一双,但实际上呢,鞋子并不是像广告宣传的那样神奇,穿起来也并不舒服,遇到问题也很难得到解决。那么我们这门课就是要帮助大家从源头上解决这些问题,怎么抵御商家的这种诱惑,理性购买,维护自身权益。

所以,与"赚钱的学问"不同,消费经济学这门课研究的是"花钱的学问"。

三、消费经济学的基本内容

(一) 消费与收入的关系

消费和收入之间的关系可以用消费函数来衡量。例如,农村居民消费是什么样,城镇居民消费是什么样的?大致的花销是什么?给大家一个数据,2017年农村居民人均可支配收入等于2007年城镇居民人均可支配收入,这意味着什么?某种程度上来说,农村发展落后城镇发展10年,这样大家可以更好地理解城乡差异了,能更好地理解为什么拼多多这么火爆,能在美国上市了。

(二) 消费需求与经济增长的关系

消费需求和经济增长的关系是一成不变的吗?消费对经济增长的贡献是怎么变化的?回答这些问题就可以理解"三驾马车"之间的关系,以及经济增长的动力。

(三) 消费结构含义及其演变规律

中国的消费结构是什么?消费结构的规律是什么?跟世界其他国家相比,中国的消费结构处于什么样的状态?目前的消费结构是符合消费结构升级规律的吗?我们国家要不要调整产业结构?怎样调整产业结构?

(四) 消费方式含义及其演变规律

消费方式是在一定的环境制约下,消费者对消费对象是如何进行消费使用的。我们要研究绿色消费、文化消费、公共消费、品牌消费等消费方式的含义及其发展,以及消费对象的工具、手段和方法等。最明显的案例就是无现金支付方式的变化了,在中国这片热土上,无论你是线上购物还是线下买菜、坐地铁、吃饭等,现在是不是很

---

[1] 文魁. 消费经济学学科建设的十条建言 [J]. 消费经济, 2014 (10): 80-82.

难找到不能用支付宝、微信支付的商家了？甚至在国外，日本、新加坡等亚洲国家的商家都可以用支付宝支付。那么这种消费方式的变革，其背后是什么？其演变的规律是什么？中国的消费方式跟日本、美国、欧洲相比，有什么不同？

（五）消费者保护

这几年我们消费者保护方面做得越来越好，消费者的维权意识也越来越强。每年的"3·15"应该是不良商家最难熬的日子，为什么"3·15"早就有了，但直到这几年才得到重视？其背后的原因是什么？国家、消费者、行业和企业都做了什么？

（六）要探索消费与资源、环境、人口之间的关联

人类的消费与人类所有的经济活动一样，须臾不可离开资源、环境、人口等因素，因此，在人与自然的基本关系上，消费活动首先要保持与自然环境、自然资源的和谐。资本主义以利润的贪婪，不断掠夺自然、破坏生态，导致消费走向异化；社会主义市场经济，则要以幸福的追求，友好对待环境、维护生态，通过消费实现人的价值。[①]"绿水青山就是金山银山"就是最好的印证。

举个例子，我们开始施行的垃圾分类制度。我们先来看看日本，这个资源极度稀缺的岛国，他们的大街上，真的可以说是一尘不染，街道上、商场里几乎看不到垃圾桶。这背后，是什么原因？他们是怎么做到的？

> **扩展阅读**
>
> **日本牛奶盒的处理**
>
> 1. 在教室里，小朋友把牛奶盒里的牛奶喝得干干净净；
> 2. 在装着水的桶里汲水来清洗牛奶纸盒（注意：不是在水龙头下洗，那很浪费水的）；
> 3. 因为已经养成习惯，小朋友一个接一个的来清洗；
> 4. 把洗好的牛奶盒水倒干以后放在通风透光处晾晒；
> 5. 把前一天晒好的牛奶盒用剪刀剪开，方便收集；
> 6. 等着工作人员来收集同学们的牛奶盒。
>
> 资料来源：https://www.sohu.com/a/325079853_100695，2019-07-05。

对于一个牛奶盒，就有这样对我们来说很复杂的流程，但这正是垃圾分类从源头做起的典范。这个案例也说明了消费与文化、环境、生态、人之间的关系。在我国，随着人类经济活动对自然生态环境的破坏日益严重，人们开始关注垃圾对生活环境的影响。由于当今技术的进步，尤其是垃圾处理方式的技术进步，人们对垃圾有了新的认知。

---

① 文魁. 消费经济学学科建设的十条建言 [J]. 消费经济，2014 (10): 80-82.

垃圾分类，从表面直接的作用看，是改变了垃圾的命运；从背后更深刻的意义看，是提升了人的文明素质。[①] 当垃圾分类真正成为人们的生活习惯时，人们眼中的垃圾就不再是脏、乱、臭的旧形象，反而会催生出敬畏自然、防止污染、守护家园、节约资源、尊重他人、关爱社会等一系列新的文化理念。垃圾分类提升了人的思想境界，也是人类价值的实现。

（七）寻求消费与经济制度、经济体制、运行机制和文化的联系

在经济学范围内，还必须涉及消费与经济运行各个方面的联系方式和相互作用。例如，消费中的政府与市场、消费与资源配置、消费与价格机制、消费文化与文化消费等等。

四、消费经济学的研究方法

中国消费经济学是从马克思主义政治经济学派生而来，马克思主义政治经济学的方法同样适用消费经济学。在消费的具体研究中，西方经济学、心理学、社会学、行为学等学科的分析方法也得到了广泛的应用。在此基础之上，要从现实的生活场景出发，分析、研究规律性的东西，还要不断探索、创新研究方法，特别是数字时代，数据挖掘技术的应用在研究消费问题上尤其重要。

第三节　消费经济学与其他经济学科的关系

一、消费经济学与政治经济学的关系

消费经济学与政治经济学既有联系又有明显的区别，如表 1.1 所示。

表 1.1　　　　　　　　　政治经济学与消费经济学的联系

政治经济学	消费经济学
● 研究生产关系及其发展规律 ● 揭示社会再生产一般规律 ● 是消费经济学的理论基础	● 从消费这一环节来研究生产关系 ● 研究消费领域的特殊矛盾和规律 ● 是政治经济学的发展和具体化

消费水平与消费结构问题，在政治经济学中只是提到和涉及，对于其发展变化的趋势与规律，只能由消费经济学来研究。

二、消费经济学与部门经济学的关系

消费经济学与部门经济学有密切关系。但消费经济学不可能成为部门经济学，部门经济学也不可能代替消费经济学。消费是社会生产的一个环节，不是一个部门。工业、农业、商业等部门都与消费有关，都有其独立的学科，但都不可能全面解决消费

---

① 文魁. 科学认知与行动自觉——生活垃圾管理的理论思考［N］. 北京日报，2020-05-15.

领域的问题，正如消费经济学不可能全面解决工业、农业、商业等部门的问题一样。

三、现代消费经济

现代消费经济学体现"现代"二字，从农业革命到工业革命，再到如今的信息革命，不同的时代消费经济学研究的对象都会呈现不同的变化和侧重点。当下的数字时代，不但生产方式发生了改变，人类的消费、工作和思维方式也发生了深刻的变化。信息给消费者带来巨大的利益的同时，也面临着前所未有的挑战。消费经济学的研究要紧跟时代，深入研究消费者如何适应数字时代提升消费者利益，消费者如何保护和捍卫个人隐私。

面对国家对生态文明、碳中和等时代的必然趋势，消费经济学也需要进行相应的理论创新。

国家已经明确消费在中国经济发展中的基础地位。国家的"双循环"战略，其本质也是夸大国内消费市场。可以看到，中国经济发展中一系列的发展和改革问题都与消费紧密相关，现代消费经济学的研究既要顺应发展需要，服务改革大局，又从消费经济学的视角进行独特的阐释。

第二章
消费理论

第一节 马克思的消费经济理论

马克思虽然没有一套完整的消费著作，但是马克思的消费理论非常丰富。不仅包含了对消费的分类、消费的影响因素、消费观等论述，还涵盖了消费在生产环节的作用。最重要的是，马克思从资本主义的内部矛盾和收入分配制度等经济学的视角出发，揭示了消费的本质，充分体现了他对消费现象的综合思考。

一、马克思对消费进行的分类

马克思首先把消费分为生产消费和个人消费，他指出："工人的消费有两种。在生产本身中他通过自己的劳动消费生产资料，并把生产资料转化为价值高于预付资本价值的产品，这就是他的生产消费。同时这也是购买他的劳动力的资本家对他的劳动力的消费。另一方面，工人把购买他的劳动力而支付给他的货币用于生活资料，这是他的个人消费。可见，工人的生产消费和个人消费是完全不同的。在前一种情况下，工人起资本动力的作用，属于资本家；在后一种情况下，他属于自己，在生产过程以外执行生活职能。前者的结果是资本家的生存，后者的结果是工人自身的生存。"①

他进一步辩证地分析了生产消费和个人消费的关系。一方面，生产过程也就是消费过程。"劳动消费它自己的物质要素，即劳动对象和劳动资料，把他们吞食掉，因而是消费过程。"② 另一方面，消费过程也就是生产过程。"工人的个人消费一方面保证他们维持自己和再生产自己，另一方面通过生活资料的耗费来保证他们不断出现在劳动市场上。罗马的奴隶是由锁链，雇佣工人则由看不见的线系在自己的所有者手里。"③ 同时，马克思指出了生产消费和个人消费的区别。他说生产消费与个人消费的区别在于："后者把产品当作活的个人的生活资料来消费，而前者把产品当作劳动即活的个人发挥作用的劳动力的生活资料来消费。因此个人消费的产物是消费者本身，生产消费的结果是与消费者不同的产品。"④

马克思进而将消费资料消费分为资本家的消费和工人的消费。如果单纯从消费形式来看，资本家的个人消费与工人的个人消费是一样的，"资本家为了要起资本家的作

---

① 马克思. 资本论（第一卷）[M]. 北京：人民出版社，1975：627.
②④ 马克思. 资本论（第一卷）[M]. 北京：人民出版社，1975：208.
③ 马克思. 资本论（第一卷）[M]. 北京：人民出版社，1975：628，629.

用，他也要存在，就是说，也要生活和消费。为了这个目的，他实际上只要像工人一样消费就够了。"① 也就是说，资本家也要到市场上购买生活资料。但是，从本质上看，资本家消费的是工人提供的剩余价值的一部分，即"由可变资本产生的剩余价值的一部分被资本家花费在私人消费上"②。而且只是剩余价值的一部分而不是全部，因为资本主义生产的本质是扩大再生产而不是简单再生产，资本家必须把另外一部分剩余价值进行资本追加，目的是获得更多剩余价值。当然，资本家的个人消费与获得剩余价值之间并不矛盾，而是一致的。"全部过程的目的，发财致富的目的，决不排斥资本家的消费量随着剩余价值量而增大，倒是正好包含这种增大。"③ 资本家的消费资料不仅包括必要的生活资料，而且也包含奢侈品。奢侈品的奢侈不仅满足了资本家的消费，而且还决定在该行业就业的工人的生存和再生产。

从工人消费来看，首先，从消费的性质上说，工人消费的是自己创造的价值，而不作为剩余价值被资本家占有。其次，工人消费一方面维持了工人自身及其家庭的生活；另一方面则客观上为资本家提供了可供持续剥削的劳动力。正如马克思所指出的"工人要不断地作为可供资本家剥削的材料出现在市场上"。④ 最后，从消费的量上看，工人消费仅限于劳动力自身的价值，而劳动力的价值是由生产和再生产劳动力的社会必要劳动时间，或者说维持劳动力所有者所需要的生活资料价值决定。

二、马克思对生产与消费辩证关系的论述

（一）马克思从一般意义上分析了生产与消费的辩证关系

马克思反对把生产与消费割裂开来。他认为，生产直接是消费，消费直接是生产。每一方直接是它的对方，可是同时在两者之间存在着一种中介运动。生产中介着消费，它创造出消费的材料，没有生产，消费就没有对象。但是，消费也中介着生产，因为正是消费替产品创造了主体，产品在消费中才得到最终完成。没有生产，就没有消费；没有消费，也就没有生产。

当然，马克思虽然认为生产直接是消费，消费直接是生产，但生产和消费并不是同一个东西，而是社会再生产过程中的两个重要环节。生产、分配、交换、消费构成社会再生产的一个闭合系统，在这个系统中每一个环节与其他环节都存在着作用与反作用的关系，但又不是等同的，生产在整个环节中起着决定作用，当然生产也决定着消费。

（二）马克思论述了不同社会制度下生产与消费的关系

首先，马克思分析了资本主义以前特别是原始公社中生产方式中的消费。就个人消费品而言，总是分为个人消费和公共消费两部分。马克思认为，在资本主义以前的农耕社会，基本上是自给自足式的，生产的目的就是为了消费。他认为：先前的一切社会发展阶段的生产在本质上是共同的生产。同样，消费也是在较大或较小的共产制

---

① 马克思. 资本论（第二卷）[M]. 北京：人民出版社，1975：70.
② 马克思. 资本论（第二卷）[M]. 北京：人民出版社，1975：111.
③ 马克思. 资本论（第二卷）[M]. 北京：人民出版社，1975：81.
④ 马克思. 资本论（第二卷）[M]. 北京：人民出版社，1975：69.

共同体内部直接分配产品。生产的这种共性是在极狭小的范围内实现的，但是它随之带来的是生产者对自己的生产过程和产品的支配。他们知道产品的结局将是怎样。他们把产品消费掉，产品不离开他们的手。只要生产在这个基础上进行，它就不可能超出生产者的支配范围。在中世纪的社会里，特别是在最初几世纪，生产基本上是为了供自己消费，它主要是满足生产者及其家属的需要。在那些有人身依附关系的地方，例如，在农村中，生产还满足封建主的需要。因此，在这里没有交换，产品也不具有商品的性质，农民家庭差不多生产了自己所需要的一切：食物、用具和衣服。

其次，马克思重点分析了资本主义社会制度下生产与消费的矛盾。在资本主义以前的社会基本上都是生产不足，而资本主义社会则表现为消费不足。这一矛盾主要表现为资本主义生产过剩而消费严重不足。资本主义生产过剩与消费不足的矛盾的形成在于资本主义以对抗性为基础的分配关系，说到底是资本主义分配限制了消费。马克思认为，在资本主义以前的任何社会形态下都曾有消费不足的问题，但是只有在资本主义制度下的消费需求不足最终酿成了经济危机。

最后，马克思分析了未来社会制度下的消费。马克思认为，在社会主义社会个人消费品要实行按劳分配，也就是说消费品数量是由劳动者为社会贡献的劳动量决定的。按劳分配一方面消除了资本主义社会按资分配的不公平性；另一方面也由于每个人的劳动能力不同、抚养人口不同，不可避免地会存在一定意义上的不公平，但这是没有了剥削制度的不公平，与资本主义制度下的不公平不可同日而语。另外，马克思认为，在共产主义社会，则将实行各尽所能、按需分配，消费资料可以满足广大人民群众的根本需求。而且生产与消费不会存在脱节并由此形成经济危机。

第二节　西方主要消费经济理论

一、重商主义的消费理论

（一）早期重商主义

早期的重商主义思想出现在 15 世纪到 16 世纪中叶，代表人物有英国的海尔斯和法国的孟克列钦。

这些经济学家认为货币是财富的唯一形态，而金银是财富的唯一代表，国家的一切政策都应该围绕着获取金银而制定。他们认为，由于本国的金银数额有限，要想增加本国的金银，只能通过对外贸易的方式，通过本国商品的出口销售，获得国外的金银货币。对外贸易是获得货币、增加财富的源泉。

由于将金银视为唯一的财富，重金主义者反对包括消费品在内的商品进口，要求在对外贸易中的每笔交易都必须出超，以增加货币的流入。他们一方面倡导国家提高关税幅度，限制商品流入；另一方面鼓励政府提供出口补贴，增强企业的竞争力。这些政策在保护了本国生产者的同时，严重损害了本国消费者的利益。

（二）晚期重商主义

晚期的重商主义流行于 16 世纪下半叶到 17 世纪中叶，代表人物有英国的托马斯·

孟和法国的柯尔培尔。这些经济学家不再反对货币输出，他们主张保持贸易总额的出超，而不再要求每一笔对外贸易都是顺差。托马斯·孟将财富区分为自然财富和人为财富，把财富的范畴从金银扩充到生活必需品。但他仍然认为"自然财富是最可贵和最有利的"，相比于生活必需品，更看重的是金银财富。正因如此，重工主义者和重商主义者一样，都支持采取贸易保护政策，通过关税政策鼓励出口，在国内提倡节约、抑制对进口品的消费。

总之，重商主义的思想家们把货币的数量视作一国财富的标准，把生产本身看作是工商业的终极目的。这种思想一方面促进了对外贸易的发展，另一方面却忽视了消费环节，牺牲了消费者的利益。

二、古典经济的消费理论

（一）亚当·斯密的消费理论

亚当·斯密，英国经济学家，西方古典经济学的奠基人。斯密虽然没有系统的消费理论，但他在论述分工及资本等问题时专门论述了消费问题，特别是对消费的伦理功用论述较多。

1. 消费与生产的关系

（1）消费是生产的目的。斯密否认了重商主义者"将生产视为工商业的终极目的"这一观点，认为消费才是一切生产的目的，生产者只有满足消费者的需求，其生产的商品才能卖得出去，其利益才能实现。发展经济不能忽视消费者的利益。生产是消费的基础。从产生的顺序上，先有生产再有消费，而且生活必需品的生产在先，非生活必需品的生产在后。他认为，生产生活资料的产业必先于生产便利品和奢侈品的产业。

（2）生产力水平决定了消费水平。生产力水平较高的地区消费水平也偏高。受法国重农学派的影响，斯密以农业生产为例，提出"什么东西增加了生产食物的土地的产出力，它就不仅增加了被改良土地的价值，而且也给许多其他土地的生产物创造了新的需求"。[①] 这一逻辑针对工业品依然适用，生产力的提高为社会上更多的劳动生产物创造了需求，增加了消费的数量和种类。

（3）消费和生产都由市场价格引导。斯密提出"看不见的手"这一经济理论，认为这一工具引导着自由市场生产出正确的产品数量和种类。当产品数量不能满足需求、存在短缺时，该产品的市场价格偏高，有更多的厂商进入市场追逐利润，从而产品数量增加，弥补短缺。当进入的厂商过多时，市场供过于求，产品价格偏低，若价格降低至零经济利润后又继续下跌，则会有厂商退出市场，产品数量减少，最终达到市场均衡。生产者与消费者之间存在着一双"看不见的手"，通过价格的波动引导着生产与消费的均衡。

2. 对不同的消费品进行分类

斯密将消费品分为生活必需品和奢侈品，还提出"耐用物品"的概念。生活必需品就是"大自然使其成为最低阶级人民所必需的物品"，除此之外的一切物品都叫作奢侈品。

[①] 亚当·斯密. 国富论 [M]. 北京：商务印书馆，2015：171.

（1）根据必需品和奢侈品的消费特点采取不同的税收政策。斯密认为必需品的消费是人们生活所不能缺少的，它不算做浪费，但奢侈品的消费是一种浪费行为。所以对奢侈品课税可以使穷人节俭消费，克制贫民对奢侈品的消费。

（2）对不同消费品的追求态度不同。斯密认为，一个人奢侈品越多，就越愿意用剩余财富而不是以他的生命为代价去守卫财富，所谓越穷越勇敢，越富越软弱。

3. 对消费方式进行分类

斯密根据一项消费对社会资本的影响是增加还是减小来评价这项消费的好坏是非。

（1）提倡生产性消费。斯密提倡生产性消费，因为生产性消费有助于资本积累、扩大社会再生产规模，从而提供利润、增加社会纯收入，增加国民财富。而非生产性消费是一种对原有财富的消耗，不能创造物质产品。由于斯密认为物质产品就是国家财富，非生产的服务性劳动不能为社会创造财富，因此他提倡应该减少这种非生产性消费。

（2）耐用消费品的消费有助于财富增长。斯密在《国民财富的性质和原因的研究》中将消费品分为耐用品和易耗品。易耗品的购买立时享用，今日的消费对未来没有益处，不能对未来的财富积累有好处，而耐用品可以长期使用，在短期内无须重复性消费，今日的消费对未来仍有益处，是一种财富的积累。因此斯密提倡对耐用品的消费。

（3）减少消费品的进口。斯密将一国财富分为国内生产性消费、国内非生产性消费和流入外国三大类。流入外国的财富多以货币的形式表现，而这一部分的财富可以用于外国商品的贩运，即购买某国商品再卖到另一个国家，从而赚取商业差价获得净利润；也可以将购买的外国商品用于本国消费，满足本国居民的需求，当这些商品用于生产性消费时，还可以扩大社会再生产规模，有助于资本积累财富增加，但若被用来满足资本家的享受消费，则这部分财富就完全被消耗掉，没有为财富积累做贡献。因此，斯密认为应该减少消费品尤其是奢侈品的进口。

4. 消费结构变化的趋势

（1）房租在总财富中的比重随财富数量的减少而下降。斯密认为，财产越多，房租对于全部生活费用的比例就越大，财产逐渐降低，此种比例就逐渐降低。

（2）食品占总收入的比重随收入的增加而下降。斯密认为，生活必需品是穷人生活支出的大部分，他们收入的大部分，都花在食物的购买上。富者的主要收入则大部分花费在生活上的奢侈品及虚拟饰品上。这一论断，指出了收入对消费结构的影响。

5. 影响消费的因素

斯密在《国富论》中将消费的影响因素归结为三个方面：

（1）赚钱的难易程度。斯密认为，消费与其说是受真实消费能力的支配，不如说是受赚钱的难易程度支配。一个人获取财富的能力越强，他的消费水平也就越高。

（2）税收。斯密反对对商品过高地征税，他认为当对一种商品征收过高的税额时，这种商品的价格就会大幅上升，从而抑制消费。这进一步导致产品的供大于求，给经济带来损失。

（3）消费习俗。不同历史时期的风俗习惯对消费都会产生影响。古代人没有今天的一些消费产品，却依然可以正常的生活，但现代人如果没有这些消费产品就会变得与现实格格不入。消费习俗影响消费的种类和数量。

（二）魁奈的消费理论

1. 消费与价值存在内在联系

魁奈认为，物质资料之所以有价值是因为这类产品符合人类的需要。因此消费和人口问题与价值理论息息相关。魁奈将财富分为消费性财富（用于维持人民的日常生活）和生产性财富（即生产资料）。他认为如果没有消费性的财富，价值也就不复存在，人们不可能在荒无人烟的地方居住。

2. 对外贸易是为了满足消费需求

魁奈否定了重商主义者将对外贸易看作是增加金银货币财富的源泉这一观点。他认为一个国家进行对外贸易，为的是满足本国人民的消费需求。同时，因为魁奈是法国重农学派的代表，他认为只有土地才是财富的源泉，只有花在土地上的劳动才能创造价值，进行工业产品加工和商业往来不能创造财富。

（三）西斯蒙第的消费理论

1. 经济学应该重视消费问题

西斯蒙第是消费经济学的先驱，他批判英国古典经济学仅仅将国家生产的物质总量作为研究对象，因为参加社会活动的主体是人。如果忽视人的感受，就犯了"把手段当作目的"的错误。他认为经济学不仅要研究生产，更应该重视消费问题，进而才能提高广大劳动群众的生活福利。

此外，西斯蒙第在物质消费和精神消费这两种消费中，更重视精神消费，他认为消费者既有物质需求又有精神上的利益需求，亚当·斯密的经济学研究中太过重视物质需求。

2. 消费与生产的关系

西斯蒙第认为，生产和财富的增长不是社会发展的目的，它们只是提高社会发展水平的手段。增加人们的福利才是目的。如果只重视生产不重视消费，那就是为了手段而牺牲目的。同时，消费还为生产创造动力，人们为了更舒适的环境，才会生产出更丰富多样的产品。

3. 消费不足引起经济危机

西斯蒙第第一个提出消费不足和经济危机这两个说法。他反对为了生产而生产的思想，认为资本主义社会终会由于收入不足而导致消费不足，进而引起经济危机。一方面，为了追求利润，资本家会不断扩大生产规模；另一方面，不公平的分配制度使得资本集中在少数人手中。这种情况会导致产品的供过于求，最终爆发经济危机。

（四）李嘉图的消费理论

1. 比较优势理论

李嘉图将世界看作一个不可分割的有机大市场，每一个国家既是生产者又是消费者，每一个国家都有具有优势的产品。在全世界范围内进行分工，让每个国家生产本国具有优势的商品，再出口给别的国家，同时再进口相应国家的优势产品。各个国家都更为合理有效地进行资源分配，生产出具有优势的产品，这些产品相互交换，各国就能得到更多的利益。因此，李嘉图认为，国际贸易可以使各国的消费者都能买到更多更便宜的商品，有助于改善各个国家的消费状况。

2. 李嘉图等价原理

李嘉图认为，公债和税收的效果是相同的，不会影响人们的消费。税收增加会使人减少消费的数量，但公债就是延期的税收，其只是用未来人的税收弥补今天的公债本息。消费者具有完全理性，他会预测到未来税收的增加，从而减少当期消费而增加储蓄。因此，税收和公债这两种财政收入的形式对经济起到的作用是等价的，不会造成消费数额的差异。所以，政府通过发行债券来获得资金，从而实施的扩张性财政政策无效。

三、新古典经济的消费理论

（一）萨伊的消费理论

1. 个人消费与公共消费

萨伊首次将个人消费和公共消费作为一对范畴进行比较研究。

萨伊认为，个人消费应该在合理的限度内进行，遵从个人或家庭的经济规律。在每一次消费时，先细心比较消费所牺牲的价值与消费所提供的满足，权衡比对后再做出消费决策。另外，萨伊认为消费不应该只考虑到当期的需求，个人收入不应该全部用于当期消费中，应该未雨绸缪，应将当前的部分收入储蓄起来以备不时之需。

公共消费更应该尽可能避免浪费。萨伊认为，公共消费的浪费危害更大。因为个人消费消耗的是自己的收入，而政府本身不参与生产，政府的浪费损害的是纳税人的利益。政府应该在花费最少的情况下满足最大的社会利益。

2. 最合理的消费

萨伊认为最合理的消费是指在消费支出确定的情况下，使消费所得最大化。他认为这种消费有四类：第一，有助于满足实际需要的消费，这是人们最基本的消费；第二，耐久优质产品的消费；第三，集体消费，因为集体消费可以减少不必要的花费；第四，符合道德标准的消费。

（二）马歇尔的消费理论

1. 效用价值论

马歇尔将边际效用价值的理论引入需求理论，他认为人们生产和消费的都是效用，商品的效用是由商品的内在品质产生的，效用的大小由消费量决定。

2. 马歇尔需求函数

在马歇尔的消费者理论中，消费者会在固定预算约束下追求效用最大化，或是在固定效用水平下，追求支出的最小化。马歇尔需求函数是关于收入和价格的函数，它表示：面临预算约束的消费者，在各个商品的价格既定的条件下，为实现效用最大化而购买的各个商品的数量。除了价格、收入这些变量以外，马歇尔认为消费还受到其他多种因素的影响，这些因素有心理上的，也有社会上的，很难聚焦在一两个变量上。

3. 消费者剩余理论

马歇尔认为，需求价格是消费者愿意支付的价格，供给价格是生产者愿意提供商品的价格。当二者相均衡时，产量和价格也达到均衡。消费者剩余就是当均衡价格低于消费者所愿意支付的最高价格时的差值。消费者剩余是对消费者福利的研究。

四、凯恩斯主义的消费理论

1. 边际消费倾向递减规律

边际消费倾向指的是每增加一个单位收入所用于消费的比例。凯恩斯认为,消费和收入具备函数关系,收入增加时,消费也会随之增加,但增加的幅度会小于收入增加的幅度,这就是边际消费倾向递减规律。

2. 绝对收入假说

凯恩斯认为,消费和收入之间呈线性关系,这种只以收入来解释消费的理论叫作绝对收入假说。该假说通过一个线性函数,把消费与收入联系起来。凯恩斯的消费函数可以简化为:总消费 = 自发消费 + 边际消费倾向 × 收入。用公式表示为:

$$C = \alpha + \beta Y$$

其中,α 为自发消费,β 为边际消费倾向,Y 为收入,β 和 Y 的乘积为引致消费。

自发消费是最基本的消费,就算当期收入是零,这部分消费也是必要的。引致消费是随着收入变动而变动的那部分消费。收入越高,引致消费也就越高。凯恩斯认为总消费是自发消费和引致消费的总和。

五、新古典综合派的消费理论

(一)莫迪利安尼的消费理论

1. 生命周期假说

莫迪利安尼认为,影响人们消费的并不是当期收入,而是一生的所有收入。为了获得最大的收益,人们需要平衡自己的当期消费和未来消费。长期来看,虽然一个人的收入在不同阶段各有不同,但消费往往趋于稳定。所以,一个人可以在少年时借贷,中年时偿还负债并储存积蓄,老年时再消费储蓄的部分,从而实现效用的最大化。

2. 消费函数

莫迪利安尼认为,家庭的收入包括劳动收入和财产收入,所以,家庭的消费函数是:

$$C = a \times W_R + c \times Y_L$$

其中,C 为消费支出,W_R 为财产收入,Y_L 为劳动收入,a 为财产收入的边际消费倾向,c 为劳动收入的边际消费倾向。

(二)萨缪尔森的消费理论

1. 极大化消费理论

萨缪尔森认为,一个经济系统由一组指定的未知数构成,这些未知数被限定为满足相同个数的相容而又独立的方程,这些方程作为均衡条件,帮助解出未知数。极大化本质上是根据规定的标准所做出的最有效选择。均衡点的位置与极值点的位置存在一致性。

2. 消费的决定因素

萨缪尔森认为,收入是决定消费的中心因素。但消费者不是只考虑本年的收入和消费,而是根据他们的永久性收入来做出消费决策的。如果收入的增加是永久的,消费者可能会增加消费支出;如果收入的增加是暂时的,消费者的消费可能不会发生变化。人们在收入增加时进行储蓄,而不是将所有增加的收入都消费掉,一方面是替未来做准备,出于预防性动机而进行储蓄,另一方面是因为银行存款利率较高时,储蓄可以获得更多的收入,其次还可能受储蓄习惯的影响。总之,社会消费倾向在长期上是稳定的。

除了收入以外,财富、保险制度、通货膨胀等都会影响到消费。当面临巨大的财富变化时,人们的消费情况往往也会发生变化,保险制度的完善和通货膨胀率的提升则可能会降低人们的储蓄,增加消费支出。

3. 税收对消费支出的影响

税收的增加会减少居民可支配收入,从而减少消费。所以总的来说,税收的增加会对消费产生不利影响,导致国民收入下降。

但累进税率可以把消费保持在较高水平。因为累进税多是减少富人的可支配收入,穷人因为收入较低,税款也相对较低。而富人的可支配收入大部分用于投资,只有少部分用于消费,相对于把大部分可支配收入都用于消费的穷人来说,其消费率较低。故累进税对富人的收入影响大,但是对其消费倾向不会产生较大影响,同时消费率较高的穷人的收入不会受到影响,从而社会总消费不会因为实行累进税而产生较大变化。

4. 公共物品的消费

公共物品和私人物品不同,它的消费具有非排他性和非竞争性。非排他性是指,购买者无法排除其他人同时享用自己的这种物品。非竞争性是指,消费者数量的增加不会影响其余消费者的效用。萨缪尔森认为,由于非排他性和非竞争性,公共物品最好由政府来提供,这样才会使社会的收益最高。

(三) 菲利普斯的消费理论

1. 资本积累黄金律

菲利普斯根据新古典经济增长模型,以人均消费量最大化为长期经济效率最高的最优目标,对索洛模型中经济增长的动态最优路径进行了分析,推导与人均消费最大化相联系的人均资本应满足的关系式,总结出资本积累的黄金定律。根据黄金定律,最合适的储蓄率满足:储蓄率等于资本收入和国民收入的比值。如果每一个年代的社会成员都保持相同数量的消费,则人均消费的最大数量就是"黄金消费"。

2. 动态无效的消费增长

当一个国家的储蓄率低于黄金储蓄率时,提高储蓄率可以达到黄金消费,但存在代际差距,因为提高储蓄率虽然会使未来年代的人消费福利增加,但会使当代人的大部分收入用于储蓄,而减少了当代人的消费福利。当一个国家的储蓄率高于黄金储蓄率时,减少储蓄率可以达到黄金消费水平,此时,当代人和未来年代的人的消费福利均有所上升。这种改变储蓄使在某一时点严格增加消费而无须在其他任一时点降低消费的资本路径是动态无效的。处于动态无效状态的国家,经济处于严重的动态失衡状态,经济增长过度依赖投资,资本积累过度的情况严重,对任何一代人都是不利的。

六、新剑桥学派——卡尔多的消费理论

1. 经济周期模型

卡尔多建立了一个经济周期模型,模型中储蓄函数和投资函数都是非线性的,储

蓄是社会资本存量的递增函数，投资是社会资本存量的递减函数。在高收入水平上，社会资本存量大，投资减少而储蓄增加，经济从繁荣走向萧条，在低收入水平上，社会资本存量小，投资增加而储蓄减少，经济从萧条又再次走向繁荣。经济周期波动是由投资、储蓄和国民收入的相互作用形成。经济增长的动力并非来自消费者，而是来自生产者，因为生产者愿意吸收技术变革，愿意把资本投入生产，决定了增长率与产出的分配。

2. 卡尔多效应

投资与储蓄的均衡条件取决于收入分配，而收入分配的变化是通过价格相对货币工资的弹性机制来实现的。当投资大于储蓄时，对消费品的需求就要超过供给，消费品价格上升，工资在国民收入中的份额下降，利润份额上升，来自利润的储蓄增加。当储蓄大于投资时，对消费品的供给要超过它的需求，消费品的价格下降，工资份额上升，利润份额下降，来自利润的储蓄减少，直到储蓄下降到与投资对等，对商品的总供给与总需求相等时为止。这个弹性机制叫作"卡尔多效应"。

3. 实行消费税

卡尔多认为，所得税阻碍经济增长。他认为资本主义的分配制度是不公平的，在税收上应该采取富者多付穷者少付的原则。他反对所得税，一方面，因为收入无法充分衡量一个人的纳税能力，只有当财产变现以后，资本收益才会被征收所得税，未变现的财产没有被征收所得税，此外，越是富有的人，继承的财产越多，所需要的收入可能越少，那缴纳的税额也就越少。另一方面，对收入征税抑制了储蓄和投资，而获取收入却需要储蓄和投资，因此征收所得税影响了收入的增长。

卡尔多支持实行消费税。一方面，这样更加公平，富人往往消费水平比较高，从而缴纳的税款较高；另一方面，实行消费税可以抑制消费，人们会将收入的更多部分用于储蓄，储蓄的增长会带来技术的改进、生产率的提高，从而带来更多的收入，更多的储蓄和投资。

七、发展经济学的消费理论

（一）罗斯托的消费理论

1. 成长的六阶段

罗斯托将经济发展分为六个阶段。即传统社会阶段、准备起飞阶段、起飞阶段、走向成熟阶段、高额群众消费阶段、追求生活质量阶段。在传统社会阶段，农业在经济中处于主体地位。在准备起飞阶段，近代科学知识开始在工农业中应用。在起飞阶段，工业化迅猛开展，农业生产率也大大提高。在走向成熟的阶段，劳动密集型产业开始转变为资本密集型产业，国际贸易得到巨大发展。在高额群众消费阶段，耐用消费品的生产部门成为主导部门，社会变为了消费社会。在追求生活质量阶段，主要目标是提高生活质量。

在这六个阶段中，有两次人类发展的重大突破，一个是起飞阶段，另一个是从高额群众消费阶段向追求生活质量阶段的过渡。

高额群众消费阶段具有三个标志：高档耐用品的普及化、工作日的缩短、高等教育的普及和新白领阶层的形成。在这个阶段中，社会的注意力开始从生产转移到消费，经济部门从制造业逐渐转向服务业，人民在休闲教育养老保健上的花费开始增加。随着社会主导产业从耐用消费品的生产部门向公共服务业转变，社会就从高额群众消费阶段过渡到了追求生活质量阶段。

2. 防止早熟消费

早熟消费，指一个国家的经济刚刚摆脱传统经济状态，就忙于增加消费，实行高额群众消费阶段的消费方式。这种做法会使得消费在国民收入中所占的比例过大，导致投资率过低，社会发展缓慢。为了避免这种早熟消费，发展中国家在刚刚进入起飞阶段时，要发展有换取外汇能力的部门，增加科技研发投入，采用新技术以提高劳动生产率，解决人口增长率过快导致的失业问题。同时，吸引外资，保护人才，尽力减少资金和人才外流。

（二）乔根森的消费理论

乔根森的二元结构理论强调消费结构对经济发展的根本性驱动作用。他认为农业剩余劳动力向非农产业部门流动和转移是消费结构变化的结果，工业部门的增长依赖于农业部门的发展，工业的发展取决于农业剩余和人口规模，农业是经济发展的基础，在发展过程中不能忽视农业。

在二元结构理论中，存在经济发展的两个临界点。第一个临界点叫作"短缺点"，发生于农产品的边际价值大于零的这一刻。第二个临界点发生在农业人均产出率与人均农产品的消费水平相同的时候，超过这个点，人均收入的增加额就会转向工业品的需求上，此时出现农业剩余，该点被称作"商业化点"，这一点上农业部门与工业部门的工资率相等，工业部门要想赢得更多的劳动力，需要使工资率上升。在商业化的阶段，如果农业部门生产率能获得快速增长，则经济的"二元性"特征趋于消失，农业会成为一元经济体系的一个分支。

（三）库兹涅茨的消费理论

在凯恩斯经济理论中，存在边际消费倾向递减、平均消费倾向随着收入的增加而减少的规律。但库兹涅茨却发现，长期消费函数中的平均消费倾向是一个稳定的数值。他通过实证研究发现，长期消费函数中，消费与收入有一个固定的比例，平均消费倾向不呈现递减的趋势。库兹涅茨否定了凯恩斯绝对收入假说中"边际消费倾向小于平均消费倾向"和"边际消费倾向递减"的命题，认为在长期中，财产与可支配收入的比例大致不变，可支配收入中劳动收入的比率也是大致不变的。但在短期中，由于资本市场的价格变动，财产与可支配收入的比率变动，平均消费倾向与边际消费倾向在短期存在差异。

第三节 西方其他消费经济理论

一、货币主义学派的消费理论

货币主义学派是 20 世纪五六十年代在美国出现的经济学流派，该学派强调货币在经济中的作用。弗里德曼是该学派的创始人。

（一）费雪的消费理论

1. 费雪效应

费雪效应讨论利用货币消费和利用货币投资的关系。费雪认为，一国的名义利率应该反映了预期的通货膨胀调整后的真实回报率，如果没有预期的通货膨胀，货币在借贷过程中的回报是真实利率。商品价格上升是货币在商品消费领域的收益，利率是货币在借贷过程中的回报，二者应该有协同关系，即费雪效应。

2. 跨期选择

费雪认为，消费者要同时考虑当期消费和未来消费，达到效用的最大化，这就是跨时期最优选择。

假设一个消费者有两个时期的消费 c_1 和 c_2，这两个时期可以考虑为一个人的青年和老年时期。其中，时期一的收入是 y_1，时期二的收入是 y_2。r 表示实际利率。

现在考虑消费者面临的跨时期预算约束。消费者时期一的储蓄为：

$$s = y_1 - c_1$$

其中，s 可以为正或负，若为负表示借钱消费，此时，时期二的消费为：

$$c_2 = y_2 + (1+r) \times s$$

将两式合并，整理可得：

$$c_1 + \frac{c_2}{1+r} = y_1 + \frac{y_2}{1+r}$$

其中，$\frac{c_2}{1+r}$ 和 $\frac{y_2}{1+r}$ 表示时期二的价值贴现为时期一的价值。因此，该式就表示两个时期的消费现值之和必须等于收入现值之和，总消费不能超过总收入。

如图 2.1 所示，y_1 为时期一的收入，y_2 为时期二的收入。A 点表示时期一和时期二分别消费了当期的收入，没有储蓄；B 点表示时期一没有消费，全部收入都在时期二消费；C 点则相反，时期二没有消费，全部消费用于时期一。通常来讲，消费者的总消费介于 BC 之间。显然，利率和收入的变化，以及能否借贷都会影响消费的均衡位置。

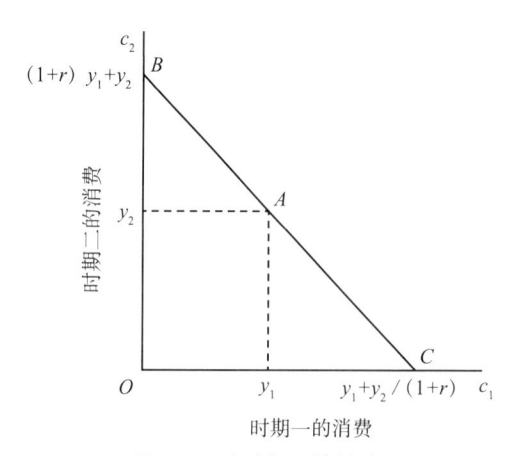

图 2.1 跨时期预算约束

(二) 弗里德曼的消费理论

1. 反对边际消费递减规律

1957 年，弗里德曼发表了《消费函数理论》，对凯恩斯经济理论中的边际消费递减规律进行驳斥。凯恩斯认为，随着社会财富和个人收入的增加，人们用于消费方面的支出呈递减趋势，与此同时，储蓄则越来越多。这一理论的基础是：随着收入水平的提高，人们越来越多的欲望已经得到满足，尚未得到满足的需求越来越少，消费随之减少。如果这一理论成立，政府就可以通过增加公共支出来抵消个人消费的减少，从而保证经济的持续增长。但是，弗里德曼通过分析历史消费模式，发现这一理论不成立，因为人们的欲望永无止境，原有的欲望得到满足以后，新的欲望随即产生。

2. 持久收入假说

弗里德曼把收入分为两个部分，持久收入和暂时收入。持久收入是长期收入水平，暂时收入是偶然性的收入。同样，他也把消费分成两部分，一是持久消费，这是计划性的消费；二是一时消费，这是计划外的消费。弗里德曼认为，消费者对不同类型的收入变动会做出不同的反应，如果是持久收入的变动，那么人们就可能消费掉所增加的大部分收入；如果是暂时性的收入，那么增加的收入中相当大的部分就会储蓄起来。

持久收入假说理论认为，消费不仅取决于收入，而且还取决于个人拥有的财富数量。因此，弗里德曼的持久收入假说的基本出发点与莫迪利安尼是相同的，即消费者在总财富的限制下追求跨时效用最大化。

3. 持久收入假说的消费函数

假设 1：人们的收入分为暂时性收入和持久性收入，并认为消费是持久收入的稳定函数，用公式表示为：

$$y_i(t) = y_i^p(t) + y_i^t(t)$$

其中，$y_i(t)$、$y_i^p(t)$ 和 $y_i^t(t)$ 分别是消费者在 t 年的实际收入、持久收入和暂时收入，实际收入是可以观测的，持久收入和暂时收入是不可观测的，是随机变量。

假设 2：消费者某一时期的实际消费等于持久消费与暂时消费的和，用公式表示为：

$$c_i(t) = c_i^p(t) + c_i^t(t)$$

其中，$c_i(t)$、$c_i^p(t)$ 和 $c_i^t(t)$ 分别是消费者 i 在 t 年的实际消费、持久消费和暂时消费。

假设 3：对全社会而言，暂时收入和暂时消费的均值为零：

$$y^t(t) = \sum_{i=1}^{n} y_i^t(t), \; Ey^t(t) = 0$$

$$c^t(t) = \sum_{i=1}^{n} c_i^t(t), \; Ec^t(t) = 0$$

式中，$y^t(t)$，$c^t(t)$ 是全社会的暂时收入和暂时消费，n 是全社会的人口数或家庭数。根据以上假设可以推出：

$$\sum_{i=1}^{n} y_i(t) = \sum_{i=1}^{n} y_i^p(t) + \sum_{i=1}^{n} y_i^t(t), \; y(t) = y^p(t) + y^t(t)$$

$$\sum_{i=1}^{n} c_i(t) = \sum_{i=1}^{n} c_i^p(t) + \sum_{i=1}^{n} c_i^t(t), \ c(t) = c^p(t) + c^t(t)$$
$$Ey(t) = Ey^p(t), \ Ec(t) = Ec^p(t)$$

式中，$y(t)$ 是全社会的实际收入，$c(t)$ 是全社会的消费。该式表明，就全社会而言，持久收入的均值等于实际收入的均值，持久消费的均值等于实际消费的均值。

假设 4：持久收入和持久消费之间存在着固定的比率。

根据持久收入的估算公式，可以认为实际消费与持久收入之间应该有理想的线性关系，持久收入假说的消费函数可以写为：

$$c(t) = \alpha_0 + \alpha_1 y^p(t) + \alpha_2 y^t(t) + \varepsilon(t)$$

这个消费函数表明：现实的消费不受意外的收入或损失的影响，家庭的恒常消费取决于持久消费；意外的收入全部用于储蓄，即现实的消费是稳定的。

二、理性预期学派——卢卡斯的消费理论

（一）消费者偏好假说

消费者的决策就是为了追求效用最大化。卢卡斯认为，个人在消费与投资、劳动与休闲之间有当期消费与未来消费、当期休闲与未来休闲的选择，还有当期劳动与休闲之间的选择，其选择的目的是使个人在理性预期条件下达到自身效用的最大化水平。

消费者的理性预期保证市场出清。卢卡斯在《预期与货币中性》一文中建立了一个模型，他假定持有的货币是作为价值从一个时期转移到另一个时期的手段，消费和劳动供给的决策建立在效用最大化基础上，所有经济主体具有理性预期。消费者按理性预期决定自己的最佳消费量，生产者则按理性预期决定自己的最佳生产量，而在交易中，所有可能的获益就已经被穷尽，需求和供给达到平衡，结果经济就处于一种持续均衡状态。他得出的结论是，如果人们具有完全信息，货币是中性的。

（二）消费者行为与价格函数相互决定

已知的均衡配置和消费者的最优规则共同决定了唯一的均衡资产价格。欧拉定理指出：如果产品市场和要素市场都是完全竞争的，而且厂商生产的规模报酬不变，那么在市场均衡的条件下，所有生产要素实际所取得的报酬总量正好等于社会所生产的总产品。该定理又叫作边际生产力分配理论，还被称为产品分配净尽定理。要素的价格是由于要素的市场供给和市场需求共同决定的，在完全竞争的条件下，厂商和消费者都被动地接受市场形成的价格。希克斯认为，根据消费者的欧拉方程，现期消费与未来消费之间的边际替代率，等于由市场决定的现期消费与未来消费之间的边际转换率。即今天的资产价格等于下一期的资产价格加上下一期红利的预期贴现值。资产价格被表述为一个关于经济状态的固定函数。个人的商品消费与资产组合决策基于预期的未来价格，而后者又取决于价格函数。但是，价格函数本身又取决于消费和资产组合的决策。因此，消费者行为决定价格函数，价格函数又决定消费者行为。[1]

---

[1] 赵萍. 消费经济学理论溯源 [M]. 北京：社会科学文献出版社，2011：101.

（三）反对政府干预经济

卢卡斯认为，税收不会刺激消费。如果信息是对称的，那么货币政策就必然是中性的。经济政策从长期来看只能改变通货膨胀率和价格，对失业完全没有作用。卢卡斯建议，政府应该在财政政策上保持预算平衡，在货币政策上公布其长期增长规则。政府的相机决策行为只会影响人们的决断。

三、边际效用学派的消费理论

（一）克拉克的消费理论

1. 独立提出边际效用理论

克拉克认为，较低的需求可以全部被满足，而较高的需求则可以无限扩展。这样，需求在这两个极端和含糊不清的场合都不会随着消费的增加而显著下降，但在这两个极端之间，需求强度会随着消费物品的数量增加而减低。他指出："这种中间类型的需求可以无限扩展，但其强度会随着所供给物品的增加而减低，甚至趋向厌烦。首先满足的是比第二个物品的欲望强度更强的物品，对第二个的欲望强度比对第三个更强，依此类推。每一次都能获得一些满足，但却是在递减的程度上。"因为一个单位的商品所具有的效用是多方面的，例如，水不仅仅能喝，还能够用来洗东西、游泳、灌溉等，因此，确定价值的基本单位就不再是商品这样一组效用的组合，而是商品在某一个方面的用途。即价值的基本单位从商品变成了商品所具有的某个属性，而商品的价值则自然就是其在多方面用途上的边际效用的总和。

2. 产品的价值是由社会来决定的

产品的价值是由社会来决定的。克拉克认为，财富的分配情况自然也会影响商品的价值，而且商品的价值和价格是没有区别的。价值里面完全没有劳动的因素，价值是市场上双方竞争并达到均衡的结果。价值并不是自然的或者先定的，而是可以随着市场上买卖双方情况的变化而不断变化。他认为，价格和价值是一致的，我们又无法直接去观察或者测量到价值，那么只能将商品的价格作为价值。因此，商品的价格总是合乎价值的，并不会存在价格高于价值或者低于价值的情况。

（二）帕累托的消费理论

帕累托提出了帕累托最优的概念，并用无差异曲线来发展个体经济学领域。帕累托最优要求产品在消费者之间的分配达到最优。按照帕累托最优标准，消费意义上的帕累托最优应该是两个消费者所拥有的任意两种商品之间的边际替代率相等。当这个条件满足时，消费者已经不可能通过改变产品的分配使一部分人的效用增加，同时又不使其他人的效用减少，这正是帕累托最优的判断标准。[①]

一般的帕累托最优的条件是：任何一位消费者心目中的两种产品的边际替代率等于生产这两种产品的边际技术替代率。用公式表示为：

$$MRT_{XY} = MRS_{XY}^A = MRS_{XY}^B$$

---

① 赵萍. 消费经济学理论溯源 [M]. 北京：社会科学文献出版社，2011：126.

四、北欧学派的消费理论

（一）维克塞尔的消费理论

维克塞尔认为，政府需要干预经济以保证中低阶层的消费权利。他不同意自由竞争会给交换双方带来最大满足的假设。他认为，自由竞争下形成的唯一价格，可能使富者的消费在边际效用上得到满足，但对穷人可能在未达到之前即停止消费，所以不可能使交换双方同时都得到最大满足。他认为社会中那些低收入群体很难在维持他们生存的消费上进行自由选择。反倒是困难时期或战争时期的凭票据供应给了他们较大的选择自由。因此，政府必须要对社会经济的发展进行干预。

维克塞尔认为，政府干预可以改善社会福利。政府一定要在收入分配中发挥作用，来促进社会福利的增加。对于消费者来说，他们的边际效用会随着消费水平的提高而不断下降。想要增进社会总福利，政府就应该通过一些经济政策把财富从高收入者手中转移到低收入者手中。

（二）缪尔达尔的消费理论

缪尔达尔指出，消费增长可以促使生产力增长，因此在发展中国家，消费增长实际上就是投资增长。但是，由于发展中国家不平等的社会结构，社会进步带来的财富都被少数利益集团瓜分，下层贫困集团的分裂又阻碍了他们促进改革的努力。由于贫困会给人生理和心理造成巨大的负面影响，使得穷人无法发挥自己的才智，这就导致增长进一步放缓，最终造成国家整体的贫困。要想打破这种局面，就需要政府出面解决收入不平等的问题，通过收入的再分配促进社会公平，从而刺激经济发展。

五、公共选择学派——布坎南的消费理论

（一）政治过程中的经济人假设

布坎南认为，没有任何人的目标先验地比其他人的目标更优越，也就是说，不存在一个整体的社会目标。经济活动是由人的利己心驱使的，但通过一只"看不见的手"的调节，促进了整个社会利益。布坎南强调，自然秩序的产生是由于交换的双方在交换过程中的各自的利益都得到了满足。

布坎南认为，经济人的假设同样适用于政治市场。在政治市场里，人们的行为可以用经济学的许多原理来分析。在本质上，人们的一切活动都可以换算成成本和收益。在政治市场中，政治家、选民、选举制度和选票就相当于经济市场中的企业家、消费者、交易制度和货币。政治家们和市场中的经济人一样，并非是公众利益的代表，而是有自己私利的个人和团体。他们在追求权力和选票的过程中，必然导致财政赤字的永久化。

（二）公地的悲剧

哈丁在《公地的悲剧》中设置了这样一个场景：一群牧民一同在一块公共草场放牧。一个牧民想多养一只羊增加个人收益，虽然他明知草场上羊的数量已经太多了，再增加羊的数目，将使草场的质量下降。但是出于自己的私利，他还是会选择多养羊

以获取收益,因为草场退化的代价是由大家负担的。当每一位牧民都如此思考时,公地悲剧上演了,草场持续退化,直至无法养羊,最终导致所有牧民破产。

公地悲剧在经济领域的表现为对公共资源的过度消费。在公共产品消费中,存在着大量这样的问题。如海洋资源的过度捕捞、天然牧场的过度放牧等。如果将财政的整个税基看作公共地,那么由多数人联合制定的决策必然只考虑自己的利益和成本,通过过度支出公众的税收来达到个人预期收益,从而带来了外部不经济。所以,布坎南主张,只要不低于某种适当幅度,经济中的公共部门相对削减开支会带来整个经济价值的增加。

六、制度经济学的消费理论

(一) 凡勃伦的消费理论

凡勃伦是制度经济学的鼻祖。他在消费与社会地位之间建立了联系,提出了炫耀性消费理论,不仅对资本主义条件下寄生阶级的奢侈消费进行了最尖刻的讽刺,也颠覆了正统经济学的理性消费理论,这是他对经济学发展的最重要贡献。

1. 有闲阶层与劳动阶层

有闲阶层与劳动阶层的消费特点不同。消费分为两种类型,一类是有闲阶级为了过有闲生活而进行的消费;另一类是劳动阶级为了维持自己的生活所进行的消费。这两类消费是有闲阶级与劳动阶级相分离的结果。凡勃伦认为,现代社会中存在所谓的有闲阶级,其财富不仅保证了这个阶级即使不参加生产劳动还能做到有闲,而且能够通过消费给它的拥有者带来荣誉。

2. 炫耀消费

炫耀性消费指的是上层阶级通过消费超出实用性的商品向他人炫耀自己财富和地位的一种消费方式。有闲阶层的消费特点就是炫耀消费。他们与劳动阶级在心理上的差异决定了他们不仅要满足生理需求的消费,也要满足心理需求的炫耀性消费。

3. 钦羡效应

较低的社会阶层总是把比自己高的社会阶层的消费方式当成自己的典范。这样的消费往往不是为了满足自己的物质需要,而是为了获得一种社会心理上的满足。

4. 政府干预

凡勃伦认为,政府干预可以降低炫耀消费的外部不经济。例如,政府可以对购买珠宝征税,并且对那些由于见到别人炫耀珠宝而减少满足度的人进行补偿,这样可以增加其满足度。政府之所以需要干预是因为这种消费从整体来看对人类的幸福毫无帮助。

(二) 熊彼特的消费理论

1. 环流模型以消费为前提

熊彼特的静态模型,又称环流模型,是他的整个理论的基础,这个模型的出发点是把一切经济行为,包括生产和消费,都看作交换。熊彼特把活劳动看作货物,把生产看作货物的劳动和产品的交换。静态一般均衡模型建立在生产服务在生产者和消费者之间进行商品和生产性劳务的交换基础之上。

在环形流中所有商品和劳务都根据他们的等级进行分类。按照这种分类，最高等级的商品就是劳动。劳动、自然资源或土地等生产的基本因素和所有的商品都可以设想成是劳动与土地提供的服务的结合体。而劳动又可以进一步分成两类：指挥性劳动和被指挥性劳动。指挥性劳动处于生产过程较高的级别，其职能是指挥、协调和监督土地和被指挥性的劳动。执行指挥和监督劳动的出现，意味着把指挥劳动的人同其他的劳动阶级区分开来。此外，指挥性劳动因其对生产过程的结果具有某些创造性的特征而视为生产中的第三种最基本的生产要素，以区别于其他生产要素提供的劳务，指挥性劳动的明显特点是它所具有的决策功能。

在环形流中，消费与生产都具有重复性的、例行性的决策性质。消费者以同种方式购买相同数量、种类相同的商品组合，而生产者以同种方式生产数量相同、种类相同的产品组合。消费者的支出相同，生产者支付的工资和租金也是相同的。这个体系是以均衡为突出标志的，没有变化的趋势。静态均衡的基本问题是如何将现有的生产能力交换转化成未来的消费品。

在 t 阶段，消费者以其生产性劳务通过交换换取了生产者在 t 阶段生产的消费品，这些劳务一部分被用来生产 $t+1$ 阶段的生产资料，余下的部分用于将 $t-1$ 阶段生产性商品作为 t 阶段的消费品。下一个阶段也是这个过程的重复。在环形流中，工人和地主总是以其生产性劳务来交换当前的消费品。对他们来说，没有必要为了将来的商品、将来的消费品或者任何当前的消费品的预付而交换他们的劳务和土地。由于环形流无始无终地运动，资本是多余的，资本没有报酬。在每一个阶段现有的消费品都会与这个阶段运用的劳动服务和土地相交换，所有的收入都会以工资和租金的名义被吸收掉。

熊彼特认为，市场制度所具有的固有变化的趋势和资本主义的动态性质是其最具有意义的特征。导致经济发展或变化的原因有两种：一种是天灾人祸等外部因素；另一种是发生于经济体系内部的包括消费者偏好的变化，以及土地、资本、劳动力等生产力的变化和商品供给方法变化等经济性因素。在经济性的变化因素中，前两种只导致经济的成长，而后一种熊彼特意义上的创新才是经济发展的真正原因。只有在均衡体系里引进创新，经济发展才能得以实现。而创新的承担者肯定是企业家，企业家在市场制度总的创新变化中扮演了关键性的角色。

2. 最终消费品价值决定生产要素价值

生产要素的价值来源于最终消费的价值。熊彼特认为，商品的价值不是生产出来的，而是由既定的需要派生的。使用生产要素是为了生产出最终消费品，最终消费品的价值回射到生产要素身上，使它们也具有了价值。在熊彼特的静态模型中，最终生产要素只有土地和劳动两项，企业家的劳动与一般劳动没有分别，并不算作独立的生产要素，因此，产品的价值最终由这两种要素瓜分。[1]

---

[1] 赵萍. 消费经济学理论溯源 [M]. 北京：社会科学文献出版社，2011：154.

七、经济社会学的消费理论

(一) 杜森贝利的消费理论

1. 储蓄是文化消费的剩余

杜森贝利认为,在个人所属的群体下,他的消费者位置是相对的。所以,处在文化限制下的收入是会被完全消费的,只有收入超过文化的定义时,储蓄行为才会发生。他以相同收入的黑人和白人为例,发现黑人的储蓄/收入比远远高于同等收入的白人。这是因为美国黑人的文化限制较少,在文化限制下没有太多的义务,而白人等则存在许多文化限制。因此,白人的消费较高,而黑人的储蓄较高。

2. 竞争是决定消费行为的普遍法则

杜森贝利假定了竞争是决定消费行为的普遍法则。他认为,消费是为了当下的竞争,储蓄则是为了未来的剩余。而文化决定了消费额度占总收入的多寡时,消费是社会进行竞争的一种方式,经过竞争,且多余下来的收入才放到储蓄里。杜森贝利提出:从短期看,储蓄率和边际消费倾向取决于现期收入与高峰收入的比例;从长期考虑,平均消费倾向和储蓄倾向是稳定的,这种长期消费倾向的稳定性对消费函数之谜是一个很好的解释。

3. 相对收入假说

杜森贝利反对凯恩斯的绝对收入假说。他认为把商品消费仅仅看作是相对价格和真实收入的函数过于简单,没意识到习惯的重要性,也没有考虑到支出水平的提高有可能并不是因为收入或价格的变化,而是由于消费者个体或家庭日常交往的群体消费了"较高级"的商品。他通过研究"大萧条"期间消费者购买的截面数据发现,有大量家庭的消费支出超出了当年的收入。因此,杜森贝利认为,消费函数随经济周期的变化而变化,他把消费函数的这一特性归因于相对收入效应,提出了与绝对收入相对立的相对收入假说。

4. 示范效应与棘轮效应

(1) 示范效应。杜森贝利认为,消费者的行为是相互影响的。一个人会根据周围人的消费习惯而改变自己的消费习惯,这种行为称为示范效应。例如,某人的邻居买了某种可以改善家庭形象的新产品,他便会对他的这位邻居的购买行为产生羡慕之情,因而下决心仿效他的这位邻居,也购买同种商品。这种购买行为会保护自己的社会地位。因此,消费者所获得的总效用不仅取决于自己的消费支出,而且取决于其他消费者的支出,即消费具有示范效应。

(2) 棘轮效应。杜森贝利认为,消费支出不仅受目前收入的影响,而且受过去收入和消费水平的影响,特别受过去高峰时期的收入和消费水平的影响,这种行为称为棘轮效应。他认为在消费者收入下降时,他的消费不会立即受到影响,而是会造成他储蓄率的降低。因为人们习惯于自己之前的高水平生活,消费是不可逆的。用通俗的话来讲就是"由俭入奢易,由奢入俭难"。

如图 2.2 所示,当收入逐步增加时,消费在收入中的比例较为固定,长期消费函数表示为 $C_L = \beta y$。当经济发生周期性波动时,短期消费函数与长期消费函数具有不同的变化状况。

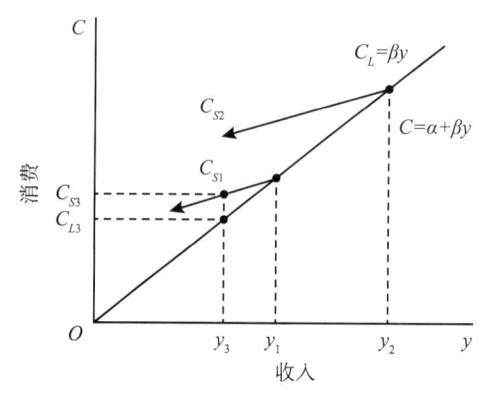

图 2.2 棘轮效应

例如，当经济因衰退或萧条而使收入由 y_1 减少到 y_3 时，消费不会沿着 C_L 曲线减少到 C_{L3} 的水平，而是循 C_{S1} 的路径减少，移动到 C_{S3} 的水平。显然，C_{S1} 曲线表现出的平均消费倾向大于 C_L 曲线表现出的平均消费倾向，这说明相对于收入的减少，消费减少得不是太多，这就是棘轮效应在发挥作用。

5. 收入均等化不利于消费增长

与传统的凯恩斯理论相反，杜森贝利认为，收入的均等化不会导致储蓄率的降低，而是导致储蓄率的提高。假定由一个有差别的收入分配状况变为绝对平等的收入分配状况的情况下，收入均等化使得高收入组的收入减少，他们削减了消费，将不再对低收入组起示范作用。而原来低收入组的人在收入均等化后，由于没有比他的收入更高的消费者存在，他们不再对自己的生活状况感到不满，如果他们有储蓄的话，储蓄绝对不会比以前有所减少，相反储蓄额会变得更高。而那些原来的高收入者，虽然在收入下降的最初阶段将减少储蓄以维持曾经达到的消费水平，但经过长时间的调整以后，他们将与同样因收入均等化而增加了收入的阶层一样使用自己的收入，并保持和后者一样的储蓄水平。

（二）布迪厄的消费理论

1. 阶级惯习与消费

布迪厄认为，消费就是主观与客观相统一的社会实践。这样一种社会行为，首先具有区隔和标识的功能，是一种阶级区隔的方式，不同地位的阶级群体通过在其独特的消费行为基础上形成的消费模式相区分开来。基于相异的惯习，不同的阶级群体在消费过程中形成不同的文化欣赏品位，从而达成本群体的社会认同，与其他品味不合的群体相区隔。

2. 品位区隔消费论

布迪厄认为，社会的分化必须从经济资本与文化资本这两个纬度来进行考察。在这一全新的时代，大众的日常生活日趋审美化，生活方式的追求让位于生活风格的选择。人们在日常生活中的消费斗争实际上成为寻求区隔（distinction）而展开的符号斗争。

3. 炫耀消费与阶级

布迪厄提出，资本主义早已告别匮乏而走向了丰盈的发展阶段。于是，人们的炫耀性消费发生了转向，从炫耀金钱过渡到了炫耀品位。布迪厄区分出了三种品位：第一，合法品位，这是获取支配阶级中教育程度最高的集团成员资格的钥匙；第二，中产阶级品位，普遍存在于中产阶级；第三，大众品位，普遍存在于工人阶级中。

布迪厄认为，随着大众社会的到来，个人的标准生命史也随之被选择生命史所取代。他举例说，牛仔裤、流行音乐、观看足球等下层阶级热衷的生活方式，逐渐被上层阶级所接受。上层阶级模仿下层阶级的生活方式主要是为了与中产阶级拉开距离。因此，炫耀消费的渗透模式，不仅仅是自上而下的下向渗透，也存在自下而上的渗透，这就是布迪厄的循环渗透模式。①

（三）鲍德里亚的消费理论

1. 消费是文化和社会的行为

鲍德里亚指出，消费从一开始就不是简单的关于物的实践过程。即便是最初的基于生存需要满足的消费也是具有文化意义的，因为不仅需要的类型、满足方式都是在特定文化中形成的，消费本来就是文化和社会的，因此消费品便总是具有意义的，只不过消费品的这种符号功能在现代社会和现代消费得到特有的彰显而更加突出罢了。从文化社会意义上看，消费很少不是符号性的，只有程度不同的区别而已。在社会各阶层中，中产阶级会更加注重符号消费。中产阶级的经济资本使他们能够不受生存需求的限制，有追逐符号的能力。而且，中产阶级地位的暧昧与变动不居，使他们对地位的敏感超出其他阶层，他们更需要提升自我从而与其他群体区分开来，符号消费则恰好具有此功能，能够满足这种需求。

2. 消费社会

所谓消费社会，是指生产相对过剩，需要鼓励消费，以便维持、拉动、刺激生产。在生产社会，人们更多关注的是产品的物性特征、物理属性、使用与实用价值；在消费社会，人们则更多地关注商品的符号价值、文化精神特性与形象价值，消费成为社会生活和生产的主导动力和目标。

鲍德里亚认为，消费社会的前提是资本主义商品生产的扩大，产生了大量物质文化的积累，随着物质的极大丰富，人们的生存需求得到了满足，人们追求物的使用价值的需求逐渐饱和，物的功能性不再是吸引人们消费的动力了，即后现代时期的商品价值已不再取决于商品本身是否能够满足人的需要或具有交换价值。

3. 大众传媒引导符号消费

所谓符号消费，是指在消费社会中，人们在消费商品时已不仅仅是消费物品本身具有的内涵，而是在消费物品所代表的社会身份地位这一符号价值，富贵、浪漫、时髦、前卫、归属感等象征衍生价值就像幽灵附身于商品上，散发出身份符号的魅力，迷惑着消费者。消费者在一种被动迷醉状态下变成社会存在中的符号——自我身份确认。极度生产以及耗费资源，庞大的消费主义刺激消费欲望，日益成为人们生活大循

---

① 赵萍. 消费经济学理论溯源 [M]. 北京：社会科学文献出版社，2011：162.

环中的"癌症",使一种丧失了简朴的精神生活状态成为当代物质过剩中的精神贫乏常态。

鲍德里亚认为,从物质技术层面上,电视无疑代表着一种进步,但电视给我们呈现五彩缤纷的世界、即时资讯的同时,也把高雅拉入了平庸,扼住了人们思考的咽喉,人的思维变得单一、被动,不再去追寻丰富多彩的意义。消费社会中的文化工业的复制技术导致了现代人审美心理距离的消失,高雅文化和通俗文化之间,由于信息的无限膨胀,已经内爆了。消费社会的欲望逻辑内化于广告这一体系中,广告对产品所作的修辞性或告知性的展示和论述对消费行为没有决定性的效力,真正起作用的是其建立起来的充满寓意表达的社会母性形象。广告能使人回到幼儿心态,这是生产者和消费者之间通过广告这一媒介建立起来的一种情感上的联系,广告所传递的消费形象使观众感受到了生产企业的热情、关怀以及尊重,这非常类似于儿童渴望受到保护和关心的心理。

4. 浪费是对生产力的补充性破坏

鲍德里亚认为,在消费社会中,传统的道德观念被消解。人们会发现,其实所有的社会都是在极为必需的范围内浪费、侵吞、花费与消费的。在生产力发达的社会中,浪费以其独特的功用代替了以往理性消费的用途,它甚至作为消费社会的核心功能而发挥作用。①

八、经济心理学的消费理论

(一) 卡托纳的消费理论

1. 消费者主权论

卡托纳认为,通货膨胀或通货紧缩等的周期性经济变动以及经济增长率都在很大程度上取决于消费者;消费需求不再受制于唯一的收入因素,需求有自由决定权,并受到消费者购买倾向的影响。随着收入的增加,消费者的行为将越来越多地受到心理因素的影响。卡托纳指出,在贫困时代,消费是收入的函数;但在富裕时代,人们对土地、别墅等不动产,以及对股票、信托等方面的投资增加,这种自由酌量处理的储蓄和投资有了大幅度的增长,占主体位置,原先作为收入函数的消费减少,把握经济行为的主要变量群发生了变化。人们的消费方面发生了五种变化:收入增加、储蓄资产增加、赊销的普及、非必需耐用品的比重增多、经济信息迅速传播。因此,购买不仅取决于经济形势、可使用的资金和购买者的财力,而且取决于他的心理情绪、他对经济形势的心理倾向,即取决于消费者的消费态度、动机、期望,以及对消费对象的渴望程度等。

2. 消费者情感指标

卡托纳制定了消费者感情指标。消费者感情指标包括三项有关消费者行为的主要变量群,即可能条件、态度和促进条件,这三项指标主要用来衡量一个特定社会中消费者的态度、期望以及乐观或悲观的程度。美国经济的发展也充分证实了卡托纳的主

---

① 赵萍. 消费经济学理论溯源 [M]. 北京:社会科学文献出版社,2011:168.

张。消费者的感情因素对于经济波动的影响大大超过了他们的收入变化对于经济波动的冲击；对消费者的意向、预期、欲望、态度和动机的测量预先说明了他们消费和储蓄行为的变化，特别是预先指明了耐用品消费的重要变化。

卡托纳认为，经济行为是由人格和环境的相互作用决定的，消费者行为的这些变化倾向必然导致研究消费者行为的理论和结构也发生变革。[1]

（二）莱宾斯坦的消费理论

1. 功能性需求和非功能性需求

根据消费需求动机的不同可将消费需求分为功能性需求和非功能性需求两大类。莱宾斯坦认为，功能性需求是由商品的内在品质所产生的那部分商品需求，非功能性需求是由商品的内在品质以外的因素所产生的那部分商品需求，包括外部消费行为所引起的需求、预期的需求和非理性的需求等。预期的需求是人们因预期商品价格上升而经常"贮存"商品供给这一事实。无理性的需求是那种未经事先的计划或谨慎的计算，而是由一时的冲动和突然的念头所引起的购买，它不是为了理性的目的，而是为了满足突然冒出的念头和愿望。

2. 跟潮效应、逆潮效应和凡勃伦效应

由外部消费行为所引起的外部消费效应，可分为跟潮效应、逆潮效应和凡勃伦效应三种类型。所谓跟潮效应，是指消费者对一种商品需求的程度因其他人也在消费同样的商品而增加。它反映了人们的这样一种愿望，即购买一种商品以便使自己跟上事物的发展、显得时髦或新潮、成为群体中的一员。所谓逆潮效应，是指消费者对一种商品需求的程度因其他人也在消费同一种商品或者增加了对同一种商品的消费而减少。它反映了人们的这样一种愿望，即离群索居，与众不同，割断与普通百姓的关系。所谓凡勃伦效应，是指消费者对一种商品需求的程度因其标价较高而不是较低而增加。它反映了人们进行挥霍性消费的心理愿望。逆潮效应与凡勃伦效应的区别在于，前者是其他人的消费的函数，后者是价格的函数。莱宾斯坦认为，最重要的非功能性需求是由商品的品质以外的因素所引起的需求，所以，他主要关注跟潮效应、逆潮效应和凡勃伦效应对消费需求的影响。[2]

【思考题】

1. 简述亚当·斯密的消费理论。
2. 绝对收入假说与相对收入假说的区别是什么？
3. 简述弗里德曼的持久收入假说。
4. 边际效用学派对消费理论做出了什么贡献？

---

[1] 赵萍. 消费经济学理论溯源 [M]. 北京：社会科学文献出版社，2011：173.
[2] 赵萍. 消费经济学理论溯源 [M]. 北京：社会科学文献出版社，2011：174.

第三章
消费需求

习近平同志在中共十九大报告中指出，中国特色社会主义已经进入了新时代，我国社会主要矛盾已经转化为人民日益增长的美好生活需要和不平衡不充分的发展之间的矛盾。在市场经济中，人民日益增长的美好生活需要主要表现为市场消费需求。

第一节 消费需求的基本性质

一、消费需求的定义

一般来说，消费需求是指消费者在一定价格条件下愿意并能够购买的商品或服务的数量。

实际上，消费需求不仅表现为消费者对商品或服务的数量需求，还表现为对商品或服务的质量需求。随着人均收入水平和消费水平的提高，消费者的需求逐步趋于高级化。一方面，消费者对商品或服务的数量需求的总量在不断增加；另一方面，消费者更加追求与商品价格水平相符的质量。同时，消费者也更加追求生活的消费质量，关注自身身心健康的同时，追求舒适、享受的生活，更多地利用休闲、娱乐消费或日常消费活动充实生活内容，调节身心状态。

另外，消费需求是主观显之于客观，并反映主观欲望的客观存在。消费需求不仅表现为客观的购买力，还以人们主观需要为基础；既有人们的主观需求或欲望，也有作为社会经济中实际存在的客观方面特性。马克思曾明确指出："需求是贸易的物质内容交换对象的总和，用来进行交换和贸易的商品的总和。"[①]

二、消费需要与消费需求的联系与区别

消费需要与消费需求是既有密切联系又有重要区别的两个概念。在研究宏观经济过程中，我们首先要对两个概念进行区分。

（一）消费需要与消费需求具有一致性

消费需要和消费需求都是处在一定社会条件中人的欲望、意愿或要求。马克思指出，决定维持工人生活所必需的生活资料的"不是纯粹的自然需要，而是历史上随着一定文化而发生变化的自然需要"[②]。在社会主义制度下，人们消费需要和消费需求的

---

① 马克思恩格斯全集（第42卷）[M]. 北京：人民出版社，1979：382.
② 马克思恩格斯全集（第47卷）[M]. 北京：人民出版社，1979：52.

产生、发展客观上是和整个社会经济的发展相联系的。

消费需要和消费需求都是符合人民日益增长的美好生活需要的。我国社会主要矛盾已经转化为人民日益增长的美好生活需要和不平衡不充分的发展之间的矛盾。"全面促进消费"被写入"十四五"规划，也表明人民群众对美好生活图景的更多期待。

（二）市场经济下的消费需要表现为消费需求

如果消费需要通过自己的劳动产品直接得到满足的，即在自给自足的自然经济中，消费需要不表现为消费需求。即使在发达的商品经济社会中，消费需要中也存在或多或少的一部分是由消费者自己或者家庭成员提供的物质产品和服务来满足的，也不表现为消费需求。消费需求一开始就是和市场联系在一起的，是市场消费需求。

（三）消费需要是欲望，消费需求是有支付能力的欲望

消费需要与消费需求都是在一定的生产力水平和一定生产关系下，为了满足自身的生存、享受与发展而产生的获得某种商品或服务的欲望、意愿或要求。它是由于消费者生理和心理上的匮乏状态，从而想要获得它们的状态。

消费需求则是有支付能力的欲望。在《1844 年经济学哲学手稿》中，马克思这样说道："以货币为基础的有效的需求和以我的需要、我的激情、我的愿望等等为基础的无效的需求之间的差别，是存在和思维之间的差别，是只在我心中存在的观念和那作为现实对象在我之外对我存在的观念之间的差别。"[①] 有一定支付能力的消费者或者社会组织的需要会对市场产生作用，即他们所产生的消费需求是以货币为基础的有效需求，那么其他的市场主体也会对他们的需要产生反应。[②] 反过来，不管人们需要什么、需要多少，如果没有支付能力，其他的市场主体就不会对此产生直接反应。所以，在现实经济生活中，只有有支付能力的欲望才会发挥实际作用。

三、消费需求的基本特征

消费需求的产生、变化和发展通常都有一定的规律性，表现出具有普遍意义的特点。

（一）客观性

消费需求是对客观存在的欲望、意愿或要求。消费需求的产生是客观的。消费需求并不仅仅表现为人们的欲望、意愿或要求等主观方面的特性，还表现为人们生存和发展的客观需要，是不以人的意志为转移的客观存在。

（二）主观性

消费需求的表现形式是主观的，是基于消费者自身的文化背景、审美能力、个人喜好所进行的选择，同时受到消费者自身经济水平的影响。不仅不同的消费者对同一商品和服务存在着不同的主观评价，而且对同一消费者在不同年龄阶段对同一商品和服务也存在着不同的主观评价。[③]

---

① 马克思恩格斯全集（第 42 卷）[M].北京：人民出版社，1979：154.
② 李新家.消费经济学 [M].北京：中国社会科学出版社，2007：119.
③ 张清郎.中国消费需求影响因素结构研究 [D].成都：西南财经大学，2013：81–88.

(三) 层次性

按照马斯洛的消费需要层次理论，人们的需要分为生理、安全、社交、尊重和自我实现五个层次。作为消费需要的实现，消费需求也总是按照一定的层次不断被满足，低层次的消费需求被满足后不断追求高层次的欲望，在这一过程中也伴随着经济实力的不断提高。

(四) 拓展性

"由于一个国家的气候和其他自然特点不同，食物、衣服、取暖、居住等自然需要也就不同。"[①] 在社会主义生活中，随着社会经济的不断发展与科技水平的不断提高，消费内容不断得到丰富和发展，人民的消费选择不断增加，消费需求不断得到拓展。

(五) 社会性

消费需求是建立在人们的社会关系之中的，在不同的生产力水平和社会制度中，人们的消费需求也是不同的。除了消费主体生理上的特点以外，消费需求的差别还源自于消费主体在社会中所处的地位，受到这种社会关系和社会性质的限制。马克思指出："我们的需要和享受具有社会性质。"[②]

四、消费需求的基本作用

在社会经济活动中，消费需求发挥着重要的作用，而且在经济社会发展的不同阶段、不同领域和不同方面所发挥的作用也不相同。

(一) 消费需求对资源配置的导向作用

需求是市场经济的导向因素。市场经济是需求导向型经济，这是市场经济最基本的特征之一。在市场经济中，商品生产者的产品不是为了直接满足自身需要的，而是为了满足他人需要，这就规定了他的商品必须符合消费者的要求。如果一种商品在市场上非常抢手，它的生产者必定会努力扩大生产，反之，如果一种商品在市场上卖不出去，它的生产者就会压缩或停止生产。这样，一个社会的市场经济体系中，生产什么、生产多少，是由市场需求决定的。这就是消费需求的导向作用，这种导向作用是对资源配置的导向作用，资源流向生产扩大的部门。让市场在资源配置中发挥决定性作用的整个市场运行机制，最初是由需求开始的。

(二) 消费需求对经济发展的拉动作用

作为"三驾马车"之一，消费需求能直接对经济发展起拉动作用。消费是 GDP 的重要组成部分，消费需求的增长直接表现为经济的发展，消费需求增加多少，GDP 也增加多少，从国内生产总值的构成中可以明显看出：$GDP = C + I + E$。同时，消费需求还能拉动其他变量，进而拉动经济发展。例如，消费需求能拉动投资需求。根据加速原理，在没有资本存量闲置的前提下，消费需求的轻微变动会导致投资需求发生巨大的变动。

加快构建以国内大循环为主体、国内国际双循环相互促进的新发展格局，需要坚

[①] 马克思恩格斯选集（第2卷）[M]. 北京：人民出版社，1976：91.
[②] 马克思恩格斯选集（第1卷）[M]. 北京：人民出版社，1972：368.

持扩大内需这个战略基点，全面促进消费需求，增强消费对经济发展的基础性作用。

（三）消费需求对经济周期波动的稳定作用

作为国民经济中的最终需求，消费需求不仅拉动了经济增长，也能够缓解经济周期波动。在经济的波动周期中，消费需求的变化相对平稳，并且往往滞后于投资需求的变化，在很大程度上削弱了投资需求剧烈变动造成的国民经济动荡。

第二节　影响和决定消费需求的因素

影响消费需求的因素大致可以归纳为两大类：经济因素和非经济因素。经济因素是影响消费需求的宏观经济状况，非经济因素是影响消费需求的除经济以外的其他各种综合性因素。

一、经济因素

在经济发展水平不同的情况下，对于不同的消费者和不同的消费品而言，影响和决定市场需求的因素和作用的力度都是不同的。

（一）消费者的收入水平

收入是消费的基础和前提。当收入发生变化时，消费者对某种商品的消费需求乃至消费支出结构都会发生变化。这里的收入变化主要是指消费者的实际收入变化。实际收入和名义收入并不是完全一致的，而决定消费者购买力的是其实际收入。这里的收入是指可以进一步划分为可支配收入与可随意支配收入两种。其中可支配收入是指居民家庭获得并且可以用来自由支配的收入；可随意支配收入是指一个人、住户或家庭在购买必需品以外的，可用来购买奢侈品的收入部分。

（二）收入差距

无论是社会总体消费水平、人均消费量还是消费结构，城乡间均存在较大的鸿沟，城乡消费差距已成为中国总消费需求率难以提高的最主要障碍之一。不断拉大的城乡消费差距，也导致了中国国内消费产品和服务的供求结构性矛盾。工业部门难以同时满足偏好相差较大的城市和乡村两个层面的需求，追求收益最大化的工业部门必然会主要以城镇居民的需求为导向，当某一产品的城镇市场需求基本饱和时，由于城乡居民可支配收入水平的差距，农村需求市场并不能及时发展起来，从而使得国内许多消费产品和服务的产品生命周期被大大缩短。一方面，会导致相关产业的产能迅速出现过剩；另一方面，实际上也会导致新产品的价格相对更高，从而进一步限制了农村市场的消费需求。收入差距不仅在供求方面加剧了中国经济的结构性矛盾，而且也会加大宏观经济的波动性。

（三）消费品的价格

消费者为了满足消费需要，必须根据自己的收入状况，根据不同的价格水平，在各种商品和服务之间进行选择。无论是价格总水平的变化还是某些消费品价格的变化都会影响到需求总量和需求结构。如果对消费品的价格预期不发生变化，那么就不会发生人们出于对未来价格变化较大的担心而抢购等现象。

(四) 消费供给结构

没有生产就没有消费，也不会产生新的消费需求。供给结构主要是指产业结构和产品结构。现有的产业结构和产品结构，在很大程度上影响着消费的需求结构。

1. 产业结构影响消费需求结构

产业间结构与产业内部结构都会影响到消费需求。如果产业间结构与产业内部结构失衡，则会导致某一部门的发展落后，进而造成部分消费需求难以得到满足。供给侧改革恰恰包含了这一思想和内容，通过供给侧改革，优化调整产业结构和资源要素配置，深度调整供给结构，培育壮大新的发展动能，增强产业发展活力，从而刺激消费者的消费力，促进宏观经济增长。

2. 产品结构影响消费需求结构

产品内部结构会影响到消费需求结构。对于不同产品资源分配的失衡，会导致产品的供求出现矛盾，一部分产品供不应求，另一部分产品供过于求，由此影响到市场价格与经济发展。

产品质量也会影响到消费需求结构。质量是相对于需求而言，一般来讲，高端消费品是针对高收入人群需求的，中档消费品是针对普通消费人群需求的，而低端消费品是针对低收入人群而言的。当前，我国老百姓已解决了温饱问题，人们对商品和服务的需求逐步由数量需求转向质量需求，人们追求有品质的生活，消费者对产品质量的要求越来越高，对高端产品乃至奢侈品需求旺盛。

二、非经济因素

非经济因素包括的内容很多，如人口结构、消费心理、消费习惯、民族传统、消费环境等。这里就人口规模与人口结构、消费自身因素、消费环境、制度变迁进行初步分析。

(一) 人口规模与人口结构

人口规模对消费需求总量的影响极其明显，在其他条件不变的情况下，人口越多，人均国民收入越多，消费需求的总量越大；人口一定，人均国民收入一定，消费需求的总量就一定。从单个家庭来看，家庭人口数量决定着家庭的规模，影响家庭的老年抚养负担和少年抚养负担。在家庭就业人口一定的情况下，若家庭人口老龄化程度高及人口出生率高，则家庭负担大，家庭成员出于对未来长期发展的考量而相应减少消费需求。

人口结构包括年龄结构、性别结构、职业结构、地区结构、文化结构等。不同年龄、不同性别、不同职业、不同地区、不同文化素质的消费者各有不同的消费需求，而且人口结构的变化相应地带来消费需求的总量及其结构的变化，例如，我国人口老龄化逐步升级，社会对针对老年人的消费品和消费服务需求会不断增加。

(二) 消费者自身因素

消费心理是消费者进行消费活动时所表现出的心理特征与心理活动，它指导和制约消费者的实践活动。不同的社会阶层、性别、年龄、地区的消费者会因为消费心理的不同而产生不同的消费需求。

消费风俗与习惯构成国家、地区、民族的消费者消费行为的外在客观条件,它代表一种稳定的消费偏好。我国是一个多民族的国家,消费风俗与习惯的差异较为突出。例如,历来有"东酸西辣,南甜北咸"的差别,也有"北方爱面食,南方喜米饭"的不同。

(三)消费环境

消费环境是指消费者所面临的,对其消费行为有一定影响的各种客观和主观因素。消费者的消费行为离不开一定的消费环境,良好的消费环境不但可增强消费信心,扩大消费需求,提高消费质量;而且可促进消费和谐,加速构建社会主义和谐社会。例如,自然环境恶化促使绿色消费意识日趋增强;我国市场的消费环境总体欠佳,缺乏诚信,压抑了消费热情。

(四)制度变迁

制度变迁是指新制度或新制度结构的产生、替代或改变旧制度的动态过程。制度变迁让人民的生产和生活方式不断变化,人的理念、意识、能力也都随之变化,消费者的消费方式也在逐渐变化。例如,经济体制改革会增加居民收入不确定性预期,进而影响到消费需求。社会保障体系发展会降低居民收入不确定性预期,进而促进消费需求的增长。

第三节 满足不同层次的消费需求

近年来,消费已成为经济增长的主要驱动力,在消费数量、消费质量和消费需求结构等方面都有了长足的发展。但我国的消费需求仍有较大的发展空间,对此我们对扩大现阶段我国消费需求提供几个路径选择。

一、我国消费需求正在发生重要的变化

消费需求上升规律是一切社会化生产条件下人们消费需求变化的普遍规律。消费需求上升规律是指随着社会生产的不断发展,生产力水平的不断提高,消费需求从总体上呈现出逐步上升的变化趋势,具体表现为消费数量增加、消费质量提高和消费需求结构优化。

(一)消费需求数量不断增加

收入是消费的基础和前提。根据国家统计局年度数据显示,我国城镇居民人均可支配收入1978年为343.4元,2000年为6 256元,2009年为16 901元,2019年为42 359元,相比于1978年增长近123倍。农村居民人均纯收入1978年为133.6元,2000年为2 282元,2009年为5 435元,2019年为16 021元,相比于1978年增长近119倍。不考虑物价上涨的影响,实际消费水平也提高了几十倍。从社会消费品零售额(消费需求的实现)来看,从1978年的1 558亿元,增加到2000年的38 447.1亿元再增加到2019年的408 017.2亿元,增长了约261倍。这些都反映出我国城乡居民消费需求总量是不断增加的。

(二)需求质量和需求结构发生变化

居民消费需求结构优化很明显。根据国家统计局年度数据显示,城镇居民的恩格

尔系数1978年为57.5%，2019年下降到27.6%；农村居民的恩格尔数1978年为67.7%，2019年下降到30%。生存资料在需求结构中的比重不断下降，享受资料、发展资料在需求结构中的比重不断上升。首先，随着居民收入水平的提高，有些商品和服务的需求不断缩小，甚至完全消失，如劣等品。其次，随着居民收入水平的提高，有些商品和服务的需求基本保持不变。食物消费的市场需求就是这样。最后，随着收入水平的提高，有些商品和服务需求的增长快。住房、汽车、电子信息、旅游、文化教育、珠宝首饰、花卉、保险等，这充分表现出消费需求质量和结构的提高和优化。

（三）需求层次升级

我国居民消费水平总体上达到小康，正在向更加宽裕的小康和富裕的层次演进。这是大的趋势，是分析和研究市场需求的大背景。另外，不同地区、不同居民处于不同的消费层次，它们各自从不同的层次向上升级。

（四）公共消费需求扩大

生产力发展水平的提高为社会公共消费的扩大创造了条件。我国现阶段公共消费需求扩大主要表现为环境保护和治理改善的需求扩大，公共基础设施建设、科技、教育、文化、卫生防疫、社会福利和社会保障等方面需求的扩大。

（五）文化消费需求扩大

近年来，文化产业的发展备受瞩目，文化产品的内容和形式日益丰富，文化消费群体及其需求、动机、行为也都呈现出持续变化。在文化消费群体迭代与消费需求多样化的背景下，消费者在满足基本需求的基础上对更高品质、更深层次、更广范围的需求逐渐增多，尤其是在文化、旅游、休闲、时尚、个性、运动、健康等方面的诉求日益强烈，更加注重消费场景及其体验感的获得，偏爱能够满足多种需求的复合型产品和服务。

二、我国消费需求不足的表现及消极影响

消费增长的动力来自经济发展和居民收入的提高。改革开放以来，我国国民生产总值和人均收入保持持续增长的态势。然而我国消费近年来却出现低迷的现象，最终消费率及消费贡献率持续呈现出下降趋势，相比之下，同期美国、日本及英国等国家的居民消费率较高，消费需求不足显然已成为我国经济增长的短板。同时，我国消费需求不足也产生了许多消极影响。

一是对经济增长的贡献率下降。据统计资料显示，1978年我国最终消费率为62.1%，而2019年下降到58.6%，在这期间，最终消费率虽然有所波动，但总体还是呈现下降的趋势。

二是造成了宏观经济波动。投资的周期震荡上升，造成了宏观经济波动。近年来，在我国消费率不断走低的情况下，连续的投资扩张对保持经济快速增长发挥了至关重要的作用。然而，在美国对中国的全面打压、遏制和新冠肺炎疫情的双重影响下，投资不能进一步扩张，必将降低投资效率，加剧产能过剩，最后造成经济的大起大落和长期持续发展。

三是导致我国经济增长长期过分依赖出口需要。改革开放之初，我国确立了出口

导向的外贸政策，大力鼓励出口，换取外汇资金。但是从长期看，作为一个经济大国，内需才是推动中国经济运行最坚实的基础。中国正在积极构建以国内大循环为主体、国内国际双循环相互促进的新发展格局，要立足于扩大内需，维护国内的产业链安全与供应链安全。

三、现阶段扩大我国消费需求的路径选择

居民的消费需求取决于各种复杂因素的共同作用，现阶段扩大我国消费需求的路径选择不能单纯地依靠某种手段，我们需要通过各种引导的手段改变消费者的需求。

（一）增加城乡居民收入，缩小收入差距

首先，要增加城乡居民收入，稳定就业，保持城乡居民良好收入预期。一方面要进一步增加农民收入，减轻农民负担，同时可继续提高公职人员工资水平，促进城乡居民收入水平上升。其次，要调整收入分配格局，缩小收入差距。要"更加注重社会公平，着力提高低收入者收入，逐步扩大中等收入者比重，有效调节过高收入，坚决取缔非法收入，促进共同富裕"[①]。可以建立个人所得税征收标准动态调整机制，定期对个人所得税的基本减除标准、专项附加扣除标准按居民消费价格指数（CPI）的变化进行动态调整，最大限度地保障中低收入人群的基本利益。

（二）完善社会保障制度，稳定居民收入预期

从根本上说，完善社会保障体系有利于维持和稳定居民的未来收入预期和消费水平，有利于促进居民即期和长期消费。首先，加快农村新型合作医疗制度落实，完善政府、社会和村民三方参与的机制，提高农民的医疗保障水平，解决农村居民看病贵、看病难的问题。其次，应考虑不同地区在经济发展状况等方面的差异，建立与之相适应的社会保障体系。在基本生活需求无法得到满足的贫困地区，政府应加大救济力度，并且因地制宜引进合适产业，引导村民自给自足；在温饱不成问题的地区，社会保障体系就要多考虑居民的生活需要，如建立和落实最低生活补助等。最后，养老保险制度应当加大支持力度。现如今大部分的老年人的养老依靠家庭保障解决，人口老龄化问题的到来使得许多居民养老问题得不到保障，引发家庭纠纷，加重家庭负担，甚至导致很多社会问题。

（三）积极完善消费信贷

我国现有的消费信贷范围小、品种少、金额不大、手续繁重，不适应扩大消费需求。国家应该加强政策、法律方面建设和监管，进一步积极发展消费信贷。金融平台应增加消费信贷品种和形式，拓宽消费信贷领域，创新消费信贷的金融手段，确定合理的消费信贷利率，使更多的消费者接受信贷消费方式。[②] 从大学生层面上，应当树立健康的消费观念，健康借贷，选择合理合法安全的消费信贷方式，避免财务危机以及信用风险。

（四）优化供给结构，调整供求矛盾

优化供给结构，以结构的升级换代和产品更新开拓新市场，培育新的经济增长点。

---

① 中共中央关于构建社会主义和谐社会若干重大问题的决定［M］. 北京：人民出版社，2006：15.
② 柳思维. 现代消费经济学通论［M］. 北京：中国人民大学出版社，2014：51.

商品生产与供给必须树立"消费者至上"的经营理念，努力优化产品供给结构，提高产品的加工深度和附加值。具体来看，优化供给结构可以从两方面展开：一方面，要善于发现和挖掘潜在的市场需求；另一方面，要通过采用新技术来改良品种，提高产品质量降低产品成本，并通过开发全新的产品和服务，生产出满足各层次居民需要的、不同档次的、适销对路的产品，有效激发消费者潜在的消费欲望。

（五）完善消费环境，规范市场秩序，取消限制消费政策

我国居民消费环境大体是在向好的方向发展，尤其是我国的基础设施环境有了快速的发展。但是在政策制度环境方面发展还需要进一步的完善。我国居民消费环境的改善需要政府更多精力的投入，需要从税收政策、财政支出、法律制度等方面进行改革；同时，居民自身也要转变思想，转变消费心态，提高消费者维权思想，采取切实有效的法律手段等；企业也要为消费环境的改善贡献自己的力量，加强企业创新力度，提高产品质量，生产对口产品，激发消费者的购买意愿。

（六）完善文化基础设施，营造文化消费的良好环境

当前，城乡文化基础设施无论在数量上还是质量上都与居民的需求存在一定的差距，尤其是对文化活动场馆的需求，例如，对图书馆、博物馆等基础设施建设提出了较高的需求。因此，应依托各种文化产业园区，协调相关部门，落实文化产业园区在用地、税收等方面的优惠政策，加快园区基础设施和环境的建设。

【扩展材料】

一、相关政策文件

《中共中央 国务院关于完善促进消费体制机制进一步激发居民消费潜力的若干意见》。

二、案例

盒马鲜生

盒马鲜生是阿里巴巴集团旗下，以数据和技术驱动的新零售平台，是为消费者打造的社区化一站式新零售体验中心。

盒马鲜生是阿里巴巴对线下超市完全重构的新零售业态。盒马是超市，是餐饮店，也是菜市场。消费者可到店购买，也可以在盒马 App 下单。而盒马最大的特点之一就是快速配送：门店附近 3 公里范围内，30 分钟送货上门。

目前中国消费者的消费能力有了很大的提升，同时消费者的消费理念也在发生深刻变化——更加注重健康。盒马鲜生每天从本地蔬菜基地直采直供，经过全程冷链运输并精细包装后，直接进入盒马鲜生超市冷柜售卖，其商品价格和新鲜程度都在一定程度上得到保障。消费者在购买方式上也发生很大的变化。便利性和就近原则是消费者对于肉和蔬菜等生鲜食品的重要的考量角度。盒马鲜生多开在居民聚集区，其最大的特点之一就是快速配送。

2019年，盒马鲜生入选"2019福布斯中国最具创新力企业榜"。随着人民消费需求的变化，盒马鲜生在面对当前的新环境下，不断重构其产品模式和销售渠道，适应消费的新需求，继续向前发展。

资料来源：福布斯中国创新峰会开幕 盒马鲜生、字节跳动、华为等获中国最具创新力企业［EB/OL］. https://www.sohu.com/a/320502435_120117065；阿里研究院相关资料。

【思考题】

1. 简述消费需要与消费需求的区别和联系。
2. 简述消费需求的基本特征。
3. 分析消费需求在社会经济中有何重要作用？
4. 结合供给侧结构性改革，分析消费需求与消费供给的关系是怎样的？

第四章
消费升级

随着中国经济的快速发展，中国已逐步迈入一个消费全面升级的新时代。消费升级也成为消费经济学的重要范畴之一。消费升级涉及消费内容、消费位势、消费方式、消费观念等方方面面，能够反映出人们消费能力、消费需求、消费水平等的发展变化。追求高质量发展也将研究消费升级问题的重要性提升到一个新的高度。因此，了解消费升级的含义，揭示消费升级的演变历程，探讨影响消费升级的各种因素以及厘清消费升级与产业升级的关系，对于满足人民日益增长的美好生活需要和促进国民经济持续健康发展具有十分重要的现实意义。

第一节 消费升级的含义及规律

一、消费升级的定义

什么是消费升级呢？从狭义上来看，消费升级一般是指消费结构升级，即消费结构不断合理优化、由低层次向高层次演变的过程，可以直接反映出消费水平和发展趋势。消费结构则是指在一定时期内消费者在消费过程中所消费的各种不同类型的消费资料之间的组合和比例关系[①]，比如：衣食住行等不同方面消费支出的占比，实物消费支出与服务消费支出的占比等。

从广义上来看，消费升级远不止消费结构升级，而是包括消费位势变化、消费内容提升、消费方式革新以及消费观念变革四个方面。其中，消费位势是指消费在国民经济发展中的地位，消费内容提升主要是指消费结构优化和消费规模扩张，消费方式革新是指消费者消费时的途径、形式以及场所发生变化，消费观念变革则强调的是消费者消费时的动机、习惯以及价值判断产生转变。

二、消费升级的一般逻辑与规律

恩格斯在《〈雇佣劳动与资本〉1891年单行本导言》中曾提到，在人人都必须劳动的条件下，人人也都将同等地、愈益丰富地得到生活资料、享受资料、发展和表现一切体力和智力所需的资料。故可以将消费资料按消费目的大致分为生存资料、发展资料、享受资料。1943年，美国心理学家亚伯拉罕·马斯洛在《人类激励理论》一书

---

① 伊志宏.消费经济学[M].3版.北京：中国人民大学出版社，2018：183.

中首次提出了需求层次理论，他将人类需求像阶梯一样从低到高按层次分为五种，分别是：生理需求、安全需求、社交需求、尊重需求和自我实现需求。其中，生理需求和安全需求主要是基于物质需求，社交需求、尊重需求和自我实现需求则主要是基于更高层次的精神需求。因此，基于人们的不同消费目的和需求层次，消费升级一般遵循着"生存—发展—享受"或"物质—精神"的演变逻辑。[1]

此外，消费升级的一般规律往往也和一个国家或地区的经济发展水平挂钩。通过比较美国与主要发达国家、发展中国家消费结构的相似度发现：成功经济体人均 GDP 为 5 000 国际元[2]以下时，消费结构处于缓慢升级阶段；人均 GDP 在 5 000 国际元到 1 300 国际元左右时，消费结构处于快速升级阶段；人均 GDP 达到 1 300 国际元之后，消费结构趋于稳定阶段。[3] 而我国消费结构升级的演变也与国际规律符合。

三、消费升级的四个层面

（一）消费位势的变化

消费位势，是指消费在国民经济发展中的地位。人类社会最初是以消费为主的，但进入资本主义经济，消费的地位发生了异化。正如马克思指出的，"在资本主义生产中，收入（消费）是作为结果，而不是作为起决定作用的目的出现的……对于仅仅为了把商品变成生活资料而出卖商品的人来说，消费确实是主导因素。"他预言只有到了建立在生产力高度发展基础上的未来公有制社会，消费才会复归为主导地位。现代经济学认为，对国民经济的拉动力，投资、出口和消费。"三驾马车"在不同时期、不同环境下，各自的位势是不同的，存在着上位与下位的区别。在投资和出口分别作为拉动经济的主要动力时，消费只是处于从属地位；而在投资、出口难以拉动经济增长时，消费则会升帐挂帅，成为拉动经济增长的主要动力。[4] 这个意义的消费升级会对其他意义的消费升级产生决定性的影响。

（二）消费内容提升

1. 消费结构优化

消费结构优化主要体现为消费者消费选择的多样化、消费品质的持续改善以及消费需求的不断提升。其一，消费选择的多样化主要得益于供给侧的技术创新和生产效率提升等带来的产品与服务的多元化，新的消费项目和消费类别不断增加，消费者拥有更多的选择权在一定程度上提高了消费者的效用水平。其二，消费品质的持续改善是指消费者在消费的过程中对产品质量与服务品质的要求在不断提高，逐步向精致化与高端化迈进，这也在一定程度上淘汰了市场上低端劣质消费品的供给。其三，消费需求的不断提升强调的是消费者的消费是遵循马斯洛需求演化路径的，随着生活水平的提高，传统的物质消费占比下降，服务消费占比则不断上升，恩格尔系数的下降就是其最好的印证。

---

[1] 李世美，狄振鹏. 消费升级内涵、影响因素与经济效应的文献述评 [J]. 财会月刊，2020（15）：135 – 140.
[2] 国际元又称吉尔里 – 哈米斯元（Geary-Khamis dollar），是在特定时间与美元有相同购买力的假设通货单位。
[3] 刘慧. 居民消费结构升级：经济史呈现的一般规律及中国的轨迹 [J]. 经济问题探索，2013（6）：9 – 14.
[4] 文魁. 论消费升级的几个核心问题 [J]. 前线，2013（10）：40 – 45.

2. 消费规模扩张

除了结构优化，规模扩张也是消费内容提升的重要方面。消费规模扩张是指宏观层面上的消费总量不断增长，在国民经济中的比重不断提高。改革开放以来，随着经济快速发展，居民的人均可支配收入也水涨船高，推动消费市场规模持续扩大。中国国家统计局公布的数据显示，1978年的人均可支配收入、社会消费品零售总额，及最终消费支出对国内生产总值增长贡献率分别为171.17元、1 558.6亿元和38.7%；而2019年的人均可支配收入、社会消费品零售总额，及最终消费支出对国内生产总值增长贡献率分别达到30 732.85元、40 8017.2亿元和58.6%，① 其中，消费的经济贡献率已经超越出口和投资，成为经济增长的第一驱动力。由此可见，在消费规模扩张的过程中，消费的基础性作用进一步增强和显现，推动经济增长动能从传统的投资拉动型向消费驱动型转变。

（三）消费方式革新

消费升级的另一个重要表现是消费方式随着生产方式和交换方式的改进不断与时俱进。中国改革开放以来的消费方式大致沿着"传统的线下消费→线上线下消费并存但较为独立→线上线下消费融合"的方向发展。消费方式转变的重要推动力是移动支付的出现和物流产业的发展，突破了传统消费者购物距离半径限制，在极大程度上降低了交换的交易成本，提高了人们的消费体验和消费意愿，同时也催生了丰富多元的新兴消费方式，比如电商平台消费、共享经济以及体验消费等都方兴未艾。以电商平台消费为例，其先后出现了传统的网店消费、微商、直播带货等方式。此外，现如今消费社交化的趋势愈加明显，消费逐渐成为社交生活的副产品之一，社交分享对消费者的消费行为具有很大的影响力。总之，消费方式的革新正在丰富和提升消费者对消费品生产设计的参与权、对消费过程的选择权以及对社会生产各环节的话语权。

（四）消费观念变革

消费观念变革与消费方式革新是相辅相成的，而消费观念变革又进一步推动和引领消费结构优化与消费规模扩张。改革开放以来，我国消费者的消费观念不断趋于理性和成熟。一方面，我国居民受教育程度的普遍提升、人口结构的发展变化以及经济发展带来的物质生活的极大丰富等因素内在地驱动人们的消费观念发生转变和形成新的消费习惯。另一方面，随着全球化进程的加快，世界各地的文化交流、交融与交锋都更加频繁和深刻，消费观念也是其中之一。我国消费者在较大程度上也受到西方消费理念的影响，最主要的表现是不再局限于传统的"先挣钱再花钱"的观念，而是逐渐过渡到"超前消费"，此外，消费信贷也为这一观念的形成"推波助澜"。总的来说，目前消费者的消费理念已经进入到"从量到质""从有到优""求新求特"的新阶段，更加追求生活品质、消费体验和情感认同。

四、消费升级的重要性

消费升级的重要性主要体现在两个方面：

一是改善民生。消费升级是衡量居民生活水平和生活质量的重要指标，也是评估

---

① 数据来源：国家统计局年度数据整理。

居民生活满意度和幸福感的重要参考。中共十九大报告指出，中国社会主要矛盾已经转化为人民日益增长的美好生活需要和不平衡不充分的发展之间的矛盾。而消费升级就切实关系到人民生活的真实效用水平是否真正提高[①]，消费升级涉及人们生活的方方面面，从生存到发展及享受，跨越物质生活和精神世界，消费升级是满足人民日益增长的美好生活需要的直接体现，对改善民生意义非凡。

二是助推经济。消费升级是我国经济结构转型时期的重要推手和实现经济高质量发展的内生动力。随着扩大内需的一系列政策落地实施，消费对拉动经济发展的基础性作用逐年递增，在消费成为经济发展"压舱石"的同时，消费升级亦成为中国经济平稳运行的"顶梁柱"。消费升级能够实现生产供应侧的创新推动与消费需求侧的提升拉动这双重动力的有效衔接和配合[②]，实现"消费升级倒逼产业升级，产业升级反哺消费升级"的良性循环，进一步促进形成强大国内市场，推动构建国内国际双循环相互促进的新发展格局，从而实现经济质量的跃升。

第二节　我国消费升级的历史演变

一、三次消费升级

目前较为公认的说法是改革开放以来，我国先后出现了三次消费升级，带来了我国居民生活水平的持续改善和经济的高速增长。

（一）第一次消费升级

第一次消费升级出现在我国改革开放之初，大致为20世纪70年代末至80年代初。改革开放使得人民在计划经济时期被压抑的消费需求得到释放，具体表现为居民的粮食消费比重下降、轻工产品消费比重上升。这次消费升级使我国居民摆脱了绝对贫困并基本解决了生存型消费问题，并带动轻工、纺织产品等相关产业实现迅猛发展，促使经济出现第一轮高速增长。

这次消费升级的主要原因正是改革开放。随着全党的工作重点转移到经济建设上来，一方面，我国国民经济体系中的"农轻重"的比例关系、工业内部的轻重工业比例关系得到有效调整，消费品供给能力的大幅提升为消费升级提供了保障；另一方面，经济体制改革逐步放宽了市场主体的经营自主权，有效地提高了人们的收入水平，而收入提升是消费能力增强的重要体现。

（二）第二次消费升级

第二次消费升级出现在20世纪80年代末至90年代末，主要由生存型消费向发展型消费升级。在这一阶段的前期，作为温饱时期标志性消费品的"老三件"（自行车、手表、收音机）和小康时期标志性消费品的"新三件"（冰箱、彩电、洗衣机）的普及率均得到大幅增加，并带动了相关产业的迅猛发展。而这一阶段的后期，家用电器

[①] 石明明，江舟，周小焱. 消费升级还是消费降级［J］. 中国工业经济，2019（7）：42-60.
[②] 潘红玉，贺正楚，周建军. 高质量发展阶段高端消费增长点的培育及供给［J］. 财会月刊，2018（11）：153-158.

和耐用消费品逐渐偏向于高档化，成为一种新的时尚而得到消费者的青睐；同时，居民对通信、交通、教育、健康等方面的消费需求明显提升，显示出人们对自身发展的需要。这次消费升级驱动我国高端制造业的进一步发展，对第二轮经济增长产生重大影响。

此轮消费升级主要源于中国工业化和城镇化进程加快。进入20世纪90年代以后，为了解决能源、原材料等的制约，我国进入再次重化工化和高加工度化时期，并逐步实现轻重工业结构协调、相互促进、同步发展的格局，对经济的持续发展意义深远。与此同时，我国城镇化在经历了1978~1992年的恢复发展阶段后，受到扩大对外开放、土地制度改革以及完善制度变迁三大方面的影响，从1993年正式进入到扩张阶段。[①] 工业化和城镇化的双重影响既增加了市场上产品与服务供给的数量与种类，又进一步提高了居民的收入水平；此外，消费观念也在发生转变，人们开始重视生活品质和自身发展，带动消费需求出现变化。

（三）第三次消费升级

目前正在进行的就是第三次消费升级，主要是由发展型消费向享受型消费过渡。居民的消费者主体意识增强，逐步转变为追求个性化、定制化、多样化的高品质消费。在此轮消费升级中，住宅、交通、通信、医疗保健、教育、娱乐、文化、旅游等方面的消费需求快速增长，其中与信息产业、汽车产业以及房地产业相联系的消费增长最为迅猛。此外，新的消费增长点层出不穷，新型消费业态也不断涌现。与前两次消费升级相比，服务消费占比不断攀升。消费已经超过投资、出口对经济增长的驱动作用，成为推动经济增长的引擎，有力地助推我国经济实现高质量发展。

第三次消费升级主要得益于信息化发展。随着互联网、云计算、大数据技术、物联网等新兴信息技术在经济社会各个领域的广泛渗透，生产效率和供给能力快速提升、信息不对称程度和交易成本逐步下降，促使供给端和需求端实现良性互动，生产者和消费者之间的距离进一步缩小。加之，人们对美好生活的追求和政府的消费政策叠加，也推动了这一轮消费升级。

二、现阶段消费升级的主要表现

现阶段消费升级的表现与特点众多，此处仅举几例加以介绍，供读者了解。

（一）银发经济

"银发产业"又称老年产业、老龄产业，是专门关于老年人的消费服务。其涉及老年人生活的方方面面，包括医疗康养、家政服务、旅游娱乐、生活用品、理财保险等领域。随着我国人口老龄化加剧，"夕阳人群"催生出了"朝阳产业"。现如今的老年人大多拥有殷实的财富积累和较高的退休保障，消费能力十分可观；此外，时代的发展也带动老年群体消费观念的改变，逐渐从过去节俭、舍不得消费转变为愿意花钱买健康、买快乐，消费意愿大幅提升。较高的消费能力和消费意愿促使数以亿计的老年

---

① 刘秉镰，朱俊丰. 新中国70年城镇化发展：历程、问题与展望[J]. 经济与管理研究，2019，40（11）：3－14.

消费群体支撑起了庞大的老年消费市场。虽然目前我国老年产业市场仍面临着供给与消费需求脱节的窘境，但"银发产业"正在蓬勃发展中，未来还具有广阔的发展空间。

（二）绿色消费

绿色消费既包括消费者对绿色产品的消费活动，也涉及生产过程中对资源的有效利用和对环境的保护、消费过程中的减少浪费和污染排放，以及消费之后的物资回收利用等方面，是一种与时俱进的消费理念。随着人们生活水平的提高，环保意识、生态意识普遍得到增强，针对经济发展中出现的不可持续危机而提出的绿色消费理念受到消费者的广泛认可。绿色消费范围广阔，覆盖居民吃、穿、住、行各个方面，例如，无公害农产品、绿色食品和有机产品等"三品"，以及绿色服饰、绿色家电、绿色建筑、新能源汽车等均受到消费者追捧。

（三）消费社交化

近年来，消费社交化的趋势逐渐明显，社交分享在较大程度上影响着人们的消费行为。各种社交平台上的购物分享和推荐，刺激着围观人群的好奇心和购买欲。在这一趋势下，基于熟人关系的社交圈子已经无法满足消费者的需求，社交消费逐渐走向"圈子化"，如美食圈、健身圈、旅游圈、追星圈、宠物圈、阅读圈等，而年轻群体和高收入群体是其中最为活跃的人群。社交圈层越加细分，社交分享的影响力越强，大部分消费者也更加倾向于相信各种社交圈的推荐，同时也愿意在社交圈内分享自己的购物体验或者发表评论。消费社交化使得消费呈现出"消费—分享—再消费"的循环式连锁反应。

第三节 消费升级的主要影响因素

一、收入水平

在所有影响到消费升级的因素中，收入应该是最核心最重要的因素。经典的消费理论往往都和收入紧密相关，诸如凯恩斯的绝对收入假说、杜森贝里的相对收入假说、弗里德曼的持久收入假说以及莫迪利安尼的生命周期理论。具体而言，收入水平对消费的影响主要表现在预算线与无差异曲线位置关系的动态变化中以及消费品的需求弹性方面。收入水平在很大程度上代表了居民的消费能力，随着收入水平提高，居民的购买力提升，需求层次也会相应提高。既包括现有消费会发生"从有到好"的品质化发展，又包括旧的消费需求淘汰、新的消费需求出现，则最终必然导致消费水平提升和消费结构发生跃迁。而从宏观层面来看，居民收入水平的整体提升将带动消费规模和消费总量的扩张，以及不同消费市场的兴衰转变。

二、社会保障

社会保障包括政府支出和个人支出两个方面。政府社会保障支出往往可以促进消费升级，而个人社会保障支出对消费升级的影响是不确定的。具体而言，政府社会保障支出会通过收入效应和替代效应影响消费升级。一方面，政府提高全民在基本养老、医疗、失业等方面的保障可以降低居民在该方面的支出和储蓄需求，从而相对增加了居民可供消费的财富；另一方面，政府社会保障支出增加，改变了各项社会保障与其他消费品的相对价格，因此，居民也会相应地增加对其他产品与服务的消费。然而，从个人社会保障支出的角度来看，当政府提供的社会保障水平较低时，一方面，较高的个人社会保障支出会挤压消费者对其他产品与服务的消费支出，不利于消费升级；另一方面，未来确定的社会保障收益会减少居民的后顾之忧，从而预防性储蓄动机下降，可用于当期消费的财富增加，会在一定程度上推动消费升级，故个人社会保障支出对消费升级的综合影响很难界定。

三、人口结构

人口是一个拥有众多性质特征的总体。人口的年龄结构、性别结构、职业结构、城乡结构、民族结构、地域结构等都会影响到消费，进而影响到消费升级。这主要是因为不同人群的消费需求、消费理念、消费意愿以及消费能力等是不一样的，这会在很大程度上影响到消费的结构和规模。当人口结构发生变化时，消费结构也会随之改变。以人口的年龄结构为例，目前，我国的"80后"和"90后"渐渐成为消费群体的主力军，受教育程度普遍提升带来的是品牌认知程度的不同，这部分消费群体的消费意愿强、更加注重品质消费；"00后"身处移动互联网时代，接收的信息更加多元化，更偏向于个性化消费和及时享受；"70后"则更加务实，财富积累使其拥有强大的消费能力，但主要以家庭消费为主；而"50后"和"60后"基本全面进入退休周期，随着我国老龄化趋势的加速，将拓展出新的消费市场。消费群体的特征会随着时代发生转变，也会不断对消费市场提出新的要求，进而推动消费市场的发展。

四、科学技术

科学技术主要是通过作用于生产和交换环节来影响消费升级。从生产的角度来说，科学技术的发展与进步渗透到生产领域：一方面，可以通过提升产品的质量、改善产品的性能以及增加消费附加服务，加快消费品更新换代的速度和丰富消费品的供给，进而吸引消费者增加消费；另一方面，科技创新可以创造出新的产品与服务，催生出新的消费需求，从而激发新的消费增长点。从交换的角度来看，科技进步可以改进产品的流通渠道、创造和引领新的消费方式、进一步提高产品的流通效率和降低交易成本，从而提升消费者的消费意愿和消费体验。总之，科学技术为消费升级提供了基础条件、创造了广阔空间。

五、政策因素

中国的社会主义市场经济体制意味着政府对市场具有较大的影响力，市场在国家宏观调控下对资源配置起决定性作用，尤其对于经济转型时期的发展中国家而言，政策是影响消费升级的重要因素之一。我国的财税政策、劳动就业和收入分配等相关制度、产权保护和消费者权益保护等相关法律法规，以及出台的一系列扩大内需的政策措施和方针策略等，都会对消费的主客体产生影响，最终影响到消费升级。

六、灾难性事件冲击：以新冠肺炎疫情为例

突发的大型灾难性事件也会对消费升级产生影响。2020年，新冠肺炎疫情对人民正常生活秩序、社会经济发展均带来了巨大的冲击，对服务业的影响尤为严重。具体而言，新冠肺炎疫情对消费升级的影响主要表现在以下三个方面：其一，疫情导致的停工停产以及部分企业破产倒闭会通过影响就业、降低居民的当期收入水平和预期收入水平，进而影响到居民的消费能力。其二，经济不景气会让人们产生不确定预期和悲观情绪，使得预防性储蓄动机上升，消费意愿下降。其三，疫情通过改变人们的消费偏好进而影响到消费结构和消费方式。一方面，疫情使人们的卫生健康意识大幅提升，医疗卫生消费占比提高，且预计未来在健身器械、保健用品、医疗保险等方面的支出占比也将逐渐提高，消费结构随之改变；另一方面，疫情期间线上消费独领风骚、占比大增，线上娱乐、教育、办公平台迎来新的发展机遇。但值得注意的是，虽然新冠肺炎疫情在短期对消费的影响较大，但不会改变我国消费长期稳定和持续升级的发展趋势。

第四节　消费升级与产业升级

一、产业升级对消费升级的影响

产业升级通常是指产业结构的合理化和高级化，涉及各个产业之间的协调发展，以及产业结构随着经济发展从低级向高级演进，即从第一产业占优向第二、第三产业占优转变[1]，此外，产业还将由低技术水平、低附加价值、低规模经济、低加工深度状态向高新技术水平、高附加价值、高规模经济、高加工深度状态演变。[2]

产业升级对消费升级的影响主要包括三个方面：

其一，产业升级通过产业结构变化影响消费升级。一方面，产业间结构变化会影响消费升级。产业间结构变化是指第一、第二、第三产业在总产出中的占比发生变化。产业间结构是否合理直接关系到生存、发展、享受各类消费资料的生产和供给状况，进而影响到消费升级，比如我国改革开放以来的第一次消费升级就在很大程度上受到产业间结构调整的影响。另一方面，产业内结构变化也会影响消费升级。三大产业内部还包括众多细分行业，其内部构成也会对人们的消费结构和消费水平产生直接影响。

其二，产业升级通过供求机制影响消费升级。产业升级和消费升级的关系实质上是供给端和需求端的关系。当产业升级的节奏跟不上消费升级时往往会存在产能过剩或供给缺口等问题，这种供需错配会严重阻碍消费升级；当产业升级与消费升级同步时，则可以从"量"和"质"两方面同时满足消费者的需求，实现产业升级与消费升

---

[1] 苏东水. 产业经济学 [M]. 北京：高等教育出版社，2005：234.
[2] 刘志彪. 产业升级的发展效应及其动因分析 [J]. 南京师大学报（社会科学版），2000（2）：3–10.

级的良性互动；而当产业升级在某些领域领先于消费升级时，如新技术、新发明的出现，则会创造出新的产品与服务，从而催生出新的消费需求，形成新的消费热点，起到推动消费升级的作用。

其三，产业升级通过就业和收入渠道影响消费升级。产业升级会带来生产要素在产业间进行流动和重新分配，生产要素的逐利性会驱动其从边际报酬较低的产业流向边际报酬较高的产业。按照产业升级的一般逻辑，产业结构会从低层次向高层次变迁，第二、三产业逐步占优，而第二产业的劳动者报酬占比较低，第三产业的就业吸附能力远超第一、第二产业。因此，当第二产业份额上升，第三产业发展滞后时，产业升级通过就业和收入渠道会阻碍消费升级；当第三产业占据主导位置时，产业升级通过就业和收入渠道会促进消费升级。

二、消费升级对产业升级的影响

消费升级对产业升级的影响也主要包括以下三个方面：

其一，消费升级是产业升级的重要导向和动力。消费升级伴随着消费需求变动，而满足消费需求是生产的动力和最终目的。一方面，消费升级会淘汰过时的产品及其背后的产业，消费需求改变会使得一部分产品或服务失去消费市场，利润下降和生产要素持续流出，其背后的产业也就相应地失去了存在的价值。另一方面，消费升级的同时居民的需求层次发生变迁会激发出新的消费需求。市场经济的特点之一是以需定产，人们对相关产品的需求不断增加会引致大量生产要素流入相关产品的生产领域，所以，现有产品会持续更新换代、新的产品也会被不断创造出来，带动传统产业转型升级、新兴产业不断涌现。[1]

其二，消费升级通过需求收入弹性和需求价格弹性影响产业升级。消费升级的前提是消费者相比当前的消费层级已经具备更高的消费能力，即消费升级意味着居民收入水平的持续提升。由恩格尔定律可知，当居民的收入水平上升时，居民会增加对需求收入弹性高的产品的需求、降低对需求收入弹性低的产品的需求。一般来说，需求收入弹性高的产品往往是中高端产品，因此，当生产端收到来自市场信号的反馈后会重新调整产品生产的数量和种类，从而实现产业升级。[2]

其三，消费升级通过作用于企业影响产业升级。企业是产业发展的主体，消费升级也会通过改变企业的发展而影响到产业升级。消费升级对市场提出了更高的要求，会加剧企业之间的竞争格局。为了占据更多的市场份额、获取更多的利润，企业会顺应消费升级的要求，加强研发投入，加快产品的优化升级换代；改进生产模式、创新商业模式，以提高产品品质和服务水平；洞悉市场的发展趋势，寻找和开发潜在的消费市场。最终，消费升级通过刺激企业发展为产业升级提供了源源不绝的内生动力。

---

[1] 柳思维，尹向东. 消费经济学 [M]. 3版. 北京：高等教育出版社，2018：85－87.
[2] 龙少波，丁露，余康. 中国式技术变迁下的产业与消费"双升级"互动机制研究 [J]. 宏观经济研究，2020（10）：71－84，136.

三、促进产业消费"双升级"的路径

产业升级和消费升级是相辅相成、并驾齐驱的关系，2019年12月，中央经济工作会议首次提出，经济政策要形成合力以促进产业与消费"双升级"，充分挖掘超大规模市场优势和发挥消费的基础作用以推动经济高质量发展。那么如何才能实现产业升级与消费升级协同促进、良性互动呢？

第一，坚持推进供给侧结构性改革。供给侧结构性改革可以促进产业结构调整升级、矫正要素配置扭曲、畅通产品供给体系、改善供需结构性失衡，真正有效地推动供给结构提质增效，提高生产端对需求端变化的适应性和灵活性，更好地满足消费者的需要。

第二，实施创新驱动发展战略。这意味着要建立以企业为主体、以市场为导向、产学研结合的创新体系。实施创新驱动发展战略可以激励企业加大对研发的投入力度、提高科技成果的转化率，逐步将我国的技术进步方式由引进式转换为原发式，技术创新是我国产业消费"双升级"的重要驱动力。

此外，供给侧结构性改革和创新驱动发展战略相结合，还有助于我国发展5G、人工智能、物联网等战略性新兴产业，以及培育节能汽车、绿色食品、智能家居等新的消费增长点。

第三，"有为政府"和"有效市场"相结合。产业消费"双升级"离不开政府和市场的共同作用，收入分配制度、社会保障体系、金融体制、资源要素配置机制等都只有当"有为政府"和"有效市场"协同作用、形成合力时，才能为产业消费"双升级"提供体制基础、营造良好环境。

【扩展材料】

一、相关政策文件

《国务院关于进一步扩大和升级信息消费持续释放内需潜力的指导意见》

二、案例

Keep（自由运动场）

Keep是一个移动运动App，于2015年2月4日上线，致力于提供健身教学、跑步、骑行、交友及健身饮食指导、装备购买等一站式运动解决方案。Keep专注移动体育领域的应用开发，倡导开放共享的精神，不模仿，不跟风，只做酷的产品。2015年11月，Keep用户量就突破1 000万；2017年8月，其用户量就已超过1亿，其中以追求个性化的年轻用户为主。目前Keep已从专注于线上平台走向线上线下融合的商业发展道路，已开设线下运动空间Keepland，并发售KeepKit系列智能硬件产品。

消费升级不仅包括物质消费的发展变化，更包括消费者心理上的满足和精神上的

富裕。Keep 等运动 App 解决的不仅仅是身体方面的问题，同时也是精神层面的治愈与升级。任何消费的背后，都代表着用户的心理行为。Keep 就是抓住了年轻人消费的不仅是功能，更是归属感这一心理。主要体现在以下三个方面：第一，主打陪伴，区别于更多强调使用计数、活动等工具性的传统运动 App，Keep 做的是内容教学加社交模式的移动运动 App，更多的是注重对用户的陪伴，虽然看起来只是功能上的略微差异，但是在年轻用户心理上却迥然不同，这在很大程度上提高了用户体验。第二，有价值观，Keep 围绕"自律让我自由"的品牌主张，让产品无论是从名称、标志（logo）、主张（slogan）还是官方的宣传片、社区内容等，都时刻向外界传达出坚持、自律、个性、有追求、有品位的健康生活理念及品牌价值观，而这些积极的元素很容易被年轻人接受并传播，从而更容易吸引和捕捉用户并使之对产品及品牌产生信任。第三，连接用户，随着消费社交化的趋势逐渐明显，社交分享将成为未来消费的重要特点之一，而 Keep 的社区板块可以连接用户，用户可以通过在社区分享健身成果、参与社区话题及活动，从而找到喜欢的运动形式和志同道合的伙伴，特别是年轻用户在摆脱孤独感的同时，甚至可以在 Keep 找到归属感与自我价值。

资料来源：https：//baike.baidu.com/item/keep/17618239？fr = aladdin；http：//www.woshipm.com/it/759116.html；https：//www.jianshu.com/p/bd502621b3ce。

【思考题】

1. 试分析金融发展是否会对消费升级产生影响？
2. 请分析和预测下一轮消费升级将会有哪些主要特征与表现，其背后的动因又可能是什么？
3. 请分析比较中国与其他国家消费升级的历程有何异同？

第五章
消费环境

人类的一切生存活动都建立在一定的环境基础上。消费行为作为人类最基本的生存活动之一，必然也建立在一定的消费环境基础上。消费行为的产生必须满足三个要素，包括消费主体、消费客体以及消费环境。[①] 消费主体即产生消费行为的消费者，人类特有的主观能动性是消费行为产生的动因；消费客体即消费对象，是消费者进行消费的目的（或结果）；消费环境一般通过影响消费者的消费动因来影响消费结果，即通过引导或影响消费者的消费意愿、消费能力、消费欲望等来影响消费者的消费水平、消费结构等。可见，消费环境贯穿于消费行为的全过程，消费者的消费行为是一定的消费环境的结果，一定的消费环境是消费行为实现的前提条件。

第一节 消费环境的基本内容

消费环境作为消费行为产生的三要素之一，对消费行为有着重要的影响。在探讨消费环境对消费的各方面影响之前，首先要对消费环境有一个基本的认识。本节主要讨论消费环境的概念、内涵，并对其进行分类。

一、消费环境的定义

从宏观层面来讲，消费环境是指消费者在产生消费行为的时候所面临的，对其消费行为有引导、促进或抑制作用的外在的客观的因素。消费环境对消费者的消费行为有直接或间接的影响，能被直接观察到，可以宽泛地包括自然环境的变化、社会经济发展的水平，社会保障程度、国家制度法规的健全程度，国家政治条件、文化变迁等；进一步细致地包括空气质量、气候变化，消费者所享受的医疗卫生条件、就业保障、消费者权益保护制度等。从微观层面来讲，消费环境是指对消费者的消费偏好、消费信心、消费心理等有直接或间接影响的各种客观因素，具体表现为消费品或服务的价格、功能、种类、质量、信息、安全等，消费者的收入水平、社会阶层、家庭结构等，以及企业的营销模式、技术创新等因素。

可见，消费环境的涵盖范围较广，是一切可能影响消费者消费行为的直接或间接因素的综合概念。因此，我们将消费环境定义为消费者从产生消费动机到最终实现消费目的的各个阶段或时期，即整个消费行为中，所面临的或可能面临的对其自身消费

---

① 尹世杰，等.消费经济学原理[M].北京：经济科学出版社，2000：59.

意愿、消费水平、消费结构等产生一定影响的客观因素，不仅包括人类赖以生存的自然环境，还包括随着社会进步和人类发展所带来的不断变迁的社会环境。

二、消费环境的内涵

消费环境的持续改善有助于增强消费体验并进一步刺激消费欲望。从消费环境的定义可知，消费者产生消费行为的前、中、后各个时期都会受到消费环境的影响。产生消费行为的前期，即消费者产生消费动机前，以及仅有消费动机但没有产生实质性消费这个阶段，消费环境主要通过影响消费者的消费意愿以及其消费偏好来影响其消费行为。例如，收入水平较高的消费者的消费预期和支出能力更高，因此同一类商品或服务中会选择价位更高的进行消费；然而收入水平较低的消费者因受限于其支付能力，会偏好性价比相对较高的商品或服务进行消费。产生消费行为的中期，即消费者正处于实质性消费的这个阶段，消费环境主要通过影响消费者的消费满意度和消费信心度来影响其消费行为。例如，更好的商品质量或服务态度、完善的消费者权益保护制度有利于提高消费者的满意度以增强其消费信心，提升其消费回购率。产生消费行为的后期，即消费者已消费或体验完某种商品或服务后，消费环境主要通过影响消费者消费欲望和再消费水平来影响其消费行为，如健全的售后服务制度有利于提升消费者的消费偏好度，刺激其后续消费欲望。

消费环境的不断优化有助于增强消费者的消费意愿，建立其消费偏好，扩大消费需求以促进经济的不断发展。消费环境的基本作用之一是满足消费者的消费前提，因此，不断改善的消费环境有助于引导消费者正确的消费行为和消费方向，刺激消费者的消费欲望，促进社会消费需求和消费水平的不断提高，推进社会消费结构的优化升级，以此维持经济活力并带动经济的持续稳定发展。

消费环境的本质是自然属性与社会属性的综合，依托自然环境来促进社会进步和经济发展，同时社会环境的不断发展也建立在自然条件稳定的基础上。在通过改善消费环境来刺激消费的过程中，不能只关注社会环境的改善，还要注意社会环境和自然环境的同步推进。

三、消费环境的分类

根据上文对消费环境的定义，并从人与自然之间以及人与人之间的联系和发展来看，消费环境主要分为消费的自然环境和消费的社会环境。从居民消费的前提和影响因素来看，消费的社会环境又可细分为消费经济环境、消费制度政策环境、消费基础设施环境、消费供给环境以及消费文化环境。

（一）消费的自然环境

自然环境主要是指人类生存活动的基本空间，是社会环境发展的基础和前提，是人类周围的各种自然因素的总和，如大气、土壤、水资源、矿资源、植物动物等。消费的自然环境是指依托于未经处理、未经加工的自然环境所建立起的满足或影响人类生存活动的物质条件，与人类生存活动产生直接联系，会受人类生存活动的影响。消费的自然环境是社会存在和进步的最基本前提，离开自然环境就意味着失去了社会生产的基本来源，因为产生一切消费资料的生产资料都离不开自然环境。

（二）消费的社会环境

消费的自然环境反映的是人与自然的关系，消费的社会环境反映了人与人、人与社会的关系。狭义的社会环境指社会各种组织间的关系网络，广义的社会环境还进一步包括影响社会关系网络产生和变迁的经济因素、政治因素、文化因素等。因此，消费的社会环境可被进一步分类为消费的经济环境、消费的制度政策环境、消费的基础设施环境、消费的供给环境以及消费的文化环境。其中，消费的经济环境主要指影响消费者收入水平、支出能力的经济发展程度，如宏观经济结构、宏观经济增长情况和社会发展状况；消费的制度政策环境主要指影响消费的相关政策法规，如消费者权益保护制度、消费的财税补贴政策等；消费的基础设施环境主要指实现消费行为的物流、金融等条件，如铁路公路的建设情况、消费金融的发展情况；消费的供给环境主要指消费品或服务的生产条件，如消费供给品的质量、供给体系与供给结构等；消费的文化环境主要指传统文化、外来文化以及新兴文化间的融合与迭代。

第二节 我国消费环境的变迁与现状

消费环境会随着国家发展和社会进步而产生相应的变化，因此在不同的发展阶段和不同的发展模式下，消费环境也会具有不同的特点。

一、我国消费的自然环境的变迁与现状

（一）我国既是一个资源大国，又是一个资源小国

我国国土面积广阔，拥有的资源总量和资源总类在世界排名靠前，但人均资源在世界的排名却很靠后。我国几种主要的自然资源，如水、草原、耕地、森林、煤矿等的总量世界排名都位居前列，然而，这几种自然资源的人均占有量却远低于世界人均占有量；同时，我国的资源还存在结构性短缺的问题，如煤矿、铁矿和铝矿资源的优质的富矿占比远低于劣质的贫矿占比。此外，由于我国在过去几十年的经济发展中都是通过消耗大量资源来推进经济增长以及追求增长速度的粗放型经济发展模式，虽然实现了我国从站起来到富起来的举世成就，但也导致我国自然资源的大量消耗，使我国不可再生资源存量快速下降。同时，随着工业化进程的不断推进，改革开放以来国家对工业和制造业的重视，以及城镇化的不断推进，我国现有的可利用荒地资源、森林资源以及矿产资源在近几十年的发展历程中缩减急剧。

（二）我国面临着较为严峻的水污染、空气污染、土壤污染和土地沙漠化

改革开放以来，中国经济发展的制度安排，给中国带来了持续40多年的高速增长奇迹，然而这高速增长奇迹的背后却担负着巨大的环境污染代价。随着经济的快速发展和人们生活水平的不断提高，工业废水和生活污水的排放量也在持续增加，然而废水的处理率和达标率却与经济增长速度相比显著落后，大量污水废水流入江海、河流与湖泊，不仅带来人们居住环境的恶化，还导致大量生物动物无家可归。此外，雾霾也曾一度成为影响人们生存活动和健康的重要元凶；污水的随意排放造成可利用土地

资源的不断减少;乱砍滥伐致使我国森林覆盖面积的剧降以及土地沙漠化的不断演化。

但是近年来,随着新发展理念的提出,我国愈加重视人与自然的和谐关系,不再一味地追求经济增长速度,坚持经济发展与污染治理同步推进,加快推进对已经污染的环境的治理,森林覆盖率和水资源情况得到了明显增加与改善,空气质量也得到了有效提升。

二、我国消费的社会环境的变迁与现状

随着我国经济实力的不断增强和国家现代化进程的不断推进,近几十年来我国消费的社会环境得到了显著改善,具体体现为:一是消费的经济环境得到了飞跃式的进步。近十多年来我国宏观经济水平不断提高,宏观经济结构不断优化,GDP 增长率一直维持在 6% 以上,产业结构呈现持续优化升级的态势,居民收入水平增速维持在 GDP 增速之上,为居民消费提供了有力保障。二是消费的制度政策环境得到了不断完善。《中华人民共和国消费者权益保护法》的建立和持续的健全完善为消费者提供了良好的消费保障,为居民消费提供了有力后盾;社会保障政策的逐步完善以及消费的财税补贴力度持续加大,有效地稳定了消费者的消费预期和提高了消费者的消费能力。三是消费的基础设施环境的迅猛发展。城市基础设施的投入建设带来物流运输网络的不断丰富便捷,互联网科技的快速发展带来消费的网络设施和消费金融的迅速发展。四是消费的供给环境得到了持续改善。产品和服务的创新不断加强,质与量得到了同步提高,日益满足消费者多元化、差异化、精细化的消费需求。五是消费的文化环境的显著改善。有益的外来消费文化、新兴消费文化逐步融合、迭代我国传统消费文化,绿色消费、线上消费等新兴消费模式备受消费者青睐;居民受教育程度的不断提高也带来消费文化环境的持续改善。

三、我国消费环境面临的主要问题

虽然近年来我国消费环境得到了逐步改善,但现阶段仍然存在一些不可忽视的问题,这些问题对我国消费需求的持续扩大和消费结构的优化升级带来了严峻的挑战,我国要进一步扩大国内需求、促进国内大循环,可从解决以下消费环境问题入手。

(一) 资源短缺和环境污染问题亟须解决

资源储备量的持续走低和人均资源占比的不断下降使我国可用生产资料日益缩减,对我国传统生产模式具有一定的冲击作用,严重地影响了我国经济的可持续发展进程。环境污染虽然得到了一定程度的改善,但目前我国许多地区仍然还处于"先发展后治理"的发展模式中,污染监管与污染防治亟须进一步加强。

(二) 收入差距有待缩小,收入分配有待进一步优化

我国城乡收入差距显著,2019 年我国城乡收入比为 2.64,然而,据世界银行数据,大部分国家的城乡收入比仅在 1.6 左右,远低于我国城乡收入差距。不同地区间的收入差距也较为明显,2018 年,我国人均收入水平最高的城市,即上海的人均可支配收入高达 64 183 元,而收入水平最低的城市西藏,居民人均可支配收入只有 17 286 元,仅约为上海同期的 1/4。[①] 不同收入群体间收入差距明显,近年来,我国高收入群

---

① 根据国家统计局网站年度数据计算整理,https://data.stats.gov.cn/easyquery.htm?cn=C01。

体的收入水平增速普遍高于同期中等偏上、中等、中等偏下收入群体的收入增速,加剧了群体间收入差距。普遍存在的收入差距是抑制消费者消费意愿、限制消费能力的重要因素,在推进总体消费经济环境不断优化的同时,要注意协调各方,促进社会个体所面临的消费经济环境同步改善。

(三)消费供需结构失衡,产品和服务标准有待进一步健全

供给过剩和供需不匹配现象仍较为明显,市场上仍存在低端产能和无效产能供给过剩,但高端产品供给不足的现象。现有消费供给品的更新、创造没有及时跟上消费者日益个性化、多元化、精细化的消费需求,消费供需结构的失衡进一步导致我国"消费外溢"的不断演化。此外,我国的产品和服务标准与国际标准相比还存在较大差距,消费品供给质量水平与国际水平相比也存在较大落差,粗制滥造的现象仍然存在,市场监管力度亟须加强。

第三节 改善消费环境的重要性

消费环境的改善对促进居民消费,增强消费对经济的拉动作用具有重要的现实意义,当前阶段,改善消费环境是扩大内需以推进我国经济发展模式转型、稳定经济增长的重要手段。

一、改善消费环境是增强居民消费意愿的基本前提

居民的消费意愿是指在不同外部影响因素的作用下,居民倾向于进行消费的程度。具体的,它可以理解为某一收入水平下,居民愿意进行消费的比例或居民想要消费某个产品或服务的动机和欲望程度。消费环境的改善是产生消费行为的重要前提,而消费意愿是消费行为产生的基本体现,由此,消费环境的改善是增强居民消费意愿从而促进其产生消费行为的基本前提之一。消费的自然环境的改善如空气质量的优化或水污染的减少能通过提升居民居住环境的质量、愉悦居民的心情,间接地影响居民的消费体验感从而刺激其消费意愿;消费的经济环境的改善如宏观经济的稳定发展,能稳定居民的未来收入预期,抑制其当下的预防性储蓄动机,由此刺激其消费动机以增强消费意愿;消费供给环境的改善如产品或服务质量的提高,能有效地提高居民对消费品的认可度和信赖度,以提高居民的消费欲望从而增强其消费意愿。

我国社会的主要矛盾已经转变为人民日益增长的美好生活需要同不平衡不充分的发展之间的矛盾。美好生活需要则反映了当前阶段我国居民消费倾向、消费偏好的变化,也就是说,我国居民已经不再满足于吃饱穿暖这类基本的物质文化需要,而对精神需要和满足感这类精神文化需要提出了新要求。物质文化需要是已经基本被满足了的消费需求,居民不再对其具有强烈的消费意愿,而精神文化需要由于还未被完全满足,即存在需求空间,居民对其具有强烈的消费意愿。然而,不平衡不充分的发展却抑制这一消费意愿,从而导致这部分消费需求无法被满足。消费环境的改善能一定程度上解决不平衡不充分的发展问题,以此有效缓解这一矛盾,从而释放居民被抑制的消费需求。

二、改善消费环境是提高居民消费能力的有效措施

居民收入水平是决定其消费能力的关键因素,消费环境的改善通过影响居民的绝对收入水平和相对收入水平来影响其消费能力。

消费的经济环境的改善是提高居民消费能力最有效的措施。社会发展水平的不断推进和国家经济水平的稳步提高对居民收入水平的提高具有显著的促进作用。一方面,社会的稳定发展会给企业带来良好的营商环境,促进企业的繁荣发展,带来就业岗位的长期稳定和持续扩张,以此稳定居民的当期收入水平以及持久性收入水平,从而有效提高居民的绝对消费能力。另一方面,国家经济发展的稳步提高会直接反映到居民收入水平的稳步提升,从而提高其消费能力,此外,经济的稳步发展对提高低收入群体的收入水平以缩小收入差距具有一定的积极作用,由此提高低收入群体的相对收入水平和绝对收入水平,提升其消费能力。

消费的制度政策环境的改善是提高居民消费能力的另一有效措施。消费保障制度,如消费的财税优惠政策、社会保障制度等主要通过影响居民的未来收入预期以及居民的相对收入水平来影响居民的消费能力。个人所得税的降低直接带来居民可支配收入水平的提高,从而增强其消费能力;消费税的降低有助于降低消费品的价格水平,由此带来居民相对收入水平的提高,从而提高其相对消费能力;社会保障制度主要通过保障当期收入水平和稳定未来收入预期来提高当期消费能力。

三、改善消费环境是扩大居民消费需求的核心路径

微观经济学中对需求的定义是在某一特定时期,对于某一商品的不同价格下,人们愿意且能够购买的商品的数量,即消费需求由消费需要(消费意愿)和消费能力共同决定。现阶段,我国居民的消费需要是指居民为了满足自身对物质生活以及精神生活的进一步需要,即美好生活需要而产生的一种意愿、欲望,消费需要转化为消费需求的过程,必须辅以相匹配的消费能力;当居民的消费需要与其消费能力不对等时,带来的结果就是有效需求不足。

改善消费环境一方面通过增强居民的消费意愿,即增强其消费需要,另一方面通过提高居民的消费能力来满足并进一步扩大居民消费需求。近年来,我国消费的基础设施环境的持续改善有力地扩大了居民消费需求。首先,消费网络设施的持续推进带来的线上消费模式、移动支付规模不断扩大,在丰富居民的消费选择的同时,还极大地提高了商品交易的便捷性并节约了商品交易成本,对刺激居民消费欲望、增强居民消费意愿具有显著作用。其次,物流网络、铁路公路等基础设施建设的快速推进不仅在降低物流时间成本和空间成本上做出了巨大贡献,刺激消费者消费欲望,还通过乘数效应带动经济的不断增长,稳定居民就业并保障其收入来源,以提高其消费能力,从而促进居民消费需求的不断扩大。

四、改善消费环境是构建新发展格局的重要推动力

2020年3月,国家发展改革委等23个部门发布的促进消费的相关文件明确提出,

若要不断扩充我国国内市场，我们不仅要加快刺激居民消费的相关体制机制的完善，还要通过改善消费环境来持续推进消费对我国目前经济发展的重要作用。中共十九届五中全会强调，要以扩大内需为工作重点，加快推进构建以国内大循环为主体、国内国际双循环相互促进的新发展格局。由此可见，改善消费环境是我国当前发展阶段推进构建新发展格局的重要工作手段和推动力。

中共十八大以来，中央提出了一系列通过改善消费环境来扩大内需的政策措施。2012 年中央经济工作会议指出，要将我国经济发展模式转变为"扩大内需、提高创新能力"，这对消费的经济环境以及消费的供给环境提出了新要求。2015 年党中央提出新发展理念以及供给侧结构性改革，其中，"绿色"发展理念对消费的自然环境提出了要求，对社会环境的全面发展做出了进一步要求。2017 年，党中央提出我国经济发展正在由高速发展向高质量发展转变的高质量发展理论，意味着消费的经济环境正在持续改善。2018 年在深化供给侧改革的基础上提出"促进形成强大的国内市场"，意味着要通过推进我国供给环境不断优化来促进国内需求的不断扩大。新发展理念和供给侧结构性改革以及高质量发展理论不仅为我国消费环境的后续改善指明了方向，也是消费环境持续改善的宏观体现；而新发展格局是新发展理念、供给侧结构性改革和高质量发展理论的传承和目标，因此，一系列理论指导下的消费环境改善是推动构建新发展格局的重要保障。

第四节　消费环境的优化路径

消费环境的优化需要进行全面布局，在推进消费的社会环境不断优化的同时，还需加快推进消费的自然环境的优化与维护。

一、加强生态环境保护，鼓励绿色消费

要把"绿水青山就是金山银山"的发展理念积极融合到经济发展中去，严查严惩以环境为代价推动经济增长的发展模式。把保护生态环境放在经济发展的首位，在发展的同时要注意协调平衡环境保护和解决环境污染的问题，推进人与自然和谐共处的发展原则。要进一步推进"资源节约型"和"环境保护型"社会与经济的建设，合理利用土地资源、水资源和森林资源等自然资源，加强对废气、废水的处理效能并提高其处理达标率，提高能源的利用效率与再利用效率。通过国家投入来扶持并推进绿色能源、清洁技术的大力开发生产，鼓励并引导社会资本向有利于保护生态环境的新兴技术部门聚集，将新能源的研发与利用放到国家发展战略中去，举国之力推进自然环境的长期改善。引导公众树立绿色消费观念，通过政策安排引导消费者形成对资源节约型产品、可再生资源型产品以及绿色新能源产品的消费偏好；引导并培育绿色消费品供给体系，壮大绿色消费新空间。

二、健全完善消费者权益保护制度

进一步明确政府部门在维护消费者权益方面的核心作用。一方面，完善政府在保

障生产标准和维护消费秩序方面的职责，将消费维权治理成果加入各地政府的绩效考核中，促进落实消费者权益保护的工作重任；另一方面，加强并创新消费监管机制，对损害消费者消费权益的行为严惩不贷。建立市场主体间相互监管的网络机制，推进消费投诉情况纳入企业年终考评和年报中，使企业加强对自身产品的诚信建设并端正处理消费维权的事后态度。鼓励社会组织共同参与到消费环境的维护中去，促进社会组织建立消费维权机构以充分发挥社会力量对消费品市场的监督作用；并充分利用媒体的传播作用和舆论作用，以增加企业的失信成本来驱使其进一步端正解决消费者权益保护的态度。引导消费者提高自身消费维权的主动意识，扩大消费维权法律的普及面，通过政府力量和社会力量加强对消费维权知识的宣传力度，并增加消费者的维权途径，以提高消费者的维权意识和拓宽维权路径。

三、加快推进供给侧结构性改革，优化供给体系

坚持有效市场与有为政府的基本原则，充分发挥市场在推进产业结构优化升级中的主导作用，通过市场机制筛选出顺应新时代发展的产业组织和企业主体，去除无效产能以提高市场运行效率；在政府引导下，加强对发展前景良好、具有长期发展优势企业的品牌建设和新兴行业的扶持。加快建设发展消费新业态，调整财政支出结构，引导并促进社会资金向绿色消费、信息消费、"互联网+"消费等新兴消费领域的聚集，促进社会资本的优化配置和新消费模式的加速普及，以满足居民日益多元化的消费需求。适度放宽市场准入条件，促进市场主体的多元化发展，以此刺激市场主体间的有效竞争，通过市场机制来推进市场结构和供给体系的优化升级。

【扩展材料】

一、相关政策文件

《关于促进消费扩容提质加快形成强大国内市场的实施意见》

二、前沿知识

进一步改善老年消费环境

《中国发展报告2020：中国人口老龄化的发展趋势和政策》预测显示，2000年以来我国人口老龄化程度呈现出不断加深的态势，到2025年左右，我国65岁及以上人口将超过2.1亿人，约占总人口数的15%；2035年和2050年时，我国65岁及以上的老年人将分别达到3.1亿人和3.8亿人，分别约为总人口的22.3%和27.9%。[1] 可见，老年消费所催生的"银发经济"将日益成为带动我国经济发展的重要着力点。据调查显

---

[1] 苏向东. 2050年中国60岁及以上老年人口或近5亿老龄化挑战如何应对[EB/OL]. http://news.china.com.cn/2020-06/12/content_76157168.htm，2020-06-12.

示，除日常开支外，我国老年人在社交娱乐、医疗健康等方面蕴含着巨大的消费潜力，约1/3的消费开支用于这些方面。然而，这些领域却一直都是消费投诉的重点，老年消费环境亟须进一步改善。

近年来，市场监督管理部门不断推进老年消费环境建设，极大地提升了老年消费者的满意度和获得感。"十四五"期间，要进一步发挥有为政府、有效市场以及有序社会的作用，共同推进老年消费环境不断改善。首先，有为政府要"护老"，即进一步增强并充分发挥市场监管局和各行业部门间的分工协作，健全老年消费维权体系。其次，有效市场要"助老"，增强市场活力并降低企业交易成本，从根本上提高产品和服务质量，并满足老年消费者日益多元化和高品质化的消费需求。最后，有序社会要"爱老"，社会组织要积极主动地向老年消费者宣传防范化解消费风险的相关知识，帮助他们提升自身的消费维权能力；并集全社会之力推动形成关爱老年消费者的良好氛围。

资料来源：中央党校教授：进一步改善老年消费环境［EB/OL］．https://baijiahao.baidu.com/s? id = 1689356072 008590010&wfr = spider&for = pc，2021 – 01 – 20。

加快推进农村消费环境改善

我国农村居民蕴含着巨大的消费潜力，但由于农村消费环境存在着许多问题，农村居民消费潜力的释放受到了极大程度的抑制。目前我国农村消费环境存在的主要问题为购买产品和服务的便利程度有待提升以及流入农村的消费品的质量和安全性亟须改善。

一方面，由于农村的道路交通等基础设施建设水平较为落后，农村居民面临的消费选择相对较少。因此，政府需进一步加大对农村基础设施建设的投入，提升农村居民的消费便利性。另一方面，农村"三无"产品、假货和山寨品泛滥亟须解决，要有针对性地强化农村监管机制，压缩非法商贩在农村制假售假的空间；鼓励农村消费者积极加入互动监管，实行居民举报假冒伪劣产品有奖制度，并强化法律制裁，从源头上断绝低劣假冒的产品。

资料来源：王庆峰：改善农村消费环境刻不容缓［EB/OL］．http://m.people.cn/n4/2019/1206/c1533-13474812.html，2019 – 12 – 06。

【思考题】

1. 简述消费环境的定义及其分类。
2. 我国消费环境面临着哪些问题？可以从哪些方面入手解决这些问题？
3. 新时代下消费环境的改善对我国的经济发展具有哪些重要意义？

第六章
服务消费

第一节 服务消费的含义及特点

一、服务消费的含义

服务消费也可以称为劳务消费。一般来说,以服务为主的消费,没有物与物之间的交换,比如修理、理发、旅游、家政服务等。人们的服务消费历经了一个从低到高,从自给自足到社会化和市场化,从占生活支出的较小比例到占比越来越大的发展过程。

广义上的服务通常指的是为人们的生产、生活所提供的某种具有特殊使用价值的活动。作为一种特别的商品,服务和其他的商品一样,同样具有价值和使用价值。在市场经济的大环境下,劳务作为一种商品,它的价值同样凝结着无差别的人类劳动,它的使用价值也只是对劳务的需求者具有意义。显然,劳务的交换也必须要遵循价值规律的要求,按照等价交换的原则来进行。

二、服务消费的特点

(一)活动性

服务消费的主体也就是服务常常被视为一种生产经营活动而被体现出来,一般没有任何实物的形态。服务消费主要指对提供给用户的各类活动进行消费,虽然这类活动的产生和供给很有可能需要依靠借助某些实物或者网络的工具方式才能够得以实现(例如,消费者在网络中获取信息时就需要依靠计算机和其他与之密切相关的资源和物质),但是服务消费本身通常并不具备真正实物的形态。因此,活动性又称为无形性。

(二)同一性

服务消费的整个过程也就是劳务生产的整个过程。消费过程和生产过程是不可分割的,这正是现代化服务消费方式的一个鲜明特点。通常来讲,劳务的生产过程一旦完成,劳务消费的过程将会随之结束。劳务是完全无法储备的,它不会像其他实物类的消费品那样在生产过程结束以后,再进入流通领域。它无法运输、无法储备、也无法像实物商品那样发生空间位移。

(三)依赖性

劳务的供给程度依赖于人,它对劳动者专业综合服务能力和素质具有非常强的依赖性。尽管从宏观层面来看，无论是劳务还是实物的生产，都需要生产资料和劳动力的共同作用。但是，这二者还是存在着巨大的差别，这个差别就在于它们对生产资料和劳动力的依赖程度有很大的差别。虽然技术的进步可以让劳动者本身的能力提高，但是在很多领域还是更依赖于劳动者的创造力，比如音乐、美术等。这和提供实物产品的逻辑是不同的。

（四）差异性

消费者对于服务或消费效益的评估由于缺少显性的客观指标，通常会有很大的差别。与那些从企业的生产流水线上生产的实物化消费品不同，服务型消费品在质量评估和检测上很难有一个统一的标准。一方面，由于服务工作人员本身的各种主观原因，如心理状态的变化等，将导致即便是由同一个人所提供的劳务，其质量也会有很大的差异。另一方面，由于消费者直接参与了劳务的创造以及消费过程，所以消费者自身的因素也会影响到劳务提供的质量，如消费者具备的知识、偏好、习惯等。举例来说，两个消费者去了同一个景点，但是二人对这个景点的评价可能会大相径庭，这就是消费者自身的偏好问题。

第二节　服务消费行为及决策

在购买服务前，消费者会先搜集信息形成一个消费期望，接下来对服务进行选择。在确定购买服务后，消费者会体验本次服务消费，最终形成评价。

一、消费前的信息搜寻与选择

消费者的主要资料和信息来源基本上可以划分为个人来源（通常指亲朋好友推荐）、商业来源和公共来源三类。其中，个人来源是非正式信息来源，商业来源和公共来源是正式信息来源。一般来讲，非正式信息来源所提供的信息通常对消费者的参考价值更大。此外，购买服务时，消费者往往会偏爱自己通过体验得到的资料和信息。即使这类信息获取的成本较高，但其可信度更高。

对于广大消费者来说，通过各种人际交往中所收集到的资料和信息无疑能够具有较高的可信度，这些信息的搜寻成本较低，对于消费者做出决策时的效果影响较大。而且，产品越是复杂，其属性就越难辨别，也就越需要信赖关系所提供的信息。这在中国是更为常见的现象。

二、服务产品期望的形成

产品的期望值是顾客判断服务产品时的一个重要标准和参考物。消费者通过把产品感知和对产品的期望进行比较来确认一种服务的水平。因此，产品的期望值在顾客满意程度、顾客对产品的忠诚度、顾客的购买习惯形成等方面都有着不可忽略的影响。

消费者通过信息搜寻，对服务会形成自己的个人化预期。这种预期取决于消费者对需求的紧迫感、对产品的态度，以及对相关可替代性产品的评价。所以，消费者对服务产品的期望是非常个人化的，消费者的各种需求都会对判断标准产生重要影响。

三、服务产品的评价与选择

在对服务形成期望后，消费者会构建起自己的服务产品引发集[①]。它是消费者在给定的服务产品范围中最认可的一组产品，这一组产品就代表着消费者的评价和选择。这一引发集的确定，主要取决于以下几个因素：

（一）自己的使用体验

自己的体验最具有权威性，它所获得的信息最直接、最全面。尤其是随着使用次数的增多，人们会对自己形成良好体验的服务产品赋予越来越强的信任感。

（二）亲朋好友的口头传播

亲朋好友的推荐是我们了解服务产品信息的一个重要途径，而口头传播正是这种方式的主要特点。

（三）服务企业所提供的商业信息

商业信息能够让消费者回忆起从前的购买记忆，并刺激消费者再次购买服务。

四、服务产品的顾客感知

顾客对服务的感受影响着消费者对服务的购买决策过程。在这一阶段，顾客根据自己的习惯和价值观，通过与服务提供商的接触，对自己所需要购买的服务进行实际的了解和感知，并形成评价。如果一个顾客所获得的服务超过预期，那么就会形成正向反馈；如果一个顾客所获得的服务低于预期，那么就会形成负向反馈。这就是顾客感知在服务过程中所起到的作用，它会影响服务提供商的社会评价。

五、消费后的顾客购买行为倾向

顾客在一次服务结束后，会根据自己的经历和评价来形成自己未来的预期，见图6.1。如果消费者对服务感到满意，那么他很可能会继续购买，甚至购买该服务商所提供的其他服务和产品，并向其他人推荐该服务。如果消费者对服务不满意，那么他可能会向上级部门进行投诉，并选择其他服务厂商所提供的替代品，并向其周围人散播该厂商的负面信息。所以，对于服务来说，不管其质量是好是坏，消费者都会形成一定的购后应激反应。

问题识别 → 信息搜寻 → 评价与选择 → 购买 → 购后行为

图 6.1　服务消费的决策过程

[①] 引发集是指符合消费偏好的一组产品。

第三节 服务消费的发展基础

一、我国经济向高质量发展

从国内来看（见图 6.2），2019 年，我国人均国内生产总值的规模已经达到 10 276 美元，突破了 1 万美元的历史大关，按照世界银行的标准，我国现在属于中等偏上收入国家。随着人均国内生产总值的不断提升，居民的消费结构也会进一步发生变化。从美国、日本等发达国家的经验来看，在人均 GDP 超过 10 000 美元之后，类似于食品、衣服等基本消费支出的占比会不断下降，而像娱乐、旅游、教育等服务消费支出的占比将不断上升。[①]

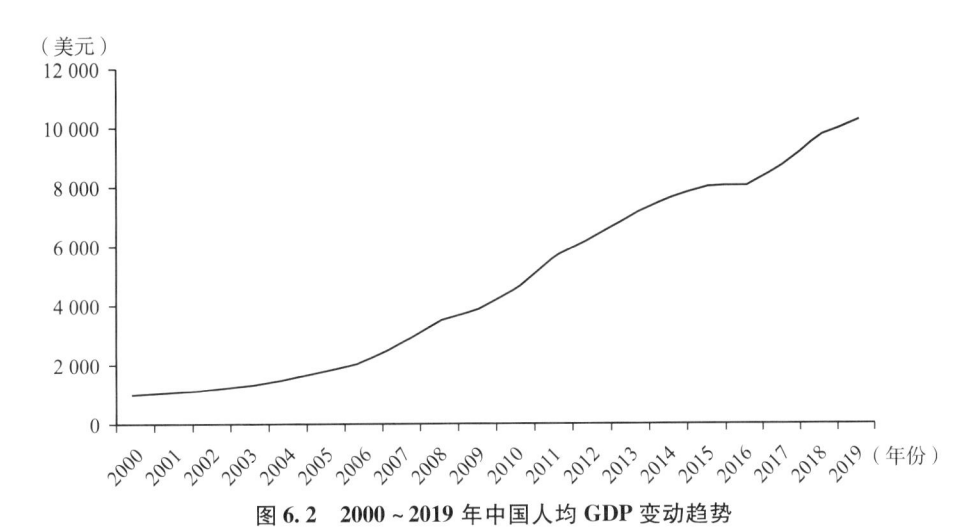

图 6.2 2000～2019 年中国人均 GDP 变动趋势

资料来源：国家统计局年度数据整理。

二、人均可支配收入持续提高

收入水平是消费水平最重要的决定因素，尤其是可支配收入。近年来，随着可支配收入的不断增加，服务消费水平也在不断提高。如图 6.3 所示，我国的人均居民可支配收入从 2013 年的 18 311 元快速增长到 2019 年的 30 733 元。其中，城镇居民人均可支配收入从 2013 年的 26 467 元增长到 2019 年的 42 359 元，年复合增长率超过 8%；农村居民现金收入从 2013 年的 9 430 元增长到 2019 年的 16 021 元，年复合增长率超过 10%。[②]

[①][②] 来有为，霍景东，王敏，尤越. 疫情后我国服务消费的发展趋势及促进消费回补的政策建议 [J]. 发展研究，2020，(5)：30-40.

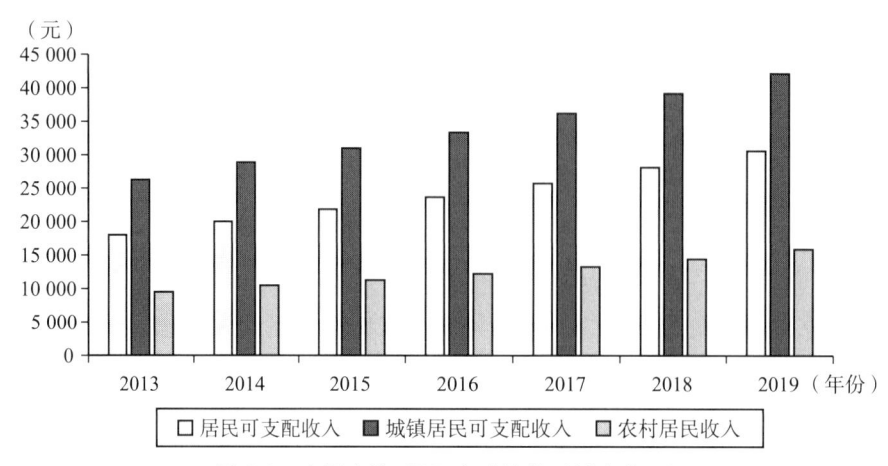

图 6.3 中国人均 GDP 变动趋势（城乡分开）

资料来源：国家统计局。

三、消费结构不断升级

随着经济社会的持续快速发展，商品消费占总消费的比重不断下降，服务消费占比持续提升。如图 6.4 所示，1957 年我国服务消费支出占总消费的比重仅为 14.1%，在消费中居于从属地位。1964~1990 年，服务消费占比一直在萎缩，1990 年仅有 10% 左右。此后，服务消费占比快速提升，1995 年上升至 27.8%，2005 年达到 50.1%，2010 年后基本保持稳定。2015 年有所下滑，服务消费占比 45.5%。总体来看，服务消费从新中国成立之初的占 10% 左右，到如今占据半壁江山，日益成为拉动消费、促进经济增长的主要力量。

图 6.4 中国服务消费变动趋势

注：2010 年及之前数据为全国城镇居民，根据各年《中国统计年鉴》计算（包括住房）；2015 年及 2017 年数据为全国居民，根据《中国住户统计调查 2018》计算（不包括住房）；2018 年及 2019 年数据为全国居民，根据《中国统计年鉴》计算。取值年份为相关主要年份。

资料来源：马彦华. 新中国成立 70 年来我国服务消费的演变与思考 [J]. 企业经济，2019 (9)：24-30。

1957年以来，我国居民消费结构发生了显著变化（如图6.5所示）。1957~1990年，服务消费中，水电、修理服务费等满足基本生活需求的消费占据的比例较重，满足休闲娱乐健康的高层次消费比重较低。1990年后，交通通信、医疗服务、教育文化娱乐等享受型消费支出持续较快增长。1990年，康乐消费只占服务消费的46.8%，人均只有59.6元，到了2019年，康乐消费占到服务消费的73.6%，人均达到7 277元，增幅明显。

图6.5 中国服务消费结构变动趋势

注：2010年及之前数据为全国城镇居民，根据各年《中国统计年鉴》计算（包括住房）；2015年及2017年数据为全国居民，根据《中国住户统计调查2018》计算（不包括住房）；2018年及2019年数据为全国居民，根据《中国统计年鉴》计算。取值年份为相关主要年份。

资料来源：马彦华. 新中国成立70年来我国服务消费的演变与思考［J］. 企业经济，2019（9）：24-30。

四、现代服务业驱动

（一）软件与信息服务业的发展

软件和信息服务业的发展是信息时代所必需的。我国的信息和软件领域的综合影响力在世界上都处于第一梯队。这也从侧面反映了消费者对信息和软件行业的认可。

2019年，我国的软件与信息服务业发展良好，规模扩大较快，相关从业人员的数量也不断上升。从地区来看，我国中部地区的增速非常快，而东部地区由于先发优势存在继续保持规模上的领先。与2018年相比，2019年我国的软件业务收入同比增长15.4%，达到71 768亿元（见图6.6）。

同时，该行业的盈利能力稳步提升。工信部公布的《2019年软件和信息技术服务业统计年报》显示，软件业人均实现业务收入106.61万元，增速达到8.7%，如图6.7所示。

从细分领域来看，2019年，软件产品收入实现较快增长，信息技术服务加快云化发展，信息安全产品和服务收入稳步增加，嵌入式系统软件收入平稳增长，如图6.8所示。

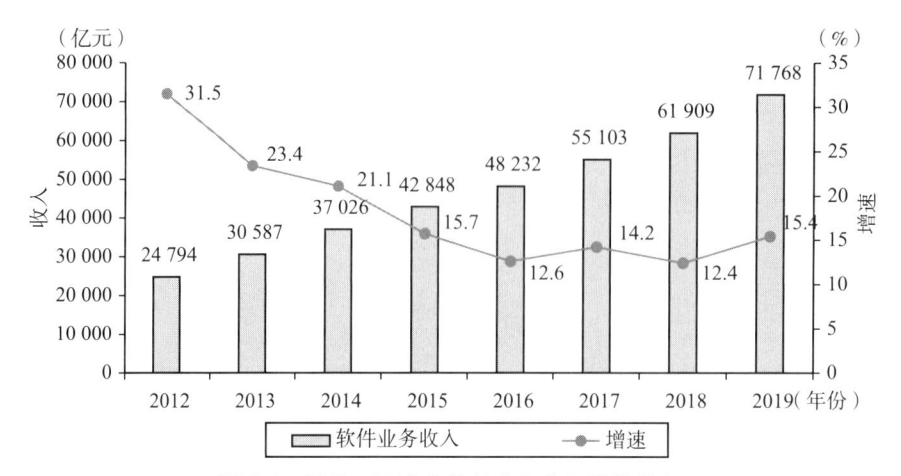

图 6.6　2012～2019 年软件业务收入增长情况

资料来源：运行监测协调局. 2019 年软件和信息技术服务业统计公报［R］. 2020。

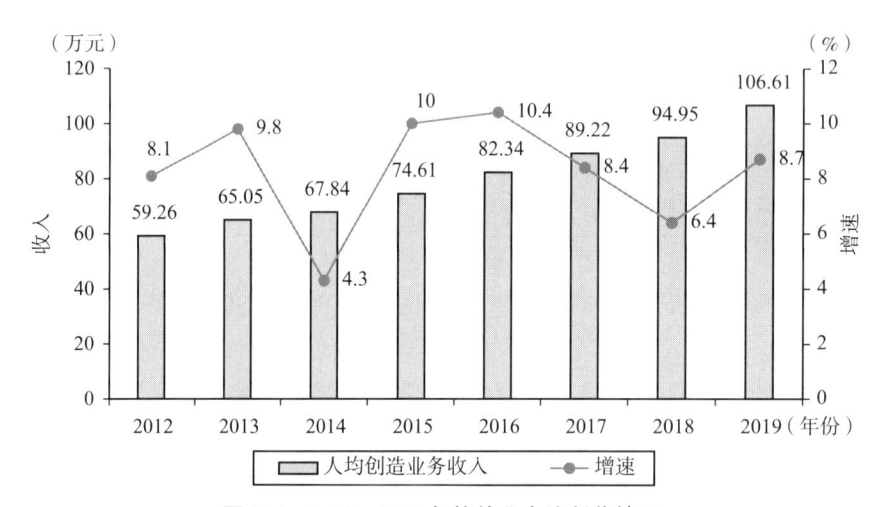

图 6.7　2012～2019 年软件业人均创收情况

资料来源：运行监测协调局. 2019 年软件和信息技术服务业统计公报［R］. 2020。

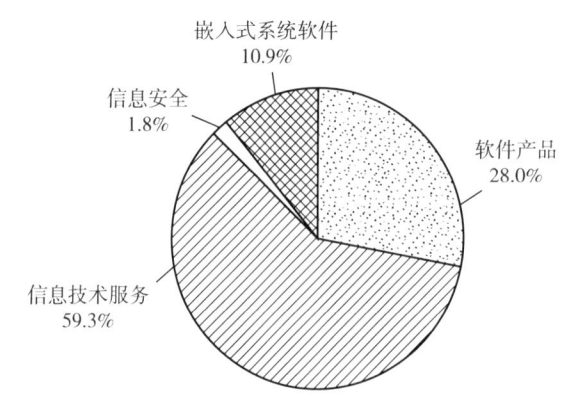

图 6.8　2019 年软件产业分类收入所占比重

资料来源：运行监测协调局. 2019 年软件和信息技术服务业统计公报［R］. 2020。

从地区分布来看，我国东部地区的软件业继续稳步发展，中西部地区则加快增长。2019年，我国东部地区软件业务收入为57 157亿元，同比增长15.0%，占全国的比重为79.6%；中部地区软件业务收入为3 655亿元，同比增长22.2%，占全国的比重为5.1%；西部地区软件业务收入为8 607亿元，同比增长18.1%，占全国的比重为12%；东北地区的软件收入为2 350亿元，同比增长5.5%，占全国的比重为3.3%。具体详见图6.9。

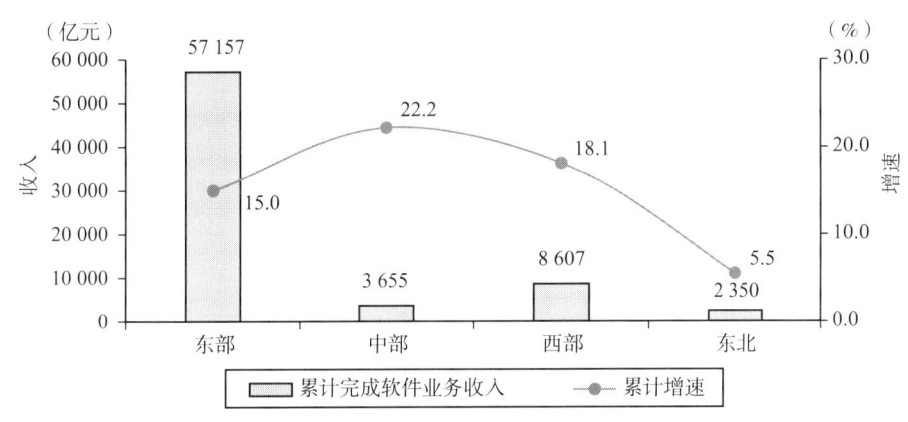

图 6.9　2019年软件业分区域增长数据

资料来源：运行监测协调局. 2019年软件和信息技术服务业统计公报［R］. 2020。

（二）金融服务业的发展

中国的金融服务业是从20世纪80年代开始发展的。1984年，中国的第一只股票向社会发行；1987年，深圳的几家金融机构共同出资成立了中国的第一家证券公司；1990年底，上海证券交易所和深圳证券交易所成立。随着一系列证券公司和交易所的成立，金融信息服务业开始发展起来。

经过这些年的发展，我国的金融信息服务业已经有了不小的规模，并且增长速度依然很快。2018年，我国的金融信息服务业市场规模为257.5亿元；2019年，市场规模为315亿元，同比增长22.3%。

随着中国金融信息服务业的发展，金融产品的品种也在不断增多。今天，金融信息服务业已经有了许多代表性的企业，如指南针、大智慧、东方财富等。

2019年，东方财富、同花顺、大智慧、指南针、益盟股份、麟龙股份这些企业的营收分别为42.32亿元、17.42亿元、6.83亿元、6.23亿元、3.26亿元、2.98亿元。[①]从这些数据可以看出金融信息服务业的庞大规模。

预计在未来几年，金融信息服务市场的规模还会进一步扩大。金融服务业的发展将对服务消费产生重要的促进作用。[②]

[①②] 智研咨询：2020年中国金融信息服务行业市场规模及格局分析［EB/OL］. https：//www.chyxx.com/industry/202012/916181.html，2020-12-12.

(三) 健康服务业的发展

健康服务业是以医疗服务机构为核心,以医疗器械、药品、养老保险等为支撑的服务系统。

我国健康服务行业的发展大概经历了三个阶段。第一个阶段是从新中国成立到20世纪90年代初期,在这段时间里,公民的健康体检服务几乎全部属于医院的范畴。第二个阶段是90年代中期,在这段时间里,北京等大城市开始出现独立的体检服务机构。第三个阶段是90年代后期至今,在这段时间里,国内的健康服务机构得到了快速发展。

在发展过程中,这些机构主要形成了四种模式:医院模式、医疗模式、以体检为中心的服务模式和综合信息平台模式。医院模式指的是与大型医院合作开展服务的健康服务机构。这种服务机构依托于大医院的品牌挖掘客户,提供其他健康服务。医疗模式一般是指提供专业医疗设备和医护人员为人们服务的健康服务机构。通常来讲,实行这种模式的机构都要进行很大的投资。以体检为中心的服务模式很常见,这种机构经常通过上门体检、社区体检等营销手段来开拓市场,并提供其他增值服务。在国内,采用这种模式的机构差异很大,有的已经建立自己的品牌,但有的提供的服务质量堪忧。综合信息平台模式比较注重网络上的客户开发,通过给用户提供健康资讯等来获取信任,并提供相应的增值服务。总的来说,这四种模式的机构相辅相成,共同构建起了我国的健康服务业体系。

根据2016年10月国务院发布的《"健康中国2030"规划纲要》提出,到2020年,我国健康服务业总规模达到8万亿元以上,2030年达到16万亿元,未来,健康服务业发展空间很大。[①]

(四) 体育服务业的发展

体育产业是指为社会提供体育相关产品而组织起来的同类型经济活动的集合。随着我国经济的快速发展,人们对体育的兴趣和需求越来越大。体育不仅是为了满足身体健康的需求,同时也是一种给人们提供娱乐的服务消费品。

近些年,我国的体育产业蓬勃发展。随着我国全民健身政策的实施以及国家适当的引导,国民的运动意识也在不断增强,锻炼人数逐年上升,运动也是多种多样,覆盖到各个年龄层。不过,从参与体育活动的人口占比来看,我国参与体育的人口比例与发达国家相比还有着很大的差距,如图6.10所示。未来,我国的体育产业还有很大的扩展空间,体育产业规模的扩大也会进一步带动体育消费市场的发展。

(五) 教育服务业的发展

中国教育服务产业链较为完整,并且发展十分迅速。如今,教育服务业已经是新兴的现代服务业了。2019年,我国的教育服务业规模已经超过了3万亿元,素质教育、职业教育、学历教育等分支领域都有着很大的规模。[②]

---

① 前瞻产业研究院. 2020年中国健康服务行业市场现状及发展前景分析 未来十年市场规模将达到16万亿元 [EB/OL]. https://bg.qianzhan.com/trends/detail/506/200417-331a1ed4.html, 2020-04-18.
② EduJobs.《中国教育服务产业发展报告2020》发布,中国教育行业总规模将超3.3万亿 [EB/OL]. http://www.edujobs.com.cn/nd.jsp?id=1286, 2020-12-25.

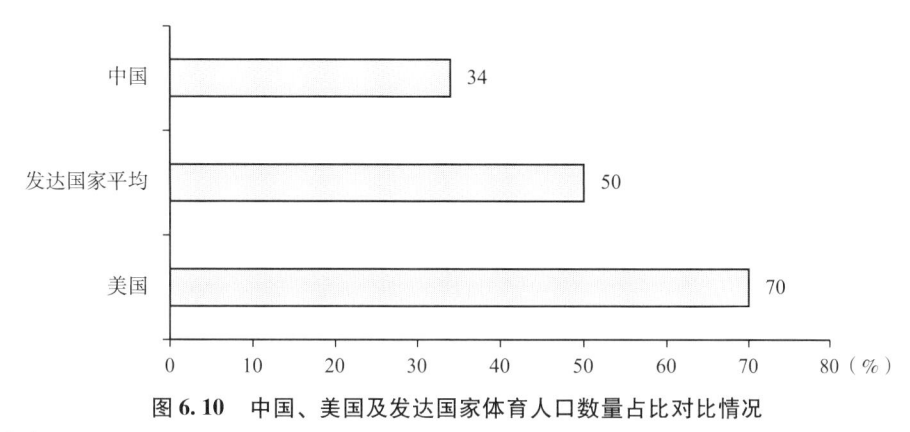

图 6.10　中国、美国及发达国家体育人口数量占比对比情况

资料来源：智研咨询。

不过，虽然教育服务业的总体规模很大，但是市场中的头部企业却不多。在教育市场上，中小规模的企业和机构占据了大部分的市场份额。

在基础教育阶段，我国做校外培训的机构数量众多，但是年营业额超过1 000 万元规模的还不到1 000 家，超过5 000 万元规模的更是不到100 家，所有头部企业的总市场份额还不到3%。这是典型的分散格局。①

从增速来看，教育服务业仍处于高速发展期。拿素质教育市场来说，从2015 年到2018 年这三年间，市场规模就翻了一倍多，从528 亿元增长到1 153 亿元，发展势头迅猛；而在线教育市场的增速也同样迅猛，2015 年，市场规模为1 225 亿元，到了2019 年，市场规模超过4 000 亿元。②

随着移动互联网的发展，教育服务业的产业规模也在迅猛增长，人们开始通过网络参与教育。从2004 年至今，中国通过网络获取教育资源的用户每年的涨幅保持在20%左右，这是一个非常庞大的增量。2015 年，中国参与网络教育的用户有1.1 亿人左右；到了2018 年，这个数字进一步增加到1.72 亿人。在这些用户中，学生和有固定职业的人群占比最大。这不仅体现了当前网络教育对高等教育起到的重要作用，也说明了网络教育对职业教育的重要性。未来，教育服务业的规模还会进一步增长。③

第四节　服务消费的新趋势

随着我国城镇居民人均收入的增长，教育培训消费、文化消费、娱乐消费、信息消费、餐饮消费等服务性消费业随之迅猛增长，这些行业的发展拉动了我国消费的增加。随着我国的消费结构不断升级，出现了很多新兴的服务消费领域，这些领域将为

---

①② EduJobs.《中国教育服务产业发展报告2020》发布，中国教育行业总规模将超3.3 万亿［EB/OL］. http：//www.edujobs.com.cn/nd.jsp？id＝1286，2020－12－25.

③ 中研普华产业研究院.2020 网络教育服务行业现状及未来前景分析［EB/OL］.https：//www.chinairn.com/scfx/20200827/100214613.shtml，2020－08－27.

我国消费的增长提供持续的动力。

一、远程教育

2020年初，由于新冠肺炎疫情原因，学校开学被延迟。各个院校的课程被改成了线上模式。在这种情况下，许多在线教育平台得到了飞速的发展，如中国大学MOOC、学堂在线、智慧树等。根据这些平台的特点，很多老师把它们与QQ群、微信群等软件结合起来实行在线教学。

通过一段时间的使用，教师们逐渐适应了这种教学方式，学生们也适应了这种上课方式，远程教育在社会上的接受程度明显增加。可以说，疫情的出现给了远程教育一个发展契机。虽然在"后疫情时代"，学校课程依然是以线下为主。但是在未来，无论是教师还是学生都更加会借助网络平台来教学和学习。

二、在线办公

2020年初开始，为了进一步加强对疫情的防控，许多企业都开始进行"SOHO"模式。SOHO指的是"small office，home office"，即在线办公。这是一种全新的工作方式，也是全新的一种生活模式。

其实，从20世纪80年代开始，硅谷地区就开始有了移动办公的模式，国外很多企业都有着这种办公模式，只不过这种模式在中国一直没受到重视。近些年以来，随着移动互联网的普及，许多中国的企业也开始尝试在线办公，在线办公很大程度上也被认为是一种有效的工作模式。

相对于传统的办公来说，在线办公最大的特点就是可以摆脱空间和时间的束缚，以此加强协作，提升工作效率。这样可以使得资源利用最优化，让个人和企业都收获更大的效益。

疫情期间，阿里钉钉、ZOOM、小鱼易连、石墨文档等在线办公软件的使用率都获得了增长，也使许多人形成了在线办公的习惯。未来，在线办公势必会更加普及，作为工作的一种补充。

三、云旅游

疫情期间，很多文旅企业结合自身的特点和优势，开展了形式多样的"云旅游"探索活动。2020年2月17日，以携程、飞猪为代表的一些平台发布了"国内外景区语音导览"服务，这个服务可以通过"语音+图文"的形式，给居家的人提供旅游导览服务。这个功能覆盖了超过3 000家景区，包括博物馆、城市景观、主题公园等。2月20日，敦煌研究院推出了一款名为"云游敦煌"的微信小程序，通过这个小程序，人们在家里就可以看到敦煌的壁画和雕塑。2月23日，国内8家博物馆一起携手淘宝主播，通过"直播+讲解+带货"的形式，和2 000万观众一起直播看展。3月1日，布达拉宫参加了淘宝的"云春游"活动，通过直播的形式带领大家游览布达拉宫。这次直播的总观看人数达到了92万人次，而布达拉宫一年的客流量也就是150万人次而已。3月18日，武汉开展了线上看樱花的活动，有超过3 000万人次通过直播来观看武汉的樱花。[1]

从以上的实践中，我们可以发现"云旅游"所具有的独特优势。第一，突破了传统旅游活动的地理和时间的限制。游客可以根据自身需要在任何时间和地点通过电脑或手机等终端设备连接到"诗和远方"，利用碎片化的休闲时间达到旅游的目的。第二，经济成本低。不需要支付交通、住宿和景区门票等费用，就能享受到旅游的乐趣。第三，获得心理的代偿感。疫情期间，被迫宅在家中不能出门，"云旅游"可以在心理上让游客获得补偿感，释放心中的苦闷，弥补不能出游的遗憾。第四，更好的旅游体验。与其在旅游旺季到热门景区体验人山人海的热闹景象，也有游客倾向于"云旅游"这种形式，可以安静从容地观赏和游览热门的景区。同时，"云旅游"可以让游客自己掌握旅游的节奏，是动态旅游还是静态旅游，在每个景点前停留多长时间，在一些"云旅游"的小程序中，这些完全可以由游客自行决定，不受任何外部环境的干扰。

四、网络直播

在疫情期间，企业复工困难，电商直播成为许多企业和个人的救命稻草。无论是明星、网红，还是厨师、菜农、老师，大家都变成了网络主播，开拓了自己的工作领域。

在全国著名的某火锅品牌的直播间里，自热火锅只用了10分钟就卖出了1万盒，20分钟的时间交易额就超过20万元；某品牌旗下的50家门店的彩妆师在网上直播，拓展自己的业务；甚至成千上万个果蔬大棚也变成了直播间，许多菜农都通过直播解决了产品的销路问题。

2020年2月10日，某平台用户由于无聊，在家直播睡觉，结果睡醒之后发现，有接近2 000万的粉丝围观他睡觉，并且还收到了几万元的打赏，这让直播睡觉的话题迅速占据了头条；还有一些明星，比如说直播煎牛排、直播手势舞，这些直播都引起了大量用户的关注。这种由于疫情而产生的"另类经济"也刷新了很多人的认知。[2]

五、线上生活服务消费

疫情期间，由于出门比较少，线下的生活服务消费大幅减少，而线上的需求则大大增强。很多人通过线上消费来满足自己的需求。饿了么、美团、闪购、京东到家，这些生活服务类平台的使用率均在疫情期间得到了增长。另外，由于长期居家，许多线上的文化娱乐活动也增加了。例如，爱奇艺、优酷、腾讯视频这样的网络电视平台的用户数就获得了增长，线下生活场景的减少促进了线上活动的爆发。

---

[1] 王思佳. 新冠疫情下"云旅游"的冷思考及热机遇 [J]. 三峡大学学报，2020，42（5）：50-53.
[2] 疫情下的"云复工"：主厨、菜农、市长变身主播 [EB/OL]. https://baijiahao.baidu.com/s?id=1659552857050683439&wfr=spider&for=pc，2020-02-06.

【扩展材料】

一、相关政策文件

《关于加快发展生活性服务业促进消费结构升级的指导意见》

二、案例

马蜂窝旅行网

马蜂窝旅行网是典型的提供服务消费的企业。在成立之初,马蜂窝并不是商业项目,它纯粹是两个喜欢旅游的人做出的一个和旅游相关的业余平台。使用马蜂窝的用户可以用游记的形式,来分享自己的旅游经历以及攻略。直到 2010 年,马蜂窝才被两个创始人当作是一个商业项目来做。

马蜂窝通过营造社区氛围,把旅行、社交、攻略、摄影、分享等一系列为用户带来良好体验的东西融合到一起,也由此得到了稳定的用户流量。马蜂窝的用户大部分是通过口口相传而获得的。大家在自己的社交媒体上的分享就是马蜂窝发展用户的逻辑。而马蜂窝可以做到让人们自愿去分享,其内在的社交基因是其他旅游平台所不具备的。通过这种方式,马蜂窝获取了超过 1 亿的用户,而且大部分用户都具备很强的黏性。通过这样的用户基数以及独特的企业定位,马蜂窝每年可以吸引来巨量的广告投放,这为其带来了源源不断的收益。

从行业发展来看,马蜂窝的出现,标志着自由行时代的到来。通常来讲,旅游经常被业界内部的人划分为三个时代。第一个时代是鼠标加水泥时代,它指的是传统行业与网络信息相结合的一种模式,这种模式的代表就是携程网;第二个时代被称为垂直比价时代,这种模式以去哪儿网为代表;第三个时代就是个性化旅游的自由行时代,即以马蜂窝为代表。未来,随着中国基建的成熟、交通的便利,人们会越来越倾向自由行,马蜂窝还将在这个领域继续发展。

资料来源:创造从内容到消费的精准路径 [EB/OL]. 凤凰网,https://finance.ifeng.com/c/7qE3B4X2a8h,2019-09-24;马蜂窝网站相关资料整理。

【思考题】

1. 服务消费包括哪些领域?
2. 服务消费未来的发展有什么趋势?
3. 服务消费与商品消费近些年的变动情况。

第七章
绿色消费

第一节 绿色消费的含义及特点

一、绿色消费的内涵

（一）世界绿色消费的产生及在中国的发展

自工业革命以来，西方的商品经济得到了飞速发展。市场营销不断发展和异化，极大地诱惑着人们的购买欲望和消费需要，从而导致产品的生命周期缩短，产品提早过时并被淘汰。这种现象充斥在当今社会的方方面面。物质资源获取后得不到有效、充分的综合利用，其直接后果就是资源的巨额浪费，也导致自然生态环境受到严重影响，会对社会长远利益乃至人类生存发展都产生威胁。

1962年，《寂静的春天》在美国出版，引起了当代人类的自我反思。20世纪70年代早期，西方社会爆发了"绿色革命"，引发了当时社会各界对于绿色消费观念的重视、研究和实践。自此，旨在培养和提高我们生活品位的消费理念"绿色消费"应运而生。1987年，《绿色消费者指南》在英国出版并成为畅销书，这极大地激发了人们的绿色消费意识。这本著作使广大消费者清楚地看到，人们的消费行为与环境息息相关，并使人们深刻地感受到作为一个独立个体与环保之间的紧密联系。由此，绿色消费开始慢慢变成一种新的生活方式。

同时，国外一些学者也开始研究绿色营销。到20世纪80年代末至90年代初，绿色营销已获得广泛认同，人们认为绿色营销可以为企业带来更长久的利润。一些国际文件和公约也推动了绿色消费和绿色营销的发展，如《环境与发展》《21世纪议程》等。

1992年11月，在中国香港召开的"跨世纪国际营销研讨会"上，中国学者开始触及绿色消费与绿色营销研究领域，自此，诸多学者对绿色营销观念的引进、推广、发展与完善做出了积极贡献。绿色消费是时代的需要，其发展也受到了各界的支持。

首先，在2001年时，中国消费者协会把当年确定为"绿色消费年"，并且还通过国际消费者权益日（3·15）的活动，将绿色消费的理念普及给了全国消费者，自此以后，和绿色消费相关的活动层出不穷。绿色消费的流行也意味着人们对于高品质生活的需求，并使人们认识到与大自然和谐共存的重要性。其次，在近些年的消费市场上，假冒伪劣产品不时出现，对消费者造成了很大的伤害。这些假冒伪劣产品的出现主要有两个原因：其一是人们利欲熏心以及缺乏对自然的敬畏；其二就是缺乏规范的生产标准体系，导致市场混乱。随着这些乱象的出现，人们对于绿色产品的需求也越来越高。最后，人们对绿色消费的需求也在于自然环境的恶化已然威胁到了人们的身心健康。人们对于生活品质有着更高的要求，从长远来看，绿色消费是人们必然的选择。

目前，我国绿色消费发展虽然很快，但与社会的实际需要还差得很远，绿色消费的理念需要进一步加强。

（二）绿色消费的含义

绿色消费的概念是1992年提出的，在那年的地球高峰会议提出"永续发展"的主题后，绿色消费被当作永续发展的目标而提出。1995年，我国有学者提出"绿色消费"。

关于绿色消费的内涵，不同学者有着不同的看法。中国消费者协会认为，绿色消费包括三层含义：一是倡导消费者在消费时选择未被污染或有助于公众健康的绿色产品；二是在消费过程中注重对垃圾的处理，不造成环境污染；三是引导消费者转变消费观念，崇尚自然、追求健康，在追求其生活方便、舒适的同时，注重环保，节约资源和能源，实现可持续消费。① 后来这一定义被广大学者沿用。

另外有一些学者把绿色消费这个概念概括为"5R"原则，即节约资源、减少污染（reduce），绿色生活、环保选购（revaluate），重复使用、多次利用（reuse），分类回收、循环再生（recycle），保护自然、万物共存（rescue）5个方面。也有学者认为一切有益于人类健康和环保的消费方式和内容都是绿色消费。

综上所述，笔者认为，绿色消费，是针对人类在生产、消费活动中导致对自身生存环境破坏、面对自然的惩罚，而提出的一种新的理性消费模式。绿色消费是指消费者只进行有利于健康的消费，确保人的全面发展；同时，消费活动不破坏人类的生存和发展环境，确保人与自然的和谐和环境友好。②

二、绿色消费特点

（一）绿色消费是一种理性消费

所谓理性消费，就是在环境可承载的范围内进行合理的消费，拒绝浪费。这是一种非常健康的消费理念。从个人角度来说，理性消费有利于我们生活品质的提高，也适合我们健康发展；从社会的角度来说，理性消费可以节约资源，促进人类社会可持续发展。

（二）绿色消费体现了一种公平消费观

具体来说，绿色消费不仅使得代内公平也使得代际公平，代内公平意味着人们在不影响他人的情况下得到自身利益的满足；代际公平意味着人们在不危及后代的情况下得到自身利益的满足。绿色消费恰好能做到这一点，它是从全人类的整体利益出发的，是为了人类能更好地生存和可持续发展。

（三）绿色消费倡导满足人的基本需求，致力于保护生态环境

传统消费单纯以人的需求为中心，不考虑资源和环境的束缚，在这样的一种消费

---

① 中国消费者协会. 2001年主题绿色消费［EB/OL］. http：//www.cca.org.cn/xxgz/detail/16939.html，2014-12-08.
② 文魁. 论科学消费.［J］. 党政干部文摘，2007（4）：19-20.

模式下,环境必然遭到破坏。而绿色消费就是要抛弃这种传统的消费模式,它以满足人的基本需求为前提,在此条件下注重对环境和资源的保护。在绿色消费理念下,人类会考虑自身利益与整个环境的共生关系,把对环境的破坏降到最低点,在满足需求的同时也保护了环境。

> **扩展阅读**
>
> **绿色消费 5R**
>
> 国际上对绿色消费概括为 5R 消费,分别是:节约资源、减少污染(reduce),绿色生活、环保选购(revaluate);重复使用、多次利用(reuse),分类回收、循环再生(recycle),保护自然、万物共存(rescue)。
>
> 1. 节约资源、减少污染。节约不是吝啬,而是一种时尚,这是新时代的价值观。一个人挥霍他的财富,并不会获得什么荣耀,反而会给人留下很差的印象。
>
> 2. 绿色生活、环保选购。带着环保的眼光,去选购环保食品、衣服、装修材料、家电等商品,并考虑商品在各个环节中可能造成的污染。谨防滥竽充数,要选择使用安全、高效节能的产品。
>
> 3. 重复使用、多次利用。现代生活中充斥着太多"一次性",如一次性塑料袋、筷子、纸杯、圆珠笔等,在给人类带来方便快捷的同时,也给环境带来污染,造成资源浪费。如果我们外出购物时自备购物袋,把用完的圆珠笔换上一支新笔芯,这些看似微不足道的小事,却是对环保的莫大支持。
>
> 4. 分类回收、循环再生。垃圾有可回收和不可回收之分,可回收的垃圾经过加工处理后还可以再次被利用,如循环再生纸、塑料和电池等。电池等经过回收处理后可分离出很多有用物质,如果被随意丢弃,将会造成严重污染。如果我们都能做到分类回收,循环利用,垃圾也可以变成黄金。
>
> 5. 保护自然、万物共存。"地球村"里除了人类,还有许多其他生物,都是大自然的"子民",任何一个物种的缺失都会影响整个生态链的平衡。只有我们的价值观和生活方式改变了,才能达到保护自然的效果。如果每个人都拒食野生动物,拒用野生动植物制品,那些偷卖、偷猎、偷伐者才会失去市场、销声匿迹,从而带来万物共存。

第二节 绿色消费的制约因素

一、收入因素

收入是决定消费的主要因素。绿色消费虽是"回归自然",但实际消费过程中,确属高档消费。近年来,我国城乡居民收入水平虽然有了显著的提升,但城乡收入差距、地区收入差距依然明显。低收入群体对绿色产品的消费能力极其有限，即使是中等收入水平的居民，也由于房子、医疗、教育等消费支出的挤占，对绿色产品的消费依然有限。绿色消费的大范围推广亟须克服收入限制。

二、价格因素

绿色产品价格的高低影响着消费者相对收入水平的高低，从而对绿色消费支出有着不同程度的影响。绿色产品从原材料到最终产品的形成，全过程都是无污染、无公害的，因此绿色产品的生产企业在技术、工艺、材料的选择上，其成本会明显高于非绿色产品企业，价格必然也会高于非绿色产品。另外，目前我国消费者的绿色产品购买力还相对比较低，居民更偏好物美价廉的产品，由于"无添加"并且环保的产品价格普遍偏高，大多居民还是无法接受。

三、供需错配

绿色消费不仅是要有绿色需求，也要有绿色供给，是供需匹配的过程。从收入和价格的制约因素来看，绿色消费的规模还无法迅速扩大。一方面，从供给端来看，绿色产品的开发难度大、成本高，且推广难、受众小。绿色产业发展滞后，研发跟不上。绿色产业是绿色产品的支撑，目前还没有一个完善的绿色产业体系，绿色产品还没有形成规模，绿色产品结构相对单一。另一方面，从需求端来看，由于收入水平较低、绿色意识淡薄等因素的制约，消费者在消费效用最大化的驱使下，会选择非绿色产品，绿色消费群体难以形成规模，致使绿色消费需求不足。因此，由于消费者和企业信息不对称，以及企业自身发展的瓶颈，供给端和需求端很难有效匹配。[①]

四、绿色消费环境因素

（一）绿色消费观念薄弱

存在决定意识，人们的消费观念支配着消费行为，消费意识影响消费行为。[②] 非绿色消费品对消费者的影响存在滞后性，短期内消费者看不到其危害性。大多数消费者，尤其是农村消费者依然倾向于物美价廉的产品，健康、环保意识比较薄弱。另外，由于排他性，即使有绿色消费观念和意识的消费者，也只消费有益于自身利益的产品，对一些有益于公共环境的公共物品的绿色消费意识还有待进一步加强。

（二）绿色消费环境恶劣

由于现行的法律环境、制度环境、技术环境、社会环境以及政策环境等的不够完善，一些商家存在着短视行为，打着"绿色"的旗号，却售卖非绿色的产品牟取暴利；还有一些企业的生产活动可能从短期来看，有益于健康、对环境没有产生污染，但从长期来看，却对生态环境产生了严重影响，不利于可持续发展。

[①②] 文魁. 建设绿色城市享受绿色生活：以绿色消费推动绿色北京建设 [J]. 中国特色社会主义研究. 2009 (3)：55-60.

第三节　培育绿色消费环境

一、绿色消费观念引导

绿色消费观念的形成需要全社会的共同努力，从生产和消费两个层面分别对生产者和消费者进行引导。

（一）对生产者的引导

绿色消费将给生产领域带来重大影响。绿色消费的理念走向全球化，使得世界上的各个企业不得不将环境因素考虑在内。要迎合大众的需要，就必须要研制出合格的绿色产品；而要生产这样的产品，就必然淘汰之前落后的生产方式；最后通过绿色营销把这些产品送到消费者的手中。因此，在这一趋势下，企业不得不转变自己的经营理念来适应时代潮流。

1. 加强企业各级员工的绿色消费意识

员工是企业的重要组成部分，想要实施绿色生产，企业就必须加强对员工的绿色教育。没有具备绿色消费意识的员工，也就不会出现绿色的产品。

首先，加强企业领导管理层人员的绿色消费意识，只有领导层先具备这种观念，才能形成绿色经营的理念，制定绿色发展的战略。其次，企业的工程技术人员要有充分的绿色知识，在设计和生产产品的过程中可以把污染降到最低，在技术上实施绿色生产，提高效率。最后，普通员工也要有绿色消费的观念，这样才能使企业的绿色化得到贯彻实施。

2. 提高企业家素质，转变企业家观念

就目前的市场环境来看，人们对于企业的认同还处在盈利能力的范畴中。一个企业只要产生足够的经济效益，人们就会认为它有生命力。这种思想氛围会对企业家的经营理念产生很大的影响。企业家会片面地追求经济效益，而忽视生态利益。企业家的思想和观念决定着企业的发展方向，企业家应树立从建立传统企业到建立绿色企业的发展理念，从战略上把握企业的绿色走向，将绿色理念贯彻到产品的设计、研发、销售、管理各个环节，综合考虑产品对人、自然、环境的影响，从全局上控制和把握绿色产品的管理。

3. 以清洁生产代替传统的粗放式生产

我国虽然资源总量在世界上排名靠前，但人均占有量却并不高。也就是说，我国的资源承载能力比较弱。一直以来，我国的生产方式都是高投入高消耗的，很容易造成资源浪费，也容易破坏生态环境。清洁生产方式的运用则可以避免这种传统生产方式的弊端，减少人类对环境的危害，产生经济效益和社会效益双赢的效果。

4. 加大绿色产品的开发力度，提升企业的国际竞争力

从国际视角上来看，绿色产品其实非常畅销，在很多地区，绿色消费的观念已经深入人心。很多国家在进口方面都有严格的环境技术指标和要求，以便保护本国的消费者。在这种情况下，如果我国的企业不加强绿色产品的开发，就会在出口方面受到

诸多限制。未来，我国的企业必须要迎合这种国际趋势，加大绿色产品的研发力度，这样才能在国际市场上站稳脚跟。

5. 全面拓展绿色消费领域，提高总体的绿色消费水平

绿色消费主要包括以下 5 个领域：绿色产品、绿色服务业、生态建筑和绿色社区、公众意识和绿色消费意识的增强、政府绿色采购。在我国，绿色食品占有较大比重，而在其他方面消费者的选择余地有限。要提高绿色消费水平，就必须在上述 5 个方面都有所提高，这样才能为消费者提供一个良好的绿色消费环境，创造绿色消费动力。对于企业来说，提供绿色产品和服务面临着成本和技术等挑战，但这更是一个千载难逢的机遇，需要牢牢把握。

（二）对消费者的引导

1. 引导消费者养成适度消费的理念，摒弃西方消费主义价值观

改革开放以来，西方的各种思想和行为习惯逐渐被我国居民接受。在消费方面，呈现出以下几个方面的特点：其一，重视物质消费，忽略精神消费。其二，在精神消费方面，注重享受性和娱乐性消费，忽略发展性消费。许多消费者宁愿把钱花在电影院和其他一些娱乐场所，而不愿花钱购买书籍、杂志等学习型的产品。其三，消费注重时尚性和奢侈性。对一些注重时尚的消费者来说，他们会通过追逐最新的产品来展现自己的财力和身份。

从环境方面来看，这种消费主义价值观会导致资源危机和生态危机。一方面，消费主义使仍具有使用价值的商品提前进入报废环节，并没有充分发挥其价值，这是一种浪费。而且要继续满足消费者对该类产品的需求，生产者又要使用大量的自然资源来继续生产，形成对自然资源的无限索取，资源消耗总量不断攀升，逐渐超过资源的再生速度，这就带来了资源危机。另一方面，浪费也会加快垃圾产生的速度，从而会加剧生态环境的恶化。

这就需要我们认清国情，培养适度消费的消费观念。虽然我国经济发展很快，但总体上来说贫富差距很大，地区发展不均衡。所以，我们仍然需要进行适度消费，在产品的选择上要有所取舍，尽量选择环境友好型产品，并且要将满足精神需求和提高文化素质的发展型消费以及强身健体、陶冶情操的文化型消费作为重点，从而提升生活质量和幸福感。

2. 引导消费者节约资源，减少一次性、便利性消费，扩大绿色消费

我国的一次性餐盒和其他一次性包装的使用量非常大。这些用高分子化合物制成的塑料制品很难分解处理，对生态环境的破坏巨大。一些物质甚至在遇热后会产生有害气体，导致人们患上呼吸道或肠胃类的疾病，对于人类的健康产生了破坏性的影响。

为了使各代人能有美好的生态环境，我们必须尽量使用可持续性消费产品，做到物尽其用，减少浪费。一次性物品虽然价格便宜、使用便捷，但是总的来说弊大于利。因此，我们应该尽量避免使用各种一次性的产品，多消费可循环利用的物品，真正践行绿色消费观念，履行我们每个人对环境的义不容辞的责任。

二、进行绿色消费教育

绿色消费的实现不仅要在观念上进行引导，还要进行绿色消费教育。

(一) 形成绿色消费氛围

具有绿色消费意识的消费者可以影响到周围人的消费态度和期望，从而形成一个良好的绿色消费氛围。也就是说，消费具有"示范效应"和"攀比效应"，一个人的消费行为和习惯会对周围人的消费产生影响，如果能够在全社会营造一种绿色、健康、文明的消费氛围，那么消费者就会受到他人绿色消费的态度和期望的影响，在一定程度上使自己的消费习惯趋同。

要形成绿色消费氛围，可以从以下几方面进行努力：

（1）通过多种媒介进行广泛的宣传，逐渐转变消费者的消费理念。比如，通过电视、网络平台的播报来提高人们的绿色消费意识；通过在社区、学校等地方举办绿色消费活动，让每个人都参与进来。

（2）将环境教育纳入国民教育体系中，目前，我国对于生态环境的教育还远远不够。如果能形成从小学到大学的环境教育培训体系，将对促进绿色消费产生巨大作用。

（3）成立社会环保组织，并借助这些组织进行环保宣传。在环保领域，社会组织可以充分发挥作用。通过定期组织活动、讲座，可以让绿色消费的观念不断深化，增强消费者对绿色消费的敏感度。

（二）增强绿色消费意识

近年来，越来越多的消费者意识到食品安全和环境保护的重要性，消费更倾向于健康化、理性化和绿色化，从日渐成熟的绿色市场就可看出这一点。但是总的来说，现阶段的绿色意识和环保意识距离绿色消费的要求还相距甚远，人们的"反绿色消费"行为还大行其道：大量生产和消费一次性用品；不关水龙头、不拔电源，用水用电存在很大的浪费；为满足新鲜感，不惜食用各种珍稀动植物；为凸显雍容华贵，追求野生动物皮毛制品；过年过节时为了所谓的"面子"，购买和赠送过度包装的精美礼品；肆意浪费纸张；随手丢弃塑料袋、塑料瓶等。这些行为对绿色价值观的建立起到了很大的阻碍，我们可以通过下面的两个方式来加强人们的绿色意识。

1. 提高人们的生态文明意识

人类中心主义认为，人类的利益是价值原点和道德评价的依据，人类的一切活动都是为了满足自己的生存和发展的需要，自然是为人类服务的。现在很多人都持有这种观点，因而出现了上文所谈到的消费主义和享乐主义。但事实上，人类对自然的不断索取换来的确是自然逐渐加剧的报复。如果我们继续破坏自然，那么我们的生存环境会受到巨大威胁。

绿色消费的核心是可持续性消费，这要求我们在消费时要遵循适度的原则。这里的"适度"体现在以下方面：一方面，物质消费要适度。绿色消费要求人们不要把物质享受放在第一位，消费量越多并不意味着越幸福，而是要不断提高高层次的精神文化消费的比重，因此必须要反对物欲，反对享乐主义、消费主义，要促进人的全面健康发展。另一方面，消费还需要考虑代际公平。不能以消耗后代人的资源作为代价来肆意满足当代人的消费需求。

2. 加强对循环经济的认知

循环经济是以高效利用和循环利用为核心的经济发展方式。这种经济发展模式是对传统经济发展模式的一种本质上的更新。循环经济的目的是实现环境效益和经济效益的协同发展，获得"一加一大于二"的效果。

现阶段我国居民对循环经济的认识存在不足。这需要媒体发挥自身的作用，加强对循环经济的普及宣传，让大家都参与到循环经济的生态中来，以此形成一种全新的经济发展模式。

（三）提高对消费教育的认识

消费对于国家、社会和个人都具有非常重要的意义，因而进行消费教育是我们必须长期重视的一项工作。具体来说，消费教育有以下几个方面的作用：

（1）消费教育有利于消费者转变观念，扩大内需。我国消费发展经历了几个时期，从重积累、轻消费，到追求时尚，甚至追求品牌、奢侈性消费，这些消费观念都太过极端，要么轻视消费，要么过量消费，都不利于人民生活质量的提高。因此，有必要开展消费教育，培养居民健康、科学的消费观，形成良好的消费环境，增加有效需求。

（2）开展消费教育有助于帮助消费者辨别产品真假，维护消费者权益。开展消费教育，能够帮助消费者掌握识别商品真假的方法和技巧，唤醒消费者的维权意识，从而使制假售假的企业失去市场份额。

（3）消费教育有利于建立文明消费方式，实现绿色消费。我国的工业化还没有完全结束，高污染高消耗是工业化的显著特点。要想从根本上扭转经济发展方式，就必须进行消费教育，这样才能促进整个社会的可持续发展。

三、绿色消费政策引导

绿色消费政策的颁布可以提高人们对于绿色消费的主动性，让资源得到合理的利用，促进经济可持续发展。

（一）支持绿色消费的政策

1. 增加城乡居民收入，将收入分配政策进行完善

在增加城乡居民收入上，要根据各自的不同特点有区别地采取政策。对于城镇居民来说，增加就业机会是第一位的。通过增加就业机会，使城镇居民尽可能实现充分就业，从而增加收入。对于农村居民，增加收入在于提高其产出，帮助其创造一些附加价值。

在收入分配上，也要尽量缩小差距。在初次分配中要提高劳动收入的占比，在二次分配中要通过转移支付缩小居民收入差距。同时，要在全社会提倡慈善性活动，利用社会机制来援助低收入阶层，使全体人民的收入水平在一定程度上都能得到提高，进而提高消费绿色产品的能力。

2. 运用劝说型政策工具

劝说型政策工具是指政府通过指导和劝诫等方式来引导公众行为。参照群体可能形成团体压力，影响消费者的态度和意见，从而决定了消费者对产品的选择和从众行为的发生。要使消费者形成绿色消费意识，需要政府利用劝说型政策工具宣传绿色消费方面的知识和技能，转变消费者保守的消费观念。

3. 建立健全绿色消费核算体系

为了测算消费过程对资源的消耗及对环境的损害程度，有必要建立绿色消费核算

体系。如果没有绿色核算的标准，那么企业对环境的破坏就难以被限制。例如，排出的废水、废气和废渣需要由产生的企业缴纳相应的排放费，对于达标排放的企业少收费，对于未达标排放的企业征收较高费用。

4. 制定绿色产业政策

我国的绿色环保产业虽然已经初具规模，但还远未形成规模化生产，研发能力非常薄弱，产品的科技含量不高，而且假冒伪劣产品混杂在绿色市场之中。因而政府要加大对绿色产业在资金和技术方面的支持，设立专门的绿色产业发展基金，以专门的融资渠道解决绿色产业发展的资金问题。同时，政府也要利用税收减免等政策促进绿色产业的发展。此外，要利用优惠条件引进国外尖端技术人才，攻克绿色产业面临的技术难题，通过绿色产业政策的实施，促进绿色消费的发展。

(二) 刺激绿色消费的政策

1. 创新消费金融机制

消费金融是一种对消费者提供消费贷款的金融服务模式。我国虽然有专业的消费金融公司，但是对于绿色消费方面的创新却很匮乏。未来，金融机构要不断推出绿色消费的业务品类，对绿色消费者实施优惠政策，这会促进绿色消费的发展。

2. 构建绿色融资机制

绿色产业发展困难的一大原因就是缺乏资金。因而，多渠道募集资金、增强融资能力是绿色产业发展的迫切需求。政府需要对生产绿色产品的企业提供融资支持，鼓励金融机构为绿色企业发放贷款，让它们可以更容易地筹集资金。

3. 完善绿色信贷制度

绿色信贷可以促进企业节能减排，让企业不得不将生态保护的观念纳入其决策过程中，避免企业形成对环境造成巨大污染的粗放经营模式。

4. 建立绿色保险体系

绿色保险是指与绿色消费有关的保险制度。例如，保险公司为研发节能减排技术的企业提供技术研发的保险，为企业开展创新提供保障。通过这类保险的实施，一些节能减排的产品，如新能源汽车等将会得到更快的发展。

5. 构筑社会信用支持体系

市场经济的本质其实就是信用，如果把人们破坏环境的行为纳入个人的信用数据库中，在为人们发放贷款时考虑到个人的绿色信用档案，那么无疑会对绿色经济的发展起到极大的促进作用。

6. 建立绿色消费税制

绿色消费税制不仅针对企业也针对个人。对于企业来说，可以将其排放的噪声、污水、废气等纳入征税范围，增加污染企业的生产成本，同时对绿色企业提供税务优惠。对个人来说，如果可以把消费税的计税价格从价内税改成价外税，那么消费者就可以清楚地知道自己在购买商品时负担了多少税额，从而也就知道自己购买的产品是否足够绿色。

(三) 利用价格杠杆调节绿色消费

由于市场存在着盲目性、自发性、滞后性等特点，所以需要政府利用价格杠杆来调节绿色消费。

1. 对不同行业实施不同价格

对于高能耗、高污染的行业实行高价能源政策,而对于资源节约型、新能源和再生能源行业实行低价政策,从而达到资源的优化配置。例如,对高耗能的企业征收更为昂贵的水价和电价,对清洁型产业提供用水和用电的补贴。这样会使绿色产品更有竞争力。

2. 在同一行业内实行阶梯式累进价格机制

不仅要对不同的行业实行不同的价格政策,还需要在同一行业实行阶梯价格机制,这样能对资源的使用量化,使节约行为更具有测量性和比较性。要不断完善和推广在水、电、气、热和垃圾处理等方面的计量收费和阶梯收费,对于资源和能源使用量少的家庭和企事业单位予以嘉奖和鼓励,对于超过一定限额的家庭和单位要提高单位价格,使社会形成节俭之风。

3. 制定有利于绿色消费发展的价格体系和配套制度

政府对绿色企业要有相应的价格补偿机制,通过价格的补贴来促进绿色产品的研发和使用。除此之外,政府也要提供良好的监督环境,让生产绿色产品的企业真正得到补贴,实现对企业的公平对待。

第四节 绿色消费与绿色产业

一、绿色产业的含义

许多学者从不同角度对绿色产业的概念进行过描述,但是学界目前还没有形成一个统一的概念。其中,主要有两种观点。一种观点认为,绿色产业应该指的是以绿色植物为对象的产业,如农业、林业等行业。另一种观点认为,绿色产业的外延应该更广泛,它指的是产业是否对人无害,是否符合可持续发展。只要是符合可持续发展,对人无害的产业都可以称为是绿色产业。相反,如果产业不符合这一原则,那么就算这个产业是农林业,那么它也不能算作是绿色产业。

显然,第二种观点更加符合当代绿色产业发展的背景。

在当今社会,生态环境问题非常普遍,这也决定了绿色产业的外延非常广泛。它包含于第一产业、第二产业、第三产业三大产业之中。例如,第一产业中的生态农业,第二产业中的清洁生产,第三产业中的洁净产品贸易,这些都可以算作是绿色产业。所以,取广义的绿色产业概念符合环境保护和可持续发展的宗旨。

绿色产业是通过绿色产品体现的。绿色产品指的是具有节能、环保、可回收等特点的一类产品。它的出现可以促进人们绿色观念的发展。而当人们习惯购买绿色产品,以其为时尚时,生产绿色产品的企业也会盈利,带动更多的绿色产品进入市场。

和传统产品一样,绿色产品也有如下三个特征:第一,对消费者的实用性;第二,产品符合一定的技术、质量标准;第三,产品有一定的市场竞争力,有利于企业实现盈利目标。其与传统产品的不同在于:绿色产品必须符合环境保护、可持续性发展的要求。

二、绿色消费对绿色产业的影响

在市场经济条件下,绿色产业与其他产业一样,其发展都需要市场的拉动。市场消费意愿的强弱、需求量的大小,对绿色产业的发展具有很大影响。可以说,如果没有绿色消费市场,也就不存在绿色产业。

绿色产业作为新兴产业,它的发展需要时间。这其中有很大的因素就是人们的绿色消费意识还比较薄弱,在经济落后地区尤为明显。如果单靠市场自身发育,绿色消费市场很难在短期内有明显的发展。因此要加快绿色产业的发展,政府亦然要发挥主导推动作用。

一是要利用各种传媒途径,大范围地宣传环境问题给人类生存发展所带来严重危害和灾难,教育并引导广大群众增强环境保护的危机感、紧迫感,增强保护自然、保护人类、保护自己、崇尚绿色消费的意识。

二是要为绿色产品开辟通道。扶持帮助企业取得无公害、绿色产品认证,鼓励绿色产品进超市,在城市建立无公害、绿色产品专卖店,在批发零售市场设立绿色产品专营点,并进行挂牌保护。

三是加大检查、处罚力度。在批发零售点设立质量监测站,定期对所有类别的产品进行检测,并公布监测结果,以此促进消费者明白消费。同时,对危害物严重超标的产品加大处罚力度,通过促使相关企业付出市场份额削减的代价来推进产品质量革新。

第五节　绿色营销与绿色消费

一、绿色营销的含义

绿色营销指的是先创造出消费者的绿色需求,然后再去满足消费者的营销方式。绿色营销的目的主要是引导绿色消费,为消费者提供绿色的产品和服务。

绿色营销主要涉及四个方面:第一是创造绿色产品价值,包括产品的生产、品牌的构建等;第二是体现绿色产品价值,包括定价目标和策略都要考虑到绿色化;第三是宣传绿色产品价值,包括使用绿色的促销手段等;第四是传递绿色产品价值,包括选择合适的渠道商以及管理方式的绿色化等。

二、绿色营销的产生与发展

绿色营销是在绿色需求和绿色消费的带动下发展起来的。从宏观角度来看,它是人们发展到一定生活水平后必然出现的一种营销方式。绿色营销的出现代表着企业和社会都进入了一个新的阶段。

1992年,联合国环境与发展大会通过了《21世纪议程》,这意味着人们即将进入一个可持续发展、生态环境良好的绿色时代。1994年,中国政府也制定了《中国21世纪议程——中国21世纪人口、环境与发展白皮书》,由此拉开了我国实施"可持续发展战略"和"绿色工程"的序幕，也是我国经济社会坚定不移朝可持续发展方向迈进的里程碑。

绿色营销是可持续发展的重要组成部分，有内、外两方面的因素促进和推动了绿色营销的产生与发展。

（1）外在因素，是绿色营销产生与发展的必然条件。

①蓬勃兴起的绿色运动，催生和促进了绿色营销形成。

②一系列绿色前沿学科的建立与研究，促进了绿色营销发展。

③绿色经济政策，推进了绿色营销进程。

④绿色正义或绿色立法，规范了企业的绿色营销行为。

⑤环保呼声及绿色公益活动，促进了绿色营销发展。

⑥国际公约与协定，促进了绿色营销发展。

⑦经济的飞速发展和技术的日新月异，为绿色营销提供了物质保障。

（2）内在因素，是企业自觉开展绿色营销的驱动力。

①绿色消费兴起与绿色需求增加，推动了绿色营销的发展。

②脆弱性的自然生态环境，促使企业不得不寻求绿色营销。

③企业作为可持续发展的主体单位，有义务和责任积极行动起来。

④实施和开展绿色营销，是企业维护自身长远利益的需要。

三、绿色营销对绿色消费的影响

绿色营销是解决环境问题的关键，因为它架起了绿色消费与环保之间的桥梁。

（一）宏观层面

（1）绿色营销有利于建设和谐社会。绿色营销通过绿色消费提高资源的使用效率，促进了社会的可持续发展。

（2）绿色营销有利于促进"绿色政治"。绿色是连接全人类的一个纽带，为了达成保护环境的目标，人们必须要联合起来。

（3）绿色营销促进了绿色文化的发展。人们通过绿色营销活动，可以更加深入地感受绿色生活所带来的好处，也使得绿色观念更加深入人心。

（4）绿色营销有利于可持续发展战略的实施。

（二）微观层面

（1）绿色营销有利于企业提高竞争力，主要表现在以下几个方面：

①促进企业创新；

②降低企业运营成本，提高资源利用效率；

③通过建立行业规则，培养消费者偏好；

④获取新的融资；

⑤促进产品差异化，提升企业形象和可持续发展的能力。

（2）绿色营销有利于提高国民的生活品质。绿色营销使得各种绿色消费需求得到满足，这有助于人们生活水平的提高。

> 扩展阅读
>
> **绿色营销 5R**
>
> 绿色营销也有 5R 原则,即研究(research)、减少(reduce)、循环(recycle)、再开发(rediscover)和保护(reserve)。
> 1. 研究:重视研究企业对环境污染的对策。
> 2. 减少:减少和消除对有害物质的排除。
> 3. 循环:对废旧物资进行处理和再运用。
> 4. 再开发:变普通产品为绿色产品。
> 5. 保护:积极参与社会的环保活动;树立环保意识。

【扩展材料】

一、相关政策文件

《关于促进绿色消费的指导意见》

二、前沿知识

疫情冲击对绿色消费的影响

民间环保组织"自然之友"在 2020 年的世界地球日开展了一项调查研究,旨在揭示人们在新冠肺炎疫情发生后的行为变化。

这篇调查显示,身体健康是人们对美好生活期待中最重要的因素。超过九成的人认为,气候和环境是美好生活的关键要素。85.6% 的人认为,极端天气、传染病等因素会严重影响到自己的生活安全环境。此外,超过七成的人认为,环境污染和资源短缺会对自己的美好生活造成冲击。

在调研中,有超过一半的人表示愿意用低碳的生活方式来保护环境和气候安全,这与绿色消费的理念相符合。但是,调查也发现,人们在具体落实绿色消费时有许多的困难。例如,消费者应该如何识别绿色低碳产品,如何信任绿色低碳产品等。

这需要政府加强对绿色观念的宣传,增加人们进行绿色消费的信心。例如,可以通过社区活动的方式,将绿色消费行为和低碳的生活方式进行推广。同时,由于不同的人对绿色消费的认识存在偏差,政府也应该通过差异化的方式来进行宣传。

人们生活方式的不同对于环境的影响不可小视,每个人在消费中所做出的选择,最终都会反馈到自己和他人的健康和美好生活上。个人绿色消费观念的转变能让世界变得更好,这些需要整个社会来共同促成。

资料来源:《后疫情时代,美好生活的绿色可能性调查报告》发布 [EB/OL]. https://www.sohu.com/a/400385547_120141782,2020-06-08。

三、案例

阿里巴巴

阿里巴巴发布的《2019财年社会责任报告》显示,阿里巴巴在绿色供应链、绿色物流、绿色计算、绿色回收等方面已经形成了可持续的绿色发展模式,构建出了一个阿里巴巴的绿色星球。这个绿色星球可以让公众很容易地参与其中。用户无论是在点外卖还是收快递时都可以进行一些绿色行为的选项,这些行为都被转换成了蚂蚁森林的能量,最终在荒漠中变成真正的树木。

例如,饿了么一直在推广无须餐具的订单。据了解,截至2019年3月,无须餐具的订单数量已经超过7 400万单,这相当于在荒漠中种植了6.6万棵梭梭树。

盒马鲜生在环保方面也作出了巨大的贡献,其在全国很多个城市都设置了塑料回收机,全方位地减少塑料制品的使用。

菜鸟物流也在推广原箱发货和纸箱复用,目前超过70%的商品发货不再用新纸箱。菜鸟驿站设置了绿色回收箱,可以把快递纸箱尽可能地回归,进行二次利用。除了提高纸箱的复用频率,菜鸟还在行业内率先推出电子面单。如今,电子面单已取代手写运单,光是这一项改变就能让全行业每年节省纸质运单300多亿张。

在阿里巴巴的示范作用下,平台上的商家也参与到绿色环保的浪潮中。天猫商家轩妈旗舰店从2016年开始不再使用胶带包装快递纸箱,替换为拉链纸箱。这种纸箱虽然成本更高,但是会减少胶带的使用,这会减少大量的污染。

除了一些看得见的环保举措,还有许多环保的方式是我们不曾注意的。例如,为了降低能耗,阿里巴巴的数据中心所使用的服务器是浸没式液冷服务器,这种服务器可以有效降低能耗。

从2012年开始,阿里巴巴公益基金会开始在国内推动自然教育领域的发展,输出保护自然、保护环境的理念。在世界环境日期间,优酷还会推出多部环保题材的纪录片,呼吁公众关注环保。

由这些例子可以看到,阿里巴巴的这个绿色星球覆盖到人们生活中的方方面面。未来,它对全社会的绿色发展将会作出越来越多的贡献。

资料来源:阿里巴巴发布2019财年社会责任报告[EB/OL]. http://finance.sina.com.cn/stock/relnews/us/2019-06-05/doc-ihvhiqay3764372.shtml,2019-06-05。

【思考题】

1. 如何引导绿色消费观念?
2. 绿色消费5R指的是什么?
3. 简述绿色营销与绿色消费之间的关系。

第八章
文化消费

第一节　文化的内涵及规律

一、文化的含义及特征

关于文化的含义，不同的文化环境和研究领域对其有不同的界定。"文化"一词在中国起源于《易经》："观乎天文，以察时变，观乎人文，以化成天下。"意思是，人类文化的产生分两步：第一步，人类认识自然、了解天文地理知识；第二步，人类有意识地利用和改变自然，使知识为己所用。中国传统文化推崇"人文化之"，即文化是人与自然互动的产物；也讲求"文以化之"，认为可以通过美好的社会观念来平衡人的私欲，从而摆脱人的动物性。西方的"文化"一词最早与耕作土地、居住等含义相关，这些活动都属于人类改造自然活动。因此学者伊格尔顿认为，文化最初指的是一个全然的物质过程。西方社会的文化含义在不断地演化和延伸，其演化的基本线索是从物质到精神。新中国成立后，《辞海》将文化解释为：广义指人类在整个社会实践的过程当中所创造的物质及精神财富总和；狭义指意识形态及社会的规范制度及组织机构。

文化在人类历史的演变过程中，逐渐拥有了以下特征：自发形成与自觉创造、界内凝聚与跨界传播、代际传承与断流失传、物化结晶与精神存在、信仰坚守与兼容并蓄、文化冲突与文化包容等。

二、文化的规律

文化的本质是一种认同。认同的形式，可以是语言、文字、意识、宗教、信仰、科学、艺术等精神形态的文化，也可以是生产方式、生活方式、风俗习惯以及村落、城镇、城市、工具、设施等物质文化，还可以是法律、规则、制度、纪律等行为规范的文化。认同达成需要进行一系列过程，这一过程也称为"文化规律"。如图8.1所示，首先，是对文化的认知，认知是文化的基本元素，也是文化的原始形态，如对语言、文字和科学等的认知。其次，是对文化的认可，这是文化形成的初级形态，是处于这一文化环境的每一个体对本文化体系产生情感的前提。再其次，是文化的认同，这是文化形成的高级形态，在这个发展阶段，每个个体都组成了一个人的命运共同体，在这个体系内已经达成了高度一致，"你中有我、我中有你"也正是文化的真谛。最后，在达到认同以后，文化体系内部会产生一种"共振"，此时文化的功能才得以充分彰显，产生超乎预期的文化力。在这一"认知—认可—认同—共振"的过程中，如果无法实现文化的认可，那就可能会发生文化的冲突。①

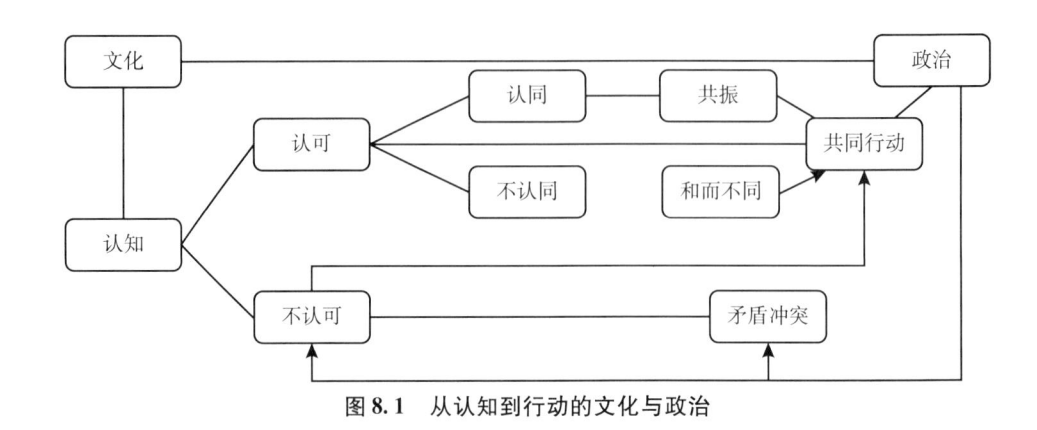

图 8.1　从认知到行动的文化与政治

第二节　文化消费的内涵及特征

一、文化消费的含义及分类

文化消费主要是泛指现代社会中人们为满足其精神文化需求，对各类文化产品和服务等消费材料进行占有、利用和消费的过程，它也是整个社会经济文化的再生产发展过程中的重要组成部分。传统的文化消费实际上就是一种能动的消费，在消费的过程中，不仅仅是对于社会和他人所需要的各种精神财富的一种消化、欣赏与吸收，更是对传统艺术的继承、储备、升华与再创。简而言之，文化的消费主要指城市居民对于文化产品和其他服务进行享用的一种经济性活动，这与其他的消费无异，它的特殊性或者说个性主要表现在继承、储存、升华与再创等各个方面，这些都来自对文化的可继承性和可存储性、文化的升华与再创等可能性。②

作为一种利用文化产品或者服务来满足人们精神需求的消费，文化消费的内容十分丰富，主要有教育、娱乐、体育、旅游等多个方面。按照生产的类型划分，文化消费包括广义的文化消费和狭义的文化消费。狭义的文化消费内容是指对文化及相关产业的产品消费。包括对文化产品实体的直接消费，如书籍和艺术品等；也包括对文化产品依托载体的消费，如电影、戏剧、音乐和文化旅游等；还包括为了消费文化产品而消费的各种物质产品或文化设施，如图书馆、博物馆、展览馆、艺术馆等。广义的文化消费内容是指对涉及精神文化满足的各类事业与产业提供的产品及服务的消费，如教育消费、健身休闲、文化娱乐、旅游观光等。按照文化消费主体的不同消费层次来划分，文化消费可分为：基础型文化消费（如基本公共文化服务）、发展型文化消费（如艺术修养、继续教育培训等）和享受型文化消费（如文化娱乐等）。按照文化消费

---

① 文魁. 从文化规律看文博事业 [J]. 京企文博，2019（8）.
② 毛中根，等. 中国文化消费提升研究 [M]. 北京：科学出版社，2018：22.

所呈现的形态，可划分为：实物类文化消费与服务类文化消费。① 文化消费就是属于整个消费总范畴中的一种享受型消费。

二、文化消费的特征

（一）文化消费内容的精神性

文化消费内容的精神性是其本质属性和特有属性，该特征主要体现在消费目的与消费结果的精神性上。首先，文化消费的目的是精神需求的满足。文化内容凝聚了他人的精神劳动，表达了特定的文化规则，具有精神意义和价值。文化消费的客体无论以实体形式存在，还是以虚拟形式存在，或是以服务形式存在，均是为了满足消费主体的精神性需求，以精神体验为消费方式。其次，文化消费的结果是消费者在精神上的满足，它包括审美的享受、意义的获得、价值的思考、智力与精神世界的提升等。总之，正是由于文化消费内容的精神性，才使得文化消费的主体与客体、目的与结果实现良性互动。

（二）文化消费能力的层次性

由于传统的文化消费需要能够满足主体对享受、发展等多种层次的需求，因此消费主体必须拥有与传统的文化消费相适应的一定的知识、经济以及理解能力，也就是说文化消费具有一定的门槛。首先，文化消费必须具备知识性的门槛，只有具有一定知识储备并达成一定认知的人，才能顺利进行文化消费。例如，网络文化的消费者离不开对互联网载体与传播规则的认知，如果连基础的电子设备都无法操作，自然无法进行网络文化消费。其次，文化消费具备经济门槛，因为文化消费往往依靠于物质载体而存在，必然需要消费者具备一定的经济基础，而文化消费作为享受型消费，其价格必然高于一般生活必需品的价格。

（三）文化消费的传承性

文化消费具有时间上的延续性，这是因为在文化产品和服务的消费过程中实现了文化内容的传播、传递与继承，即文化消费是文化传承的主要方式，文化通过文化产品的生产与消费得以广泛传播。例如，人们在阅读《红楼梦》的时候，能够了解明清时期的生活面貌；欣赏《亮剑》影视剧时，能够体会到革命前辈的红色文化精神。文化通过多种多样的产品和服务消费形式，为人们所接受和熟知，进而通过大众消费得到传播。

（四）文化消费的娱乐性

娱乐性文化消费在当代文化消费中的占比逐渐增加。在现代都市生活中，巨大的生存压力促使消费者希望通过影视表演、游戏运动、服务体验等文化消费进行身心的放松。文化消费为消费者带来了身体感官的放松，进而引发深层次的精神愉悦。各种娱乐消费催生了文化消费的热点，例如，"粉圈文化"消费、"双十一"购物狂欢节，其表现出一时性消费的娱乐性特征和文化消费的娱乐性特征。

（五）文化消费对社会文明的促进性

文化消费是社会生活文明中基础且重要的一部分。流通于文化消费市场的，不仅

---

① 毛中根，等. 中国文化消费提升研究［M］. 北京：科学出版社，2018：23.

有无形的文化社会符号意义，也有可量化的知识。尤其在数字经济时代，文化消费受众越广，消费群体越多，越容易形成对主流文化的认同，越有助于文化强国的建设，从而促进社会文明程度的提升。

第三节 我国文化消费的发展

一、我国文化消费发展取得的成绩

随着我国社会生产力的不断提高以及对文化事业的不断重视，我国文化事业取得一定进步，居民文化消费水平有较大提高。《2018 年文化和旅游发展统计公报》显示：2018 年全国 6 万家规模以上文化及相关产业实现营业收入 89 257 亿元，比上年增长 8.2%。全国各类型的文旅单位有 31.82 万个，其从业人员有 375.07 万人；全国公共图书馆流通总人次 8.20 亿，比上年增长 10.2%；群众文化机构全年共组织开展文化活动 216.39 亿人次，比上年增长 10.9%。图 8.2 显示出自 1978 年改革开放以来，全国文化事业费的规模及增长率变化趋势。从总量上看，1978～2018 年全国文化事业费始终保持增长态势，2018 全国文化事业费达到 928.33 亿元，是 1978 年 4.44 亿元文化事业费的 209 倍。增长速度上看，从 1985 年开始，全国文化事业费投入的年增长速度大部分保持在 15% 左右，保持较稳定增长。①

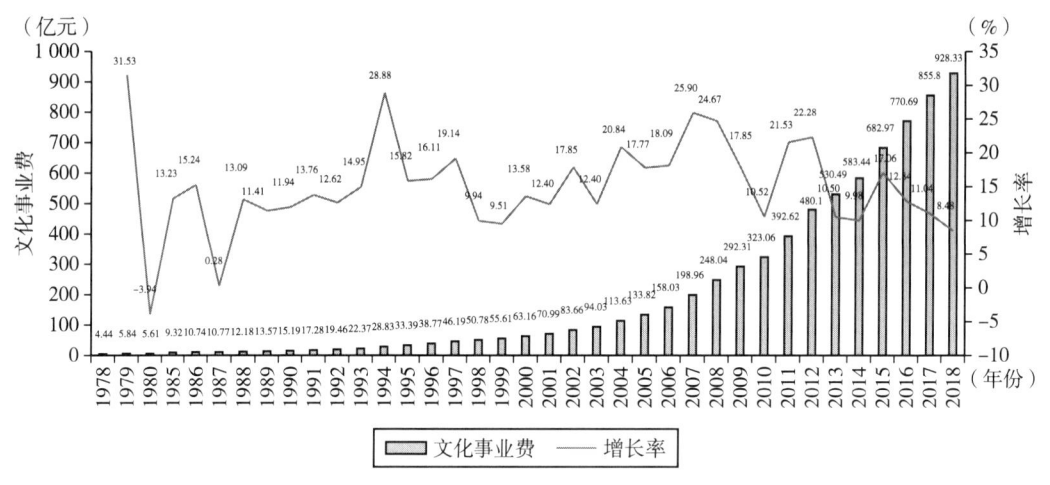

图 8.2 全国文化事业费变化

注：取值年份为相关主要年份。
资料来源：《2018 年文化和旅游发展统计公报》。

二、我国文化消费过程存在的问题

我国的各类文化产品消费市场的总体形成期相对较晚，20 世纪 80 年代以后才开始

---

① 中华人民共和国文化和旅游部. 2018 年文化和旅游发展统计公报 [EB/OL]. http：//www.ce.cn/culture/gd/201905/30/t20190530_32220256.shtml, 2019-05-30.

逐步进入快速健康发展的黄金时期，因此该消费市场仍然存在着长期发展不充分的基本现状。文化产业的绝大部分市场资源主要集中在我国东部和南方城市的中心地区，全国的文化消费市场呈现出区域发展不平衡、城乡发展不平衡的基本特征。

（一）文化消费发展城乡不均衡

2014~2018年的全国城乡居民人均文化娱乐消费支出如图8.3显示，2014~2018年，我国农村居民无论是文化娱乐的消费支出额，还是文化娱乐的消费支出占总消费支出的百分比，都远远落后于城镇居民的水平。2018年全国城镇居民人均文化娱乐的消费支出为827.4元，而农村居民人均文化娱乐的消费支出大约是280元，城镇支出是全部农村经济性支出的3倍以上。从农村居民消费质量上来看，2018年农村地区文化娱乐类消费占总消费支出的2.3%，城镇地区居民的文化娱乐类消费占总消费支出的比例大约为4.9%，是农村的两倍以上。总之，农村地区居民的传统文化消费水平远远落后于城镇地区。

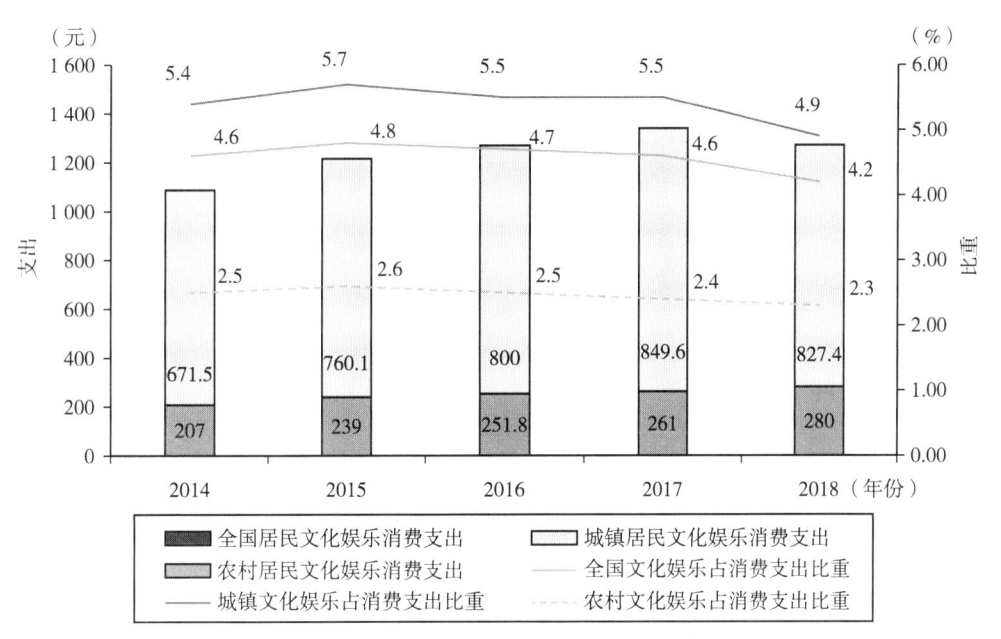

图8.3 全国城乡居民人均文化娱乐消费支出

资料来源：中国知网数据库。

（二）文化消费发展区域差异大

我国在文化消费方面的区域差异十分明显，从图8.4可以清楚地看到，大城市（如北京、上海、天津）和东部沿海省份的文化娱乐消费支出水平相对较高，其中上海人均文化娱乐消费支出已经达到2 786元，浙江省人均生活性文化娱乐支出已经达1 259元；与之形成鲜明对比的地区是位于我国中西部的一些欠发达地区，以陕西、甘肃为主要代表的西北地区，以贵州、云南为主要代表的西南地区，以及东北地区、中原内陆地区的人均娱乐性消费支出都相对较低，其中西藏的人均娱乐性消费支出仅为200元，不足上海的1/10，不足浙江的1/6。此外，人均文化娱乐消费占消费总支出的比重表现出不同的地区差异。

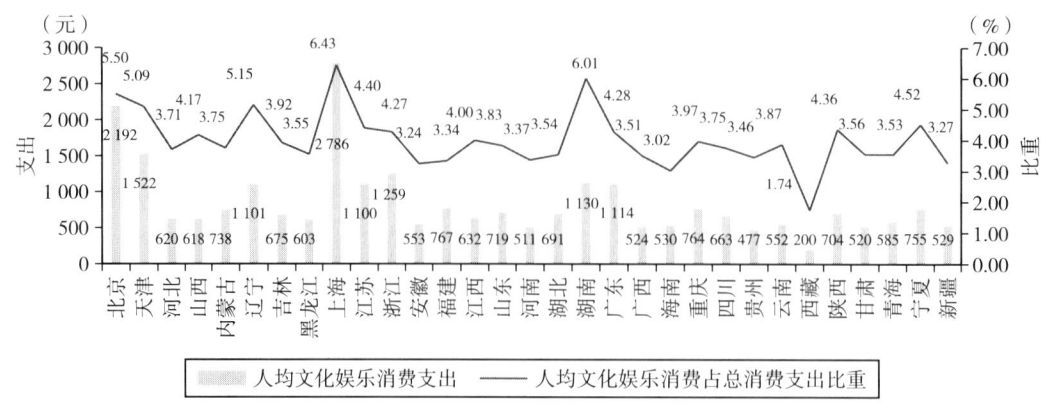

图 8.4 2018 年各地区居民人均文化娱乐消费支出

资料来源：中国知网数据库、《中国统计年鉴（2018）》。

三、我国文化消费的热点领域

（一）新兴的文化消费

随着新一代科技的广泛应用，文化产业的发展已经呈现出信息化、智能化和跨境融合的趋势，市场上涌现了一批高速发展的、创造性强的新兴产业。文化产品和服务从生产到传播再到消费整个链条都在向数字化转变，数字内容、动漫游戏、电子视频直播、电子媒体、移动通信媒介以及手机出版等新兴文化产业已经成为促进文化产业持续健康发展的新驱动力和新的增长点。数字文化产业的形成与发展不仅给文化消费者提供了新型文化产品与服务，创造了文化消费的新形式与新模式，也给我国扩大内需创造了一个新的消费增长点。

> **扩展阅读**
>
> **数字化文化消费盛行**
>
> 疫情期间，不少音乐演出、场馆展览等线下文化产品向线上迁移，打破了时间、空间、场景的限制，越来越多的观众可以自由地享受多层次文化产品与服务。截至 2020 年 6 月，我国拥有 8.88 亿网络视频（含短视频）用户、5.62 亿网络直播用户，其中游戏直播用户有 2.69 亿，演唱会直播用户有 1.21 亿；移动网络用户 60% 以上的"冲浪"时间都分配给了数字文化消费，"线上生活"渐渐成了文化消费的主战场。新技术的变革满足了多元化的消费诉求，而科技的不断发展加速了文化产品层出不穷的形态更迭，催生更多的文化消费场景。
>
> 资料来源：田卉，向桃，兰亚妮，白雪蕾. 数字时代让文化消费更有品质 [EB/OL]. http: // backend. chinanews. com/cul/2020/11－20/9343013. shtml，2020－11－20。

国家统计局的全年数据分析报告结果显示，2019 年来，全国规模以上的从事文化及其他相关产业领域的民营企业累计实现全年营业收入 86 624 亿元，按照行业可比性的口径进行计算，比上一年同期同比增长 7.0%。《2019 年度数字阅读白皮书》最新数据分析报告结果显示，2019 年中国数字阅读行业全年整体市场规模已经累计达到 288.8 亿元，增长率高达 13.5%；2019 年中国的各类数字电子读物阅读者平均接触 20 本以上电子读物的用户的占比达到 53.8%，较之去年同期同比上涨 3.4%。此外，新兴产业发展叠加了文化创意，颠覆了传统文化的拉动消费。虚拟混合现实、增强混合现实、全息三维成像、裸眼三维影视图形信息显示、交互式在线娱乐搜索引擎技术研究成果开发、互动影视等新型沉浸式娱乐技术的快速发展、装置技术普及和教育内容技术创新的快速发展，催生了我国新一轮的产业文化和教育消费技术革命。①

（二）体验式、场景化的文化消费

随着人们需求层次的提高，人们不再满足于传统的文化消费形式，不再停留在单一产品的购买或单纯的阅读、观看的层面上，而是越来越注重参与性、互动性。首先，空间设计和场景营造将给消费者带来多层次、复合型的体验。越来越多的传统商业空间，包括书店、商场、咖啡厅等，向综合性服务和体验空间转型升级。其次，文化与旅游的结合推动了以文化创意为核心的体验型旅游消费的发展。"深度旅游 + 文化体验"式的文化旅游兴起，旅客可以一边欣赏自然风光，一边学习当地的非物质文化技艺，还可以品尝当地特色的小吃，其旅游过程更具创造性，文化内涵得到提升。

扩展阅读

实体书店的文化转型之路

中国的实体书店正以文创设计与城市文化为引导，走向转型之路。国内比较成功的新型书店有：诚品书店、西西弗书店、方所书店、单向空间等，这些书店的创新经营模式突破了一般的传统书店，将书店转化为多元的和动态的文化空间。它们依照主题和生活场景进行书籍分类，将文创产品、家居用品有机融入书店布局中，并增加艺术教育、文化沙龙、互动体验、文化创意产品的销售等多种功能，不仅可以为人们展示出文化具有的多元性，还可以利用一系列的活动逐渐建立更深层次的社会关系，书店里不仅只陈列售卖书籍，还充斥着人文、艺术和生活的气息。

实体书店要充分顺应时代的发展，通过多维的形态，建立完善的机制。在场景化消费模式下，书店拥有的自由梦想以及较强的创造力可以塑造人们原有的阅读方式。

资料来源：崔明，等. 文化社交——新零售背景下实体书店转型之路 [J]. 编辑之友，2019 (3): 28 - 33。

（三）文化消费更精细化、圈层化

文化消费形态向多元化发展，针对不同细分市场和差异化消费需求的文化产品和

---

① 2019 年度中国数字阅读白皮书：探索全民 5G 阅读沉浸式体验新时代 [EB/OL]. http://www.gov.cn/xinwen/2020-04/23/content_5505479.htm, 2020 - 04 - 23.

服务日益丰富，并向品质化、精细化、定制化发展。分众式的文化消费日趋普遍：随着人们需求层次的提高和消费理念的转变，文化消费的精神属性将越发突出，市场上会出现越来越多个性化、复合型的文化产品和服务，来满足人的多维度感官需求和情感需求。同时，随着消费主体结构的变化，"新世代"将引领消费主流，儿童和老年消费群体成为文化消费增长的新驱动力。

> **扩展阅读**
>
> "新世代"的文化消费
>
> "新世代"消费群体指出生于 1980 年以后的消费群体。他们的消费欲望更强，成长势头强劲，将逐渐成为推动文化消费增长、引领文化消费新潮流的主力军。"新世代"消费群体的消费观念更开放，在收入的支配上更加自由，尤其是享受型、休闲娱乐型消费的比重增加。在文化消费内容上，他们更关注时尚、个性和富有创意的文化产品和服务，如博物馆文创产品、网络文学及 IP 改编影视、特色主题旅游等。在文化消费业态方面，"新世代"是动漫、游戏、网络直播、知识分享和短视频等新业态的主流消费群体。尤其是以"95 后""00 后"为代表的"Z 世代"消费群体，随着其财富的不断增加和消费能力的提高，将成为文化消费的引领者以及推动新业态发展和文化消费方式更新升级的主导力量。
>
> 资料来源：闫晓虹. 中国文化投资发展报告 2020：行业发展有五大趋势 [EB/OL]. https：//baijiahao. baidu. com/s？id = 1675081494121225509&wfr = spider&for = pc，2020 – 08 – 05。

（四）健康与养生文化消费成为热点

文化产业与健康、养老等产业的融合，激发出了新的消费热点，其中既包括与医疗、健康、养生、养老直接相关的消费，也包括其他以绿色、健康生活方式为主题的多种文化消费形式。一方面，健康与养生的观念已经深入人心，随着居民生活水平的提高和消费理念的进一步转变，人们的消费方式将会变得更加健康、绿色和可持续。以慢生活、健康生活为特色的主题旅游以及生态休闲、养生体验类消费活动越发受市场青睐。另一方面，养老产业及相关的各种医疗服务业快速发展，养老消费市场也在进一步扩大。老年人的精神需求和文化生活越来越多地受到关注，养老与智慧医疗、特色旅游、休闲娱乐的结合成为新的发展热点。

第四节　文化消费与消费文化

一、消费文化的含义

消费文化泛指在一定历史时期或者某个阶段中，人们在各种物质生产与精神生产、社会经济生活以及各种消费行为和活动中表现形成并发展出来的各种消费意识形态、消费行为、消费环境等的总和。消费文化主要包含：物质性消费文化、精神性消费文化和生态性消费文化，这些类型的消费文化均是社会文化的重要组成。消费文化本身就具有一种被普遍性规定的文化属性。

现代消费文化主要是通过大众传媒、商业品牌、购物中心等多种形式发展起来的一种社会符号象征与价值，它直接反映了全球化背景下大众消费社会的生活方式、生活格调与价值取向。现代消费文化既是现代化一定阶段的物质文化形式，又是分隔社会地位的社会文化形式，同时也是包含人们情感需求的精神文化形式。消费文化中的自由精神等特性，本身是一种对人性与现代性的价值态度；但同时消费文化的实践，又包含了现代性现象与价值分析的不同立场。

二、消费文化的东西方差异

由于东西方的传统文化差异较大，其消费文化同样具有较大的区别。中国传统的消费文化具有浓厚的小农经济色彩，保守、节俭、从众和趋同是其典型特征。中国人喜欢储蓄，注重节俭消费，这与中国历史上2000多年的封建社会制度有关，封建统治时期中央权力集中，人民主要从事农业劳动，靠天吃饭且赋税繁重，人民收入水平低下使得购买力普遍较低。再加上中华民族多灾多难，饥荒、战争、瘟疫时有发生，百姓甚至连基本的温饱型消费都难以满足。由于后代生存的不确定性偏大，传统的中国人一有钱就会存储起来，以备不时之需。此外，中国传统文化受儒家思想影响深远，"家文化"的观念根深蒂固。这使得中国人对房屋格外的看重，一旦拥有较多资金，就会倾向于投资到房地产领域。甚至在现代社会，很多中国人都会将一生省吃俭用的积蓄用在房屋购买上，这一项重大支出会挤占日常消费的空间，导致传统中国人的享受型消费所占比重较小。但是随着新生消费群体的崛起，这一现状有所改变，中国年轻人的消费观念较长辈更加开放和前卫，提前消费的理念也逐渐盛行，这大部分来自西方消费观念的影响。

西方人的消费观念受消费主义的影响较深。欧洲文艺复兴以后，浪漫主义的盛行，导致社会中消费主义盛行。西方社会宣扬解放天性，人们愿意及时行乐、打破欲望禁忌、追逐物质享受。伴随着几次工业革命的到来，西方传统的社会阶级遭到破坏，人们的购买力迅速增加，物质欲望得到更大程度的解放。因此，西方的消费文化开放自由，消费者不偏好储蓄，注重提前消费。

三、文化消费与消费文化的关系

（一）文化消费与消费文化的区别

文化消费和消费文化是两个独立的概念，它们有本质的区别：文化消费本质上是一种消费行为，而消费文化本质上是一种文化。它们的含义和所强调的重点不同：文化消费重点在于消费，它是消费活动的一个重要组成部分，是满足精神需要的那部分消费；消费文化侧重于文化，它是文化的一个切面，是对应消费领域的那部分文化。消费活动是消费主体在消费环境中作用于消费客体的过程，文化消费活动自然受消费文化这一环境因素的影响，不同文化群体对文化消费产品及服务的消费结果会体现出一定的共性。因此，文化消费与消费文化是两个独立的概念，只不过两者在消费活动的变迁中会相互影响。[①]

（二）文化消费对消费文化的影响

文化消费作为一种消费实践，决定了与精神需求相关的消费文化，而这部分消费文化正是对文化消费实践的反映。不同社会发展阶段、不同民族和地区、不同阶层和群体的消费活动方式和行为特征不一样，从而形成了不同的消费文化，精神消费需求的转变、层次的提高和结构的升级推动消费文化不断地发展演化。随着社会生产力发展和人类群体的迁徙，一定区域和群体的文化消费对象改变会产生新的消费文化。

（三）消费文化对文化消费的影响

一定区域和群体消费文化的变迁影响着文化消费对象的选择。首先，影响消费的因素有很多：个人角度除了经济能力这种外在因素，还包括消费观念这种内在因素；社会角度除了供给条件、市场环境以外，还包括消费文化。这些因素共同引导和制约消费行为。消费文化的差异表现为消费理念、消费倾向、消费习惯和消费价值取向的不同，在消费的客观条件相同的情况下，消费行为和决策上的差异主要是由消费文化的不同所决定的。

此外，文化消费相较于一般的物质消费，更深刻地受到消费文化的影响。在消费社会中，消费的文化含义和精神需求越来越受到关注。休闲、娱乐等享受型消费大大增加，以满足人们不断增长的精神消费需求。消费主义思想潮流使得消费活动本身变成了一种精神需求，人们通过消费符号来得到精神的满足。这种消费功能的转变、消费需求和价值观念的转向，为文化消费的发展奠定了基础。

第五节　新时代的文化消费战略

我国已经进入一个新的历史时期，新的社会主要矛盾也随之出现，人民日益增长的美好生活需要意味着人们的需要已经不再只是单纯的物质消费和需要，而在更多层面上是精神的满足。在这个层面上，要想缓解当今社会的主要矛盾，就需提高精神文化产品与服务的供给水平，而提高供给水平的前提是树立起本民族本国家的文化自信。中华传统文化是文化自信的深厚基础，而文化产品与服务正是文化传统绵延继承的载体。因此，需要做到以下几点。

一、鼓励文化创新

我国拥有上下五千年的历史渊源，文化底蕴深厚且文化融合能力十分强大。在这遥远的历史长河中，不乏珍贵的文化宝藏，它们都具备着鲜明的民族特色，只要加以创新，必将散发出巨大的活力。此外，当代国人的文化水平整体提高，他们对本民族

[①] 毛中根，等. 中国文化消费提升研究［M］. 北京：科学出版社，2018：23.

文化有热忱，国内文化消费潜力巨大，但这需要当代文化产品供给者不断创新、更新传统文化的表现形式，以新颖的内容和形式来满足人民的文化需求。

> **扩展阅读**
>
> **博物馆文创产品风格多样**
>
> 　　故宫博物院的文创产品受到年轻一代的广泛欢迎，这打开了文创新市场，给全国其他博物馆提供思路。随着《国家宝藏》这一类文物综艺节目的热播，多地的文化博物馆推出风格多样的文创产品。比如：
> 　　1. 苏州博物馆——文衡山先生手植紫藤种子。
> 　　每年金秋时节，苏州博物馆的紫藤种子上市。一棵由文徵明种植的紫藤树如今已有400多年的历史，每年，老藤的种子都会落在地上，于是，博物馆将其做成了文创商品。而且因为种子有限，这款产品每年都是"限量款"。
> 　　2. 陕西历史博物馆——葡萄花鸟纹香囊球镂空挂件。
> 　　唐代的葡萄花鸟纹银香囊是一件来自盛唐的金银器，它的葡萄和锤揲工艺由西域而来，香囊内有陀螺仪的技术，被人称作大唐的"黑科技"。这款香囊挂件制作工艺复杂，利用巧妙的重力原理，无论怎么转动都能保持平稳不会倾倒、香料也不会洒落。
> 　　3. 上海博物馆——青花缠枝精酿白啤。
> 　　上海博物馆的啤酒珍贵之处在于酒罐。这些啤酒罐上的精美图案都有出处，比如南宋朱克柔的缂丝莲塘乳鸭图、清代乾隆景德镇青花缠枝莲纹双耳瓶、战国早期的镶嵌画像纹壶、米芾行书《多景楼诗册》等，具有很高的审美价值。
> 　　资料来源：张樵苏. 开盲盒能体验考古的快乐，你想试试吗？[EB/OL]. http://www.xinhuanet.com/local/2020-12/05/c_1126823681.htm, 2020-12-05。

二、打造文化精品

近年来，我国潜力巨大的文化市场上新出现了很多不同的文化现象。如"网红""丧文化""二次元"等，这些文化现象的涌现改变了文化消费的内容和形式，也改变了我国的文化结构。与我国大量的文化消费需求不相称的是，我国当今的文化精品生产乏力。例如，当前中国的电影国际影响力与我国政治经济的国际影响力、国际地位很不相称。电影市场存在着生产的影片数量多，实现出口少；参加公益性对外交流、海外艺术院线的影片多，进入外国商业院线和主流电影界的电影少等问题。

三、走出国门，彰显文化魅力

中国不断开发和开放国内的文化消费市场，并且坚持拓展国际世界的文化消费市场。中共十九大提出，应该加强国际国内文化交流，不断提高国际传播能力，向世界展现出更加真实和全面的中国形象，进而提高我国的文化软实力。因此，可以通过建立文化消费战略，增强国际交流传播，增强民族自豪感和文化认同感，树立文化自信。

【扩展材料】

一、相关政策文件

1.《中共中央关于制定国民经济和社会发展第十四个五年规划和二〇三五年远景目标的建议》

2.《文化和旅游部 国家发展改革委 财政部关于开展文化和旅游消费试点示范工作的通知》

3.《国务院办公厅关于进一步激发文化和旅游消费潜力的意见》

二、案例

垃 圾 分 类

垃圾分类是人类经济和社会生活的一次文化蝶变，深刻改变着人们对人与自然关系的认知和业已形成的生活习惯。

垃圾分类是人类经过废弃、堆积、填埋、焚烧的实践探索后，能够使垃圾尽可能回收利用、再资源化的科学选择。

所谓分类，是指对混杂对象进行分门别类的条理化归类处理，使得原有混杂对象由无序变为有序的科学方法。分类是人们认识和改造客观世界的科学方法。分类被运用到垃圾处理，就始于垃圾的混杂性。

认识垃圾分类的理论价值，还必须将其放到人与自然物质变换过程中，寻找其理论定位。从理论分析看，垃圾分类既不属于纯粹的消费过程，也不属于纯粹的劳动过程，但又不能不归属于人与自然的物质变换过程。我认为，垃圾分类处于两个过程的结合部，其理论性质是后消费和前劳动。

垃圾分类，从表面直接的作用看，是改变了垃圾的命运；从背后更深刻的意义看，是提升了人的文明素质。当垃圾分类真正成为人们的生活习惯时，人们眼中的垃圾就不再是脏、乱、臭的旧形象，而是催生出敬畏自然、防止污染、守护家园、节约资源、尊重他人、关爱社会等一系列新的文化理念。一次，当我不小心把玻璃瓶摔碎时，垃圾分类的理念，使我不得不思考，碎玻璃究竟应该归到哪一类垃圾？然而，更强烈的意识，是担心不要扎伤垃圾分类的工作人员。这些想法，在垃圾分类之前，是不可能出现的。垃圾分类提升了人的思想境界。

资料来源：文魁. 学理探究与文化蝶变：垃圾分类的理论思考[J]. 城市管理与科技，2019, 21 (6)：34 - 35.

【思考题】

1. 请分析当今中国文化消费的发展趋势和热点。
2. 请分析文化消费所包含的其他特性。
3. 请分析中国文化消费发展过程中的特点与不足。
4. 简述文化消费与消费文化的区别与联系。

第九章
数字消费

第一节　数字消费的内涵及特点

一、数字消费的内涵

数字消费属于信息消费的一种,广义的信息消费所包含的领域涉及社会消费的方方面面,如文化、教育、娱乐、通信、医疗等;狭义的信息消费主要是指对信息产业所提供的各种信息产品和服务的消费。

数字消费是指人类社会针对商品的数字内涵而发生的消费,数字消费有两个基本含义:一是消费有数字性能的商品或服务,如无人机、智能家居、智慧健康等;二是基于数字技术的新消费模式,如互联网购物、移动支付、数字货币等。[①]

在数字时代,消费市场是以针对每个商品所表现出的数字内涵为基础而进行的消费。生产单一的工业品已然不能满足现在市场的需求,无论是工程机械还是日用百货,都需要具备数字和文化内涵,如具有连接购物、数据采集和分析功能的冰箱等电器。当产品被赋予数字性能之后,其消费模式就会随之发生改变,而这些消费方式会不断为市场注入新鲜活力,为企业带来多种多样的发展契机。

数字消费通过充分利用大数据、云计算、区块链等新兴信息科技手段,赋予了传统消费品、消费经济模式、消费经济手段、消费经济生态以新的消费价值和文化内涵。这不仅能够有助于我国塑造一个具有全球性的数字消费市场,形成新兴消费企业快速诞生的绿色社会主义消费土壤,也同样有助于有效促进我国传统消费企业的文化转型和消费升级。数字化和消费经济时代如今正处于推动中国适应市场经济快速发展和社会变革需要实现的新旧经济驱力和推动力相互转化的巨大历史变革时期。

二、数字消费的特点

(一)数字消费内容的多元性

在数字经济时代,传统消费内容逐渐实现了数字化转型,即可数字化的传统产品和服务逐渐进行了数字化转型。第一、第二产业可以通过"互联网+"进行数字化结构转型,不断提高产品的科技附加值。第三产业中的现代服务业与数字化融合比较快。

---

① 高一兰,黄晓野. 基于数字经济的消费金融发展问题研究[J]. 黑龙江社会科学,2020(2):66-70.

由于服务业中的很多内容具有非实体性特征，容易与数字技术结合而形成新的服务内容。例如，银行和保险行业的部分产品和服务逐渐向数字化转型，网上银行、在线理财和数字保险产品等顺势成为这些行业的新增长点，其交易模式也逐渐转为在线交易。

在数字经济时代，数据产业化创造了新的消费内容。数据产业化是指通过数据储备、数据挖掘和数据可视化等技术，对数字实现管理、开发和利用，进而形成数据产品，如网络操作、广告推送、大数据营销、搜索服务、数据定价和交易等。数据产业化发展过程中带动了数字产品服务的新消费，其内容涵盖新闻资讯、社交娱乐、短视频、教育培训、知识学习等各个方面。总之，无论是传统消费内容数字化，还是数据产业化发展都依靠数字技术来形成多样化的产品和服务，使得人们的消费选择范围更加广泛。

（二）数字消费内容的虚拟性

随着收入的增加，传统的衣食住行中的物质化内容比例逐渐降低，人们消费中非物质类的商品越来越多。例如，以互联网为载体的视频、图片、音频和文字等成为人民越来越重视的精神享受内容。在工业经济时代，劳动力价值的内容主要以物质内容为主，而在数字经济时代，劳动力价值中精神层面的内容越来越多。例如，网上娱乐、通信视频、数字教育、社区论坛等都是在网络虚拟空间中完成的。人们可以购买虚拟产品或信息产品来满足自己的各种需求。商品的虚拟化，使得人们的消费模式发生了改变，网络空间成为人们获得虚拟消费商品的新场所，虚拟商品的需求规模不断扩大。

（三）数字消费内容的多层次性

随着我国经济高速发展，物质和精神产品实现了极大丰富，居民的收入水平不断提高。市场供给能力和需求能力的双向扩张，为居民的个性化消费提供了基础。在数字经济时代，凭借数字技术形成的新产品、新业态和新模式进一步催化了居民消费需求。不同的消费者关注不同产品和服务的不同点，在功能、设计、品牌、体验、服务等方面提出了个性化的要求。例如，对于新闻资讯，不同的消费者会关注不同的内容。

另外，由于地区、居民收入、生活习惯、文化素质等的差异，也必然会使数字产品和服务的需求不尽相同，如数字产品和服务的质量、数量以及类型等。这也必然决定了数字消费的多样性和多层次性。数字消费与其他类型的消费一样，符合从低级到高级的规律，并且其过程是数字内容吸收、继承、积蓄和知识突破再创新的层次性过程。

（四）数字消费形式的参与性

数字消费作为一种信息消费，它是一种包含信息"再创造"的消费行为，对任何一种信息的接受和理解都无法离开人的参与。在数字消费的行为中，一定程度上，消费者的地位从"消费者"向"生产者"进行转变。网络所能够提供给消费者的只是消费机会和可能性，真正消费什么以及消费者自身对消费的期望是由他们"再创造"决定的。

此外，数字消费过程的参与可以使产品得到增值。在数字消费的过程中，消费者把已有信息与消费过程中获取的信息产品进行知识处理与知识再生产，生成新的信息，增加了原有数字产品的价值。所以，数字消费行为本身是一个信息增值、产品创新的过程，数字消费还可以对居民消费起到促进作用。

（五）数字消费形式的网络性

从数字消费的形态来看，数字消费大多是依托互联网而发生的，互联网已经发展成为一种数字化的生产与消费相结合的综合型平台。在数字经济时代，人们的消费模式发生了巨大改变，网络和平台逐渐占据了消费渠道的主导地位。快速发展的新零售业已经成为人们赖以生活的新方式。在数字经济时代，网络成为连接生产者、供给者和消费者的中间纽带，通过信息传递和互动，消费者可以获得个性化的商品和服务。互联网的快捷和便利使得消费突破了时间和空间的限制，使得消费边界不断扩展。消费者可以在网络上购买家电、书籍和日用品等，还可以购买虚拟化的产品和服务。消费者通过手机等移动终端就可以完成商品的筛选、购买、评价和服务的预订等。这极大地方便了居民生活，提高了资源配置和使用效率，深刻改变了居民的消费模式和习惯，也带动了新经济的快速发展。

此外，数字化的消费还具有独特的网络效应，即数字产品的价值在某种程度上受使用该产品的用户规模影响，使用该产品的用户越多，该产品所包含的价值量就越大，它对消费者的吸引力越强，它为消费者带来的效用值也越大。

第二节　数字消费的产生与前景

一、数字消费的产生

（一）数字技术的革新

数字经济最早出现于20世纪90年代，是继传统农业经济和现代工业经济之后较高层次的一种经济形态。数字经济的发展离不开数字技术，它主要包括两个部分：一个是传统产业中数字技术的提升，如大数据融合、"互联网＋产业"；另一个则是由于数字技术而产生的各种新技术以及各种新业态。伴随着数字技术的发展，人们的消费模式也发生了很大改变，进而产生数字消费。

1. 数字技术拓宽消费新领域

数字技术改变了居民的消费需求，拓宽了消费的新领域，更新了居民消费结构调整优化的新思路，催生了消费的新业态。在"互联网＋"的大背景下，电子商务迅速发展，2020年受新冠肺炎疫情影响，居民外出消费活动减少，但全国实物商品网上零售额却保持增长。餐饮、零售企业借助线上平台打造新的销售渠道，通过线上下单、无接触配送等策略保证了复工复产。此外，线上教育、线上医疗、线上娱乐等领域的快速发展，对活跃疫情期间萎靡不振的消费市场、提振"后疫情时代"经济起到了重要作用。总体来看，当前的数字经济体已经涉及居民生活的方方面面，其经营范围覆盖了消费者的各个生活工作领域。

2. 数字技术改变经济运行模式

互联网和移动终端的普及促使了社会生产率的提高，也推动了居民消费力的提升。经济体内的互联网金融服务为商业模式的数字化转型提供了一系列新型基础设施，它们共同构成了不断进化的互联网商业系统。以国内阿里巴巴公司为例，它的商业操作系统的影响范围，涵盖销售、营销、品牌等11个要素，这些要素基本涵盖了一个企业从起步到数字化的全过程。

新科技始终是商业模式发展演进过程中的重要推动力和促进者。随着"全渠道"融合、数据运营、智能化管理等措施的继续推行，商品数字化、服务数字化、供应链数字化等多维度全方位改造传统零售。无人零售、人工智能、大数据等新技术都将在未来的数字消费发展过程中起到积极作用。

3. 数字技术推动消费结构优化

依托大数据、"云计算"与深度学习等科技变革，生产者们可以有效地针对各种类型产品的使用价值进行需求分析，引导当代城乡消费者选择更合理、更有价值的产品进行消费。同时，由于移动物联网和互联网等电子科技向工业和生产应用领域快速推广和渗透，消费者就可以随时任意地去对接各类潜在的商品，并建立起供给侧和需求侧之间畅通有效的沟通机制，避免供需双重失衡，激发居民的消费创造新动力。数字经济模型通过推动对商品使用价值的充分挖掘，激发了居民的消费新动能，实现了整体的消费结构和产业链的优化。通过推动数字经济模型的创新和数字科学技术的应用，可以推动城市居民在文体、教育和投资等各个方面的消费占比提高。由于当前移动互联网的广泛普及和移动端的推广，居民消费需求结构的变化与其他因素的变革明显，数字经济的模式深刻影响着我国居民对于基础性生活设施消费、文娱类消费甚至是教育类消费等的各种支出方式。通过对数字经济模式的创新和对数字科技的应用，特别是对消费大数据所带来的商品流通环节的减少和市场空间障碍的突破，可以合理地引导城市居民的消费结构性变革，驱动三大类消费即生存型、享受型消费和开发型消费的一个层次转型升级和新的产业链优化。

（二）消费行为倒逼供给端变革

消费者行为的变化会推动企业与行业的深层次变革。通过传统数字化方式，利用线上或者线下的各类场景和接触点来满足不同时期消费者的需要，通过大量数据的积累与洞察来制定和产生新的供给需求，在供应端实现传统数字化的变革，这样才可以适应数字化时代的发展趋势。

1. 数字化的消费者行为变化巨大

在移动互联网普及之前的时代，产品品质和安全性是大多数消费者做出判断的第一个依据，当他们进入了移动互联网时代之后，自我的实现、价值观的认同以及社交共享已经成为影响大多数消费者认知活动的最重要的影响因素。消费者这种对于产品信息的认知从"形而下"转向了"形而上"的信息转变，直接地导致了消费者在购买商品前决策过程乃至于对品牌忠诚度指向内容发生了变化。

数字经济时代下的企业消费者已经不再仅仅只是一个主动倾听者、一个被动购买者，而是一个主动合作者，消费者也正逐步地占据市场主动权，成为整个企业生产经营过程中最积极的主动参与者。随着我们进入移动数字经济时代，人群的不断迁移、行为方式改变、触点的分散、途径的不断泛化、科学信息技术的不断进步，使得移动支付设备中基于用户的消费行为和其他的消费行为模式也随之不断进化。首先是消费者搜索所需品种或目标商品，这可以通过搜索引擎、电商官方网站等实现。一是通过品类搜索方式来进行对同类商品或其他服务的主动筛选和比较；二是直接在各大电商平台上搜寻到目标客户的商品，也有机会收到对同类商品的推荐信息。如果消费者主动理解并比较自己的行为之后认为有存在的需求，他们则会对某种商品感兴趣并且产生选择性的决策。如果整个包括软硬件、网络、支付系统在内的交易流程顺利有序，那么消费者便有机会去完成其购买活动。消费者在获取了产品或者服务之后，如果觉得体验不好，可以通过微信等社交媒体的方式进行分享。这一系列消费过程都会在线上进行，因此与之前相比，数字化的消费者行为有较大的变化。

2. 数字化消费者催生"新零售"

由于数字时代下的消费者长期沉浸在数字环境中，他们已经不再满足于单纯地接受品牌所发布的商品信息，而且信息途径和渠道的数字化和形式的多样性也使得他们进行逆向搜索以获取商品信息变成了一种可能。

零售的基本要素包括：人、货、场。在不一样的市场化阶段中，"人、货、场"这三个要素的关系也在不断发生变化。在物质短缺时代，"货"是第一位的，需求大于供给，只要保证产品质量即可保证商品的销售。到了我国传统的零售市场时代，物质信息资料丰富，"场"已经占据了其核心地带，只有在广告场所和商城的有利地带，才能够有更好的机会在众多品牌中脱颖而出。在移动互联网的新时代，"人"已经成为企业生产的一个关键点，只有把握住了企业和消费者真正的需求，才能最终赢得市场，成为行业领先。

从传统的消费者转型为数字化的消费者，经历了交易环境、信息传播环境、商品感知、广告媒介和广告效果几个主要方面的转型。交易环境由"面对面"变为互联网。信息传播环境从商品信息单一、对比条件有限、选择的范围狭窄、购买的时间和地域限制、售后服务体验较差，到商品信息的丰富、对比条件丰富、选择的范围广，不再受购买的时间和地域限制、售后服务体验良好。而商品感知也由真实性转向一定程度的失真。

二、中国数字消费的发展前景

（一）数字消费市场面临规模约束

消费者联网是数字服务消费的必需条件，这是一个硬约束。因此，国民上网总时长可以视为数字消费的市场规模。经过多年持续较快增长后，中国网络活跃用户数、网民平均上网时长等指标都呈现增长减缓甚至停滞的状况。根据 QuestMobile 发布的《2019 年中国移动互联网秋季大报告》，中国移动互联网月活跃用户规模在 2019 年 11 月已达到 11.35 亿人，截至 2019 年 11 月全年只增长了 299 万人，增长率只有 0.7%，用户增长已触顶。除了用户数，增速停滞的还有用户时长。中国移动互联网月人均单日使用时长的增速从 2018 年 12 月的 22.6% 下降到 2019 年 9 月的 7.3%。[①] 国民上网总

---

① QuestMobile 研究院. 2019 年中国移动互联网秋季大报告［EB/OL］. https：//www.questmobile.com.cn/research/report-new/69，2019 - 10 - 30.

时长高速增长的时代已结束，竞争变成了存量博弈。在互联网每年国民总时长相对稳定后，各类数字消费竞争激烈（如图9.1所示）。

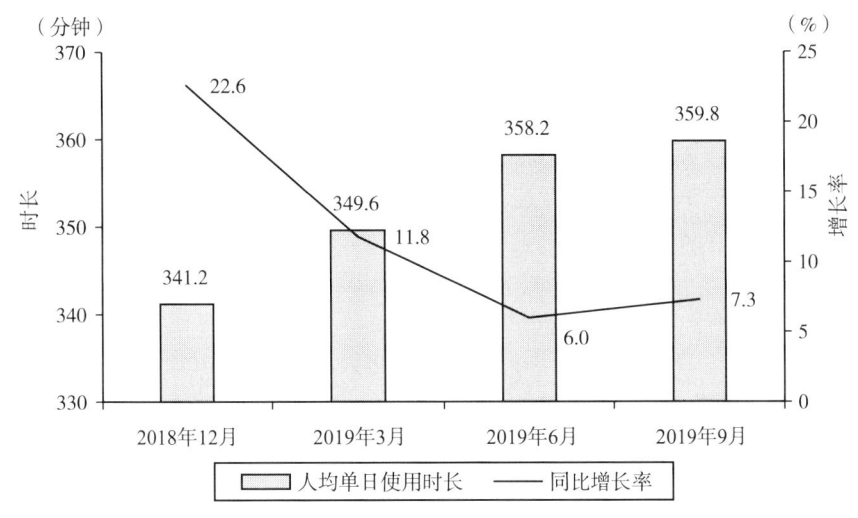

图9.1 中国移动互联网用户月人均单日使用时长

资料来源：QuestMobile Truth，中国移动互联网数据库，2019年9月。

（二）数字消费趋势

虽然总体市场规模一定，但是目前的数字消费还存在诸多热点，数字教育、智能健身、智慧家居等新兴产品都已经达到千亿级别的消费能力，随着5G高通量的信息和技术进步，数字消费的前景巨大。消费互联网正在发生一个质的变化，从商品与来源地和价格信息的链接，到商品与行为的新型连接，这些链接所需要的通信能力在过去难以得到满足。数字技术将从现在的以消费终端为基础的产品和零部件为主，直接发展到生产领域。数字化消费从传统的单品性消费拓宽到了生态性的消费、情境性的消费，智能家居、智慧出行、智能体育等改变了大部分消费者的日常生活。消费者需要的不是一个单品或简便的服务，而是整体性的设计，而这就需要平台自己做支持。因为平台能够将跨境的所有公司和企业都组合在一起，给每个消费者带来一个完整的场景。

1. 互联网教育

互联网教育是未来数字消费的一个热点。目前国内的远端上课技术同现场教学相比，仍存在诸多缺点。理想的教学活动需要教师、学生的互动参与，其中包括——同学与老师的互动、同学之间（如分组讨论）的互动。而在过去或当前的通信技术下，现场教学可以实现的互动方式和效果在互联网空间无法实现。如果将5G技术应用到远程教学工作中，就可以解决当前的问题，除了传送数字、文字信息之外，还可以实现音乐和体育的教学。

2. 互联网医疗

互联网医疗也是未来互联网消费的热点之一。当前的互联网医疗大多为远程会诊，远程医生可以根据病人的情况给出诊断和治疗建议,例如,看检查报告、通过"望闻问"这些传统的医疗手段,但这并非真正意义的远程医疗。真正的远程医疗可以通过5G 技术和更加智能化的设备来实现。例如,远程医生可以在外地进行手术操作,这对通信技术的要求极高,只有在非常完备、高质量的通信技术的保证下,这种远程精细操作才能完成。

3. 智能体育

智能体育是一种新的数字化消费形态。游戏电竞作为新兴的数字消费方式受到年轻群体的广泛欢迎,年轻人习惯在线上进行娱乐,新的游戏方式结合了数字、电子的乐趣,可以起到很好的锻炼娱乐效果,居民足不出户就可以在强身健体的同时不轻易感到疲惫。[①]

第三节 数字消费者行为及趋势

一、数字消费者行为

在数字经济下,城市和农村地区居民的消费均会表现出更为明显的示范效果,稳固性消费习惯也受到了挑战,居民的消费意识和购买方式倾向容易被周边环境所影响,互联网技术和大数据等信息技术的发展进步使得我国居民消费的交流速度和方式得以提升,更是极大地强化了居民的购买方式。跨期消费和超前消费正在逐渐催生其他网络消费的新理念,居民对于网络消费的新行为、新习惯正逐渐培育和养成,消费决策更具有合理性,消费习惯形成的时间周期明显缩短,居民对于网络消费品的各种心理学预防和动机也在增加。随着我国数字经济的实际可支配收入的增加,发达地区的居民享有高消耗性购物或者奢侈性购物的行为和习惯正在逐渐得以养成。

二、数字消费者趋势

(一)基于全渠道

中国的消费者开始从单纯依赖网购转变为线上线下融合购物,线上与线下的界限在不断模糊。线上与线下联合提供的服务叫作全渠道服务,它较好地融合了线上和线下两个消费渠道。这种服务方式在促销活动中,对中小城市的消费者更具有吸引力。因为实体销售渠道为物流不发达地区的消费者提供了更加人性化的便捷。此外,门店数字化是另外一种新奇的零售模式。门店数字化,即由"实体"与"数字化"组合而成,例如,消费者在门店内体验使用 AR 技术的交互式购物方式。

(二)基于数字媒介

目前,我国消费者青睐于使用社交媒体,而社交媒体在不断地创造需求并促使居民进行冲动式消费。社交媒体交互,包括与 KOL 互动、发布 UGC、拼单购物、观看直

[①] 清华大学江小涓:数字经济,解构与链接 [EB/OL]. https://www.mbachina.com/html/tsinghua/20201217/276220.html,2020 - 12 - 15.

播消费等方式，这些方法都会在一定程度上带动社交媒体使用者进行消费。社交媒体不仅可以提供一个平台供品牌商开展营销，还可以为消费者提供更便捷、更直接的新渠道。

（三）基于中小城市

随着我国一、二线城市的网络用户增长饱和，中小城市的年轻消费者或将成为下一个消费增长引擎。《2019年麦肯锡数字消费者趋势报告》显示，2019年我国中小城市的电商消费水平超过了一、二线大城市（见图9.2）。中小城市年轻消费者的网购率与大城市年轻消费者的网购率几乎相等。虽然中小城市的年轻消费者对价格依然敏感，但是他们对电商渠道的诉求具有特殊性。中小城市的年轻人在购买过程中，虽然也关心商品的打折幅度，但这却并非他们仅有的考虑因素，对于他们来说，亲友推荐及品牌专属等非价格因素也起到了重要的作用。[①]

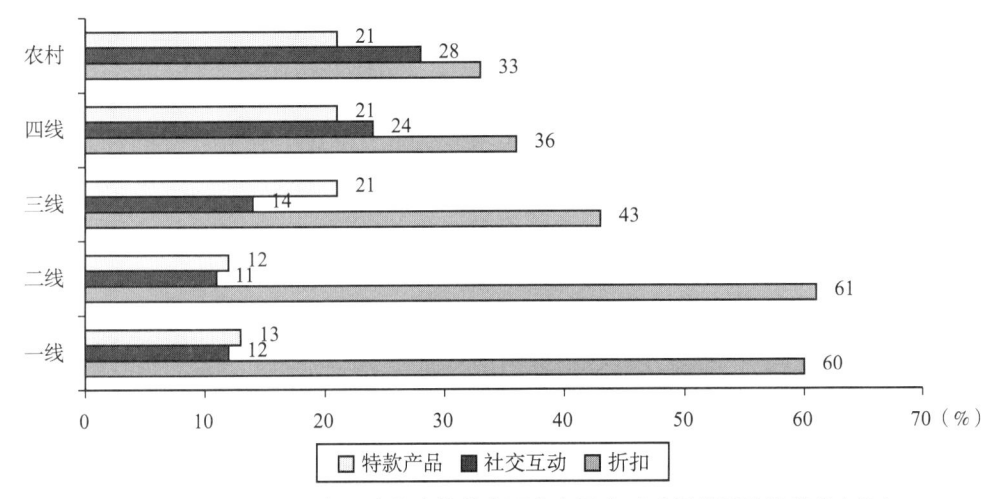

城市级别	特款产品	社交互动	折扣
农村	21	28	33
四线	21	24	36
三线	21	14	43
二线	12	11	61
一线	13	12	60

图9.2 "双十一"期间购物决策的主要考虑因素（跨品类网购消费者占比）

资料来源：2019年麦肯锡数字消费者趋势报告［EB/OL］. https：//www.sohu.com/a/348582954_726993，2019-10-21.

【扩展材料】

一、相关政策文件

1. 《数字乡村发展战略纲要》
2. 《关于发展数字经济稳定并扩大就业的指导意见》
3. 《文化和旅游部关于推动数字文化产业高质量发展的意见》

---

① 2019年麦肯锡数字消费者趋势报告［EB/OL］. https：//www.sohu.com/a/348582954_726993，2019-10-21.

二、前沿知识

中国数字消费领先全球

《2018 中国移动消费者调研》显示,中国数字消费领先全球。报告显示,中国用户的手机持有率和替换手机的频率都位于全球首位。2018 年,中国用户的手机持有率达到 96% 的高水平,比全球用户的平均手机持有率多了 6%。近年来,中国居民手机持有率高速增长的原因有很多。一方面,国产智能手机品牌不断崛起,从小米到 OPPO 系列再到华为,国内手机市场的竞争逐渐白热化;另一方面,中国通信运营商出台了一系列政策,在流量价格和使用规格方面不断放开。这些因素都为购买手机提供助力。

资料来源:2018 中国移动消费者调研:中国数字消费领先全球 [EB/OL]. http://www.cinic.org.cn/hy/zh/475333.html?from=timeline,2019-03-15。

中国数字消费市场下沉

三线城市及以下市场统称为下沉市场,这里的用户是消费升级最大的红利。物流基础设施的建设不断向小城市下沉,未来小城市的消费者将会拥有更好更快的网络购物环境。中国经济和信息化研究中心的数据显示,阿里巴巴的产品(或服务)在发达市场的渗透率已经达到 85%,在下沉市场的渗透率为 40%,这说明下沉市场具有强大的消费增长潜力,我国内需的增长空间巨大。

"小镇青年"(中小城市的年轻群体)的消费市场特别庞大,中国互联网行业在 BAT(百度、阿里、腾讯)之后,出现了 TMD(头条、美团、滴滴),又出现了 PKQ(拼多多、快手、趣头条)。其中,PKQ 备受中小城市年轻群体的青睐。新兴的互联网企业可以通过社交电商和社交零售,在下沉市场中获得一定的市场份额。

资料来源:人人都是产品经理. 万物生长:数字消费社会的底层逻辑(二)[EB/OL]. https://baijiahao.baidu.com/s?id=1661670989119987213&wfr=spider&for=pc。

【思考题】

1. 您认为当前数字消费具有哪些发展趋势?
2. 请分析数字化环境下,消费者有哪些行为变化?
3. 您认为中国数字化的下半场与上半场相比有哪些本质上的不同?

第十章
共享消费

第一节 共享消费的内涵及特点

一、共享消费的内涵

共享消费,也被称作协同性消费。近些年随着移动互联网的普及才开始得到巨大发展。共享消费指的是在不改变商品所有权的情况下,只分享商品的使用权。[1] 作为一种新兴商业模式,共享消费把"共享"和"消费"融合在一起,改变了传统消费的模式。

共享消费的本质其实就是整合闲置资源,让它们以较低的价格重新被利用起来。对供给方来说,可以获得一些经济回报;对需求方来说,可以通过租借满足自己的需求。

除了闲置资源外,较低价格、特定时间、所有权、使用权、让渡等也是共享消费的关键词。较低价格是共享模式能够"挤占"其他经济模式的核心优势。主要体现在两个方面:一方面,资源使用方支付的价格低于市场上其他渠道所需要支付的价格;另一方面,资源拥有方得到的价格低于闲置资源为自身服务时所能创造的价值。

特定时间指的是资源处于闲置状态的时间,这是资源用于共享时的一个限制条件。对于拥有资源所有权的一方而言,闲置资源在共享消费模式下,让渡使用权,可以实现更大的经济价值。

共享消费从两个方面创造价值:一方面,拥有资源的一方通过闲置资源取得收益;另一方面,资源的使用者通过较低的成本来使用资源,从而满足自己的需要。

二、共享消费的特点

(一)基于互联网平台

市场就是平台,平台就是市场。共享消费是基于互联网平台实现的。在网络平台上,人们可以共享信息、规则、信任,这些都推动了资源的共享。所以说,互联网是共享资源流通的通道。

就拿租车服务来说,通过网站、手机 App 或者微信小程序,车主都可以把自己的

---

[1] 阮晨晗,等. 共享消费研究综述 [J]. 现代管理科学,2018 (9): 103 – 105.

车辆信息登记出去，标明可供使用的时间段，供其他人来使用。在这个过程中，车主不需要去和使用者见面，也不需要自己去收费，这些都是依靠互联网平台完成的。

在共享消费的所有环节中，最重要的其实是信息的流转。现代的互联网平台提供了一个可供信息迅速流转并查阅的区域，这使得共享消费得以爆发。事实上，共享消费模式很早就有。例如，一百年前的人们也会在报纸上刊登广告出租自己闲置的房子，但是这种信息发布的方式成本过高，且交易时效也得不到保障，很难大规模的实行。其实，哪怕在传统互联网时代，共享的成本都会高于收益。今天，随着移动互联网时代的到来，信息的发布和流通成本才真正地降低下来，让共享消费得以实现。

网络平台其实起到的是桥梁作用，它为需求方和供给方搭建了一个沟通的平台，让信息流转的效率提高，最终促成合作的实现。

（二）分享闲置商品

共享消费模式的重点是对闲置资源剩余价值的再利用。在如今这个时代，闲置资源的数量其实非常巨大，这导致经济增长速度远低于潜在增长速度。所以，对于一个国家来说，如何处理闲置资源是一个很重要的问题。这样的背景为共享经济的产生创造了空间。

从共享消费模式的角度来看，闲置资源大略可以分为三类：闲置资产、闲置时间、闲置技能。闲置资产主要包括闲置的汽车、闲置的房屋等。针对这些闲置资产，很多企业提供了拼车、短租的平台，让这些闲置资产得以充分利用起来。闲置技能主要是人们所闲置的专业能力。以前，人们的专业能力通常只能在企业中实现，但现在，随着"河狸家"这样的平台兴起，人们的专业技能得到了更为广阔的施展空间。至于闲置时间，更多时候是伴随着闲置资产和闲置技能出现，比如在优步（Uber）上成为司机，就要消费掉自己的闲置时间。

共享消费的本质就是提高资源的利用率，让闲置资源得以充分的利用，从而增加整个社会的福利。

（三）使用但不拥有，分享替代私有

长久以来，人们都很重视财产使用的权利。一项资产，哪怕是自己闲置不用，也不愿意让别人来使用。不过，共享消费的出现逐渐瓦解了这一习惯。它所提倡的就是不求拥有，但求使用。

事实上，这种消费方式是很多人所无法理解的，因为大多数人都认为财产是排他的。当爱彼迎（Airbnb）的创始人将他共享房屋给外人住的想法告诉他祖父时，他的祖父认为这件事非常疯狂。在他们那个年代，共享房屋可能指的只是借宿到朋友家。但今天，由于互联网的介入，共享房屋突破了诸多限制，把虚拟网络中的人连接在了一起。

最先接受这种消费模式的是年轻人。一方面，年轻人大多不富有，比起拥有所有权，他们更愿意优先去体验使用权。另一方面，年轻人也更容易接受新鲜事物。例如，现在很多年轻的父母都开始参与一种玩具共享的项目。在这个共享平台上，家长们只要交一小部分钱就可以选择到孩子喜欢的玩具，而当孩子玩腻这个玩具后，家长又可以用其去更换新的玩具。这在以前是难以想象的。

第二节　共享消费的产生及优势

一、共享消费的产生

共享的概念很早以前就出现了。在传统社会里，朋友们互相借书、邻居们互相借东西，都可以算作是共享。只不过这种共享的规模通常不大。

现代共享的概念最早由美国得克萨斯州立大学社会学教授费尔逊（Felson）和伊利诺伊大学社会学教授斯潘思（Spaeth）提出的。其主要特点是，由第三方提供基础的交易平台，人们借助平台来进行闲置物品的交换。

2000年后，随着互联网Web 2.0时代的到来，各种网络社区和论坛开始出现。用户们开始在网上分享自己的观点和信息。这一时代的共享主要是内容共享，通常不涉及实物层面，在分享中也获得不了什么报酬。

2010年前后，随着优步（Uber）、爱彼迎（Airbnb）等一系列实物共享平台的出现，共享不再仅仅是无偿的信息分享，而是变成了有报酬、有收益的共享消费。共享消费的出现是很多原因共同作用的结果。

首先，科技和互联网的发展是共享消费出现的技术基础。这其中包括数据处理能力的提升、手机等移动互联网终端设备的普及、第三方支付平台的兴起等。没有这些科技的创新作为支撑，共享消费无法发展起来。

其次，闲置资源是共享消费出现的物质基础。工业化为这个世界创造了大量的商品，也产生了大量的闲置资源。这些闲置资源让人们有条件分享自己的物品。

最后，政策的实施也为共享消费的发展提供了机遇。我国经济发展进入新常态，共享经济被写入了政府工作报告中，鼓励共享经济的政策纷纷出台。这促进了共享消费的发展。

二、共享消费的优势

（一）基于"需求"或"供给"形成动态的产业环

传统经济的产业链是单向的，从生产商经过中间商最后到消费者手中，信息不对称等交易成本过高导致其效率受损（见图10.1）。而共享经济产业链是一个动态的生态圈，每个消费者既是共享物品的供给者，也是共享物品的需求者。这扩大了整个交易市场的外延，提高了经济运行的效率（见图10.2）。

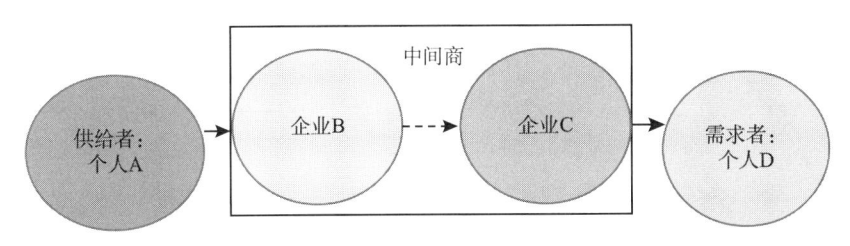

图10.1　传统产业模式下的产业链条组织形态

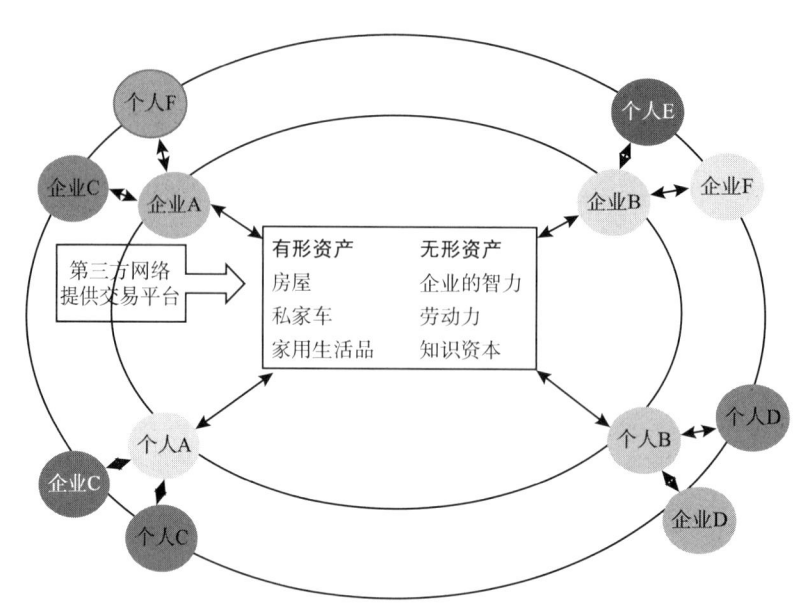

图 10.2 共享经济模式下的产业组织形态

(二) 价格优势

以 P2P 住宿平台为例，P2P 的住宿供应商似乎能够提供比传统酒店更低的价格。根据图 10.3 中所示，对比爱彼迎（Airbnb）和酒店的价格，以巴黎为例，住宿价格在 80 欧元以下的，P2P 住宿明显超过传统酒店，其占比都在 20% 以上；住宿价格在 50 欧元以下的，传统酒店的占比不到 5%。综合来看，住宿价格在 80 欧元以下的，P2P 住宿平台更具有优势，占比明显高于传统酒店；住宿价格达到 100 欧元以上的，传统酒店的占比明显提高，说明共享经济经营模式更具有价格优势。

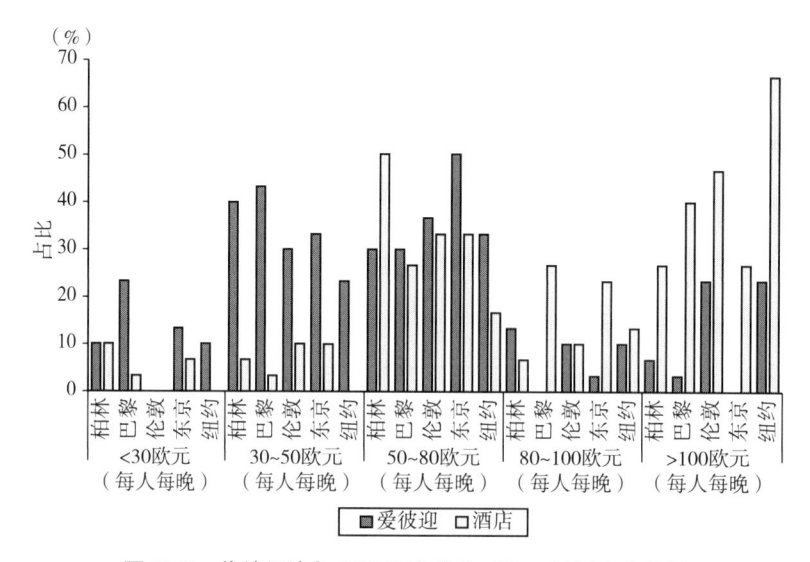

图 10.3 传统经济与 P2P 平台价格对比：以酒店业为例

资料来源：CIER。

如表 10.1 所示，从投入来看，P2P 住宿平台基于网络效应，以更低的私人资本投入和劳动力投入获得商业目的。例如，供给者已有购买房屋但闲置，便可以借助 P2P 住宿平台将单间屋子或者整套公寓以短期租赁的方式分享在平台上，只要雇佣极少的劳动力收拾房间。在入住前和入住中，在投入方面，P2P 住宿平台都比传统酒店更具有优势；从产出来看，P2P 住宿平台的比较优势是价格、效率以及减少信息不对称。

表 10.1　　　传统经济与 P2P 平台商业模式比较：以酒店业为例

	项目		酒店	P2P 平台
入住之前	投入	资本	投入资本很高，经济型酒店每间房间的投入是 87 000 美元（包括土地、建筑、利息费用、家具、设备、营销等）	最初平台的技术投入；业主很少的设备成本
			共享经济平台的低资本投入	
		劳动力/时间	酒店：网站建设、IT 支持，员工支持；顾客：搜寻成本、沟通成本	平台：平台建设，IT 支持，维护成本，一定的员工支持，边际成本几近于零；业主：一次性注册成本，沟通成本；顾客：一次性注册成本，搜寻成本沟通成本
		其他投入	除非大型连锁酒店，一般酒店的大数据能力有限	平台：基于网络效应，大数据可协助快速搜寻，信任
			共享经济的低劳动力投入	
	产出		可信赖的预定，动态的价格选择	多样化、灵活的供给，很低的进入壁垒；交易成本低，减少信息不对称，业务和客人通过网络效应获益
	比较优势		更加信任；酒店和顾客的初次协调成本低，但严重信息不对称	尽管协调的要求高，但交易成本低；共享效应、市场效率明显
住的过程	投入	资本	酒店维护成本高	平台：平台维护成本，自动结账系统；业主：运营成本；顾客：住宿成本
			P2P 平台的低资本投入优势	
		劳动力/时间	酒店运营成本高（服务、清扫、安保、管理）；顾客（入住/离店），问题解决	平台：24 小时服务；业主：入住/离店，发生问题时出现，投资信任；顾客：入住，问题解决，自住服务
			低劳动力投入	
	产出		高级别的安保、专业化、自动化；旅游税，酒店的增加并不会带来显著的顾客增加的效应；回收投资	顾客：获得当地体验；业主：额外收入；负外部性：公共物品的挤占，不明晰的当地法规；带来更多的旅行；私人投资
	比较优势		专业化，安全，外部性内部化	价格效应，配置效应

续表

项目			酒店	P2P 平台
入住之后	投入	资本	酒店：设备损坏置换	顾客负责设备损坏
			二者资本投入类似	
		劳动力/时间	酒店清扫	顾客清扫
			低劳动力投入	
	产出		便利新客户	业主和新顾客都便利
	比较优势		专业化	减少信息不对称

资料来源：CIER。

（三）提高市场效率

在线 P2P 市场创造了两个潜在的效率来源：一是减少信息不对称。通过对卖家和供应商提供更多、更客观的信息，从而更好地匹配需求和供给。这提高了市场效率，因为市场参与者可以根据相同的信息理性判断（CIER，2016）。评级系统对买家和卖家（服务）提供商在理性判断方面很有帮助。二是配置效率的提高。例如，可以根据偏好对商品进行最优匹配，促使其更深入市场，提供更大的潜力来匹配购买者和提供者（如住宿领域的房东和客人）的偏好。P2P 平台的数字化方面也促进了分配效率，这为买方提供了更好的搜索可能性。通过提高分配效率，可以实现更高的资源使用效率。例如，通过使用数字平台技术，乘车分配服务可以通过更快的匹配供需来实现更有效的使用汽车。这减少了行车间的空闲时间，并可能产生环境效益。配置效率的提高也可以促进技能发展，因为更有效的供需匹配意味着工人能够更有效地营销他们的技能。

第三节 共享消费的主要模式

一、C2C 运营模式和主要交易结构

在 C2C 模式下，每个人既是需求方也是供给方（见图 10.4）。参与者借助互联网平台相互沟通，完成交易。这种模式典型的代表企业有优步（Uber）、爱彼迎（Airbnb）、滴滴出行、人人车等。

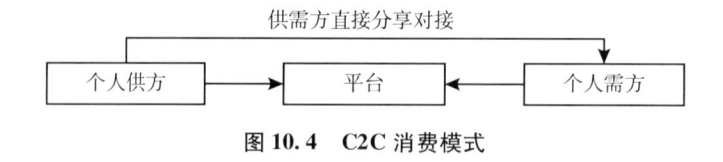

图 10.4 C2C 消费模式

二、C2B 运营模式和主要交易结构

在 C2B 模式中，供应方是个人，需求方是企业（见图 10.5）。企业借助社会化的

力量运作来满足临时性的劳动力需求。在国内,这种模式的代表性企业是猪八戒网等。

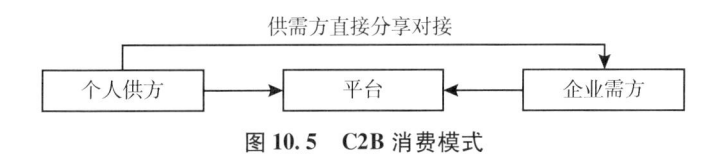

图 10.5　C2B 消费模式

三、B2C 运营模式和主要交易结构

B2C 模式也可以称为"以租代售"模式(见图 10.6)。很多汽车行业都采取了这种模式。许多汽车供应商通过提供租赁服务来达到其盈利的目的,如宝马和优步的合作。

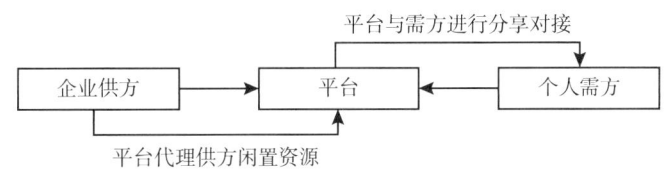

图 10.6　B2C 消费模式

四、B2B 运营模式和主要交易结构

B2B 模式中,供应方和需求方都是企业(见图 10.7)。企业之间相互分享闲置资产和员工,以便降低自己的成本。例如,荷兰公司 FLOOW2 就属于这种类型的平台。企业可以在 FLOOW2 上共享其资产,无论是员工、机器,还是办公用品都可以。

图 10.7　B2B 消费模式

五、C2B2C 运营模式和主要交易结构

企业借助移动互联网技术整合碎片化的过剩产能,通过重新整合、包装,提供给有需求的个人(见图 10.8)。典型的代表企业是途家公寓。

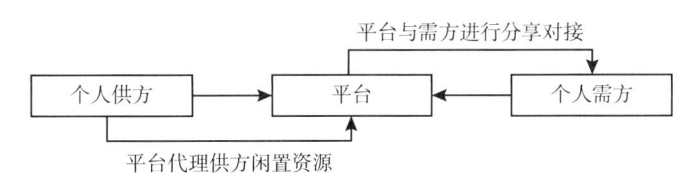

图 10.8　C2B2C 消费模式

【扩展材料】

一、相关政策文件

《关于促进分享经济发展的指导性意见》

二、前沿知识

疫情后共享经济发生的变化

共享经济的核心其实就是消费者在不取得物品所有权的情况下，只得到它的使用权。从这一点来看，疫情对共享经济的影响，其实就是对物品使用权这一需求的冲击。就拿共享充电宝来说，这次疫情造成的隔离和出行限制严重影响了对于共享充电宝的这种需求，但随着疫情好转，共享充电宝的消费场景也会复苏。

由此可以看出，疫情给共享消费带来的影响与传统消费完全不同。对传统行业来说，由于消费者要获取物品的所有权，所以行业受到的冲击也会小一些。比如，我们想买一辆车，就算因为疫情原因不能出门，只要我们有这个需求也迟早会买。但对于网约车这种平台来说，乘客不出门就意味着这个行业没有收入，这必将对该行业造成冲击。

但在疫情中也出现了一些有趣的创新。例如，共享的方式从个人端开始转移到了企业端。在疫情期间，西贝莜面村等餐饮企业的员工开始到盒马鲜生这样的零售行业去工作，这算是"共享员工"的案例。这样的案例也给了企业一些启发，在面对风险时，可以通过共享的方式来对抗风险。

从未来的发展来看，个人端的共享经济和企业端的共享经济所需要完善的方向有所不同。

对于个人端的共享经济来说，需要有一套切实可行的信用体系，让每个人的行为纳入全社会的监督。

就拿共享单车行业来说，我们经常可以见到共享单车被人为损坏，但是使用者却没有为其付出任何成本。这就是个人端的共享业务需要解决的问题。如果有一种跨平台连通的方式，把个人的信用记录下来，那么就可以提高人们损坏共享物品的成本。这无疑对共享经济的发展有着良好的促进作用。

对于企业端的共享经济来说，则需要有完善的权责范围划分。

当员工以共享的方式在企业中进行流动时，共享员工使用权的企业到底要为员工负担何种责任有待细化。例如，一个员工被借调到一家企业工作一个月，那么在此期间，该员工的社保是由原企业承担还是这家新企业承担？这种类似的问题需要有一个细化且完善的解决方案。

共享经济随着移动互联网的发展应运而生，在发展过程中必然会出现许多问题，这些问题倒逼制度不断完善。通过制度的完善,共享经济也会发展得越来越好。

资料来源:雷莹. 疫情下共享经济发生了哪些变化[EB/OL]. http://finance.sina.com.cn/wm/2020-07-10/doc-iirczymm1647845.shtml,2020-07-10。

三、行业报告

《中国共享经济发展报告(2020)》

【思考题】

1. 共享消费的特点是什么?
2. 共享消费都有哪些模式?
3. 共享消费的优势在什么地方?

第十一章
公共消费

公共消费是最终消费的重要组成部分，也是政府强大内需、保障民生、促进公平正义与应对新冠肺炎疫情冲击等应急事件的重要内容。本章分析了公共消费的内涵与特征、公共消费的意义、国内外公共消费政策实践，并探究了中国公共消费的现状及存在的问题，在此基础上为中国公共消费的发展路径提出了建议。

第一节　公共消费的内涵和特征

最终消费可分为两大部分：一部分是消费者通过个人力量满足自身物质和精神需要而进行的居民消费；另一部分则是以政府为主体，在社会范围内实现的公共消费。[①]与居民消费不同，公共消费有着其独特的内涵与特征。

一、公共消费的内涵

公共消费也称政府消费，是指以政府部门为支付主体，以财政收入为资金来源，由政府对社会公众和自身所提供的消费性货物和服务的价值。不同于公共支出中的生产性投资，公共消费不能实现价值增值，但能通过满足居民的部分物质和精神需要从而增加居民效用。[②]

依据涵盖内容的不同，公共消费有广义和狭义之分。狭义的公共消费主要包括：政府自身消费（即政府的行政运营成本支出）以及社会性消费（各种公共服务支出，如教育、科学技术、文化体育与传媒、社会保障与就业、医疗卫生等各项社会事业支出）；而广义的公共消费，除了涵盖政府自身消费与社会性消费外，还包括公共投资中的消费性投资，如公园绿地、给水、排污、图书馆、博物馆等公用设施建设项目。此类资本性支出项目在建设时虽被视为投资，但建成以后是用于消费，带来的是效用而非现金流，具有"即期投资、跨期消费"的特点，因而属于广义的公共消费。[③]

二、公共消费的特征

公共消费不以物品与服务购买机构的需求满足为休止符，而是致力于为广大居民提供更好的社会保障和社会福利。因此，公共消费具备不同于居民消费的特征。

---

① 柳思维，尹向东. 消费经济学 [M]. 3版. 北京：高等教育出版社，2018：97.
②③ 刘尚希，王宇龙. 财政政策：从公共投资到公共消费 [J]. 财政与发展，2008 (7)：9-15.

（一）福利性和保障性

从公共消费的最终目的来看，无论是其中的行政性消费、社会性消费还是消费性投资，其都是为实现社会公共目标，为居民提供社会保障和福利。[①] 一方面，虽然行政性消费支出的直接目的在于维持政府机构的正常运转，但政府机构正常运转的目的则在于为广大人民群众提供各种公共服务；另一方面，国防安全、教育、医疗卫生、科学技术、社会保障和就业等各项社会事业支出的根本目的也在于保障广大民众的生命财产安全、基本消费能力与基本生活质量。[②] 因此，公共消费具有强烈的福利性和保障性。

（二）大众性和公平性

公共消费是为满足广大人民群众的共同需要，其受益主体是广大人民群众，因而具备大众性特征。例如，对于商业游乐园的游乐设施，居民只能在付费后才能使用，但政府通过公共消费在公园等场所添置的游乐设施，则可无门槛地给所有人享用。并且，公共消费保障了广大社会成员，特别是低收入和困难群体的基本生存能力和消费能力，还能在一定程度上调节收入分配差距，因而具有公平性特征。

（三）支付者与受益者、管理权与消费权相脱离

尽管公共消费的支付主体是政府部门，但是公共消费支出的根本目的是保障广大民众的生命和财产安全、基本消费能力、基本生活质量。因此，由政府买单的公共消费产品和服务的实际受益者为广大社会成员。并且，在公共消费活动的组织过程中，通常是由政府对公共消费的全过程进行管理，而广大社会成员则对公共消费提供的产品和服务享有消费权。因此，公共消费具备支付者与受益者、管理权与消费权相脱离的特征。

（四）消费资料获取的非等价性

对于政府提供的公共消费产品和服务，社会成员有时可以无偿享用，有时需要付出一定代价。然而，即便是获取非无偿性消费资料时，广大群众也并不遵循等价交换原则，也即社会成员对消费资料的享用和付出是不对等的，其往往可以通过较少的支出获取相对较多的消费资料。[③] 因此，公共消费具备消费资料获取的非等价性特征。

第二节 公共消费的意义

作为最终消费的重要组成部分，公共消费具备重要的经济意义；作为一种制度安排，公共消费又具有特定的社会意义；而对如新冠肺炎疫情带来的外生冲击，公共消费还能有效降低其产生的负面影响。

一、公共消费的经济意义

公共消费的经济意义主要体现在扩大内需、带动就业与促进人力资本积累、拉动

[①] 张锐. 合理增加公共消费的经济学与社会学意义 [N]. 证券时报，2020-04-14（A3）.
[②] 陶春海，焦荣荣. 政府卫生支出会"挤入"居民医疗保健消费吗？：基于面板门槛回归模型分析 [J]. 江西财经大学学报，2020（4）：27-39.
[③] 裴长洪. 全球经济治理、公共品与中国扩大开放 [J]. 经济研究，2014（3）：4-19.

经济增长与促进经济发展方式转变等方面。

(一) 合理增加公共消费有利于拉动消费增长从而扩大内需

对于总体消费而言,由于公共消费是最终消费的重要组成部分,公共消费的合理增加将直接促进消费总需求增加。[1] 对于居民消费而言,合理的公共消费率(公共消费占 GDP 的比重)与公共消费结构安排能够带动居民消费总量规模扩张与居民消费结构升级,从而对居民消费产生"挤入效应"。公共消费对居民消费的"挤入效应"是通过多种机制发挥作用的。

一是合理的公共消费安排通过支出成本节约对居民消费产生"挤入效应"。公共消费支出主要集中在社会公共服务方面,由政府财政支出买单能够相应地减少居民在该方面的支出,从而降低了居民因购买上述公共服务而产生的成本。这种支出成本的节约,为居民其他领域消费潜力的释放提供了购买力支持,从而对居民消费形成"挤入效应",最终起到促进居民消费需求规模扩张的作用。[2] 并且,如若公众将这部分收入用于文化娱乐、教育健康等发展与享受型消费支出,还能进一步促进居民消费结构优化升级。

二是合理的公共消费安排通过降低消费风险对居民消费产生"挤入效应"。居民消费风险的大小与公共消费水平的高低密切相关。当公共消费提供的医疗、教育、养老等产品与服务可以为居民生活提供更多保障时,居民的消费风险和未来支出的不确定性由此降低,私人部门的预防性储蓄减少,从而有利于居民消费潜力的释放和即期消费需求的增长。[3]

三是合理的公共消费安排通过改善消费环境对居民消费产生"挤入效应"。一方面,合理的政府自身消费安排是维持良好的居民消费政策制度环境的基础。例如,用于监督工商企业的生产与销售行为的工商行政管理支出,有利于维护市场秩序,保障居民的合法消费权益不受侵害;公检法等机关的消费支出则保障了居民的生命与财产安全,从而保证了居民合法消费行为的正常开展。

但需要注意的是,如若公共消费率偏低或公共消费内部结构安排不合理,居民在其他消费领域的可支配收入减少、预期不确定性风险增大、消费权益无法得到充足的保障,那么公共消费则会对居民消费产生"挤出效应",使得居民消费增长与消费结构升级的动力受到抑制。

(二) 公共消费的合理增加有利于带动社会就业

公共消费涉及诸多公共部门,而公共部门属于劳动密集型部门,其发展壮大本身就能吸纳部分社会劳动力并增加就业。并且,公共消费的合理增加,意味着公共消费产品与服务需求的增加,这种需求的增加又将通过需求端的拉动效应反向带动相关产品和服务的生产规模的扩张,进而带来相应行业劳动力需求和就业岗位的增加,最终起到增加社会就业和降低失业率的作用。[4]

---

[1] 龙少波,厉克奥博. 疫情下的消费政策:如何合理增加公共消费?[EB/OL]. http://m.eeo.com.cn/2020/0409/380585.shtml.
[2] 胡志平. 增加公共消费要"适当""合理"[N]. 学习时报,2020-07-01(5).
[3] 文小才. 中国政府消费支出的偏差及矫正[J]. 区域经济评论,2019(6):66-73.
[4] 诸建芳,刘博阳. 对疫情冲击下就业问题的五点思考[J]. 金融经济,2020(8):3-8.

此外，从长期来看，政府在教育、医疗卫生、科学技术、文化体育等方面的社会性消费支出的合理增加，将有助于促进劳动力智力水平、身体素质、技能素质、心理素质的提升，从而有助于劳动力综合素质的提升并促进人力资本积累，使得劳动力供给能与劳动力需求进行有效匹配，进而降低失业率。[1]

（三）合理增加公共消费有利于促进经济增长与经济发展方式转变

就经济增长而言，公共消费是总需求的重要组成部分，其合理增加不仅能直接促进全社会总需求增加和带动经济增长，还能通过"挤入效应"带动居民消费扩张从而促进经济增长。公共消费增长1个百分点，预计能够直接和间接拉动经济0.2个百分点以上。[2]

就经济发展方式而言，一方面，公共消费的合理增加有助于提振内需，促进需求结构的优化与协调，使得经济增长从依靠投资和出口"双轮驱动"转变为更多地依靠消费需求拉动，从而增强经济抵御外部风险的能力与经济发展的稳定性；另一方面，公共消费在教育、科研、文化等方面的合理增加，有助于促进人力资本积累和原发式技术创新[3]，从而推进经济发展从要素投入驱动转变为创新驱动和人才驱动，实现经济增长动力变革，助力经济高质量发展。

但是，公共消费率并不是越高越好。原因在于，公共消费的增长需要财政收入的支持，而税收又是财政收入的重要来源，如果公共消费率过高则会加重政府的财政压力，从而加大企业与居民部门的税收负担，相应地就减少了企业经营利润与居民可支配收入，从而对企业投资与居民消费产生抑制作用，不利于经济增长。并且，过高的公共消费率带来的高福利可能导致社会成员劳动意愿降低，挫伤劳动者的生产积极性，从而不利于劳动生产率的提高与经济增长。另外，在财政支出规模相对稳定的情况下，公共消费支出过高必然会挤占可用于经济建设的生产性支出，从而不利于物质资本积累。尽管公共消费可以带来人力资本积累，但如果没有充足的物质资本与之匹配，随着人力资本的边际产出的递减，其对经济增长的贡献也十分有限。[4]

二、公共消费的社会意义

公共消费不仅具备重要的经济意义，作为一种制度安排，其还具备保障消费公平与社会公平等社会意义。

（一）公共消费有助于缩小各群体的消费能力差距，实现消费公平

消费不公平主要是以消费能力差距进行衡量，具体表现为高收入群体因消费能力

---

[1] 姚先国，张海峰. 教育、人力资本与地区经济差异 [J]. 经济研究，2020（5）：47 – 57.
[2] 姜虹羽. 增加公共消费重点划在"适当"二字上 [N]. 中华工商时报，2020 – 04 – 20（1）.
[3] 一般而言，技术进步的方式分为引进式模仿创新和原发式自主创新两大类（林毅夫，2005；陈璋，2007）。其中，引进式模仿创新是指，后发国家通过购进国外先进设备、专利和引进外商直接投资实现技术进步的一种外源性技术变迁方式，具有技术进步周期短、风险小、见效快的优点，但存在后期技术引进空间缩窄和技术引进受制于人的劣势；而原发式自主创新则是指后发国家通过本国内部自主创新获取先进技术，以实现技术追赶的一种内源性技术进步方式，具有技术自主性强的优势，但技术进步周期长且存在各种不确定性风险（陈璋、唐兆涵，2016）。经过数十年的对外开放，我国依靠引进式模仿创新为主的技术进步方式，逐渐缩小了与先发国家的技术水平差距，部分技术已经达到先发国家前沿，技术引进空间受限，亟须向以原发式自主创新为主的技术进步方式转变。
[4] 张晓娣. 公共支出与有质量的经济增长：多部门 CGE 框架下的政策模拟实验 [J]. 宏观质量研究，2015（4）：77 – 91.

较强因而能获得较多消费资料,而低收入群体和困难群体却因消费能力不足而部分消费需求无法得以满足。① 市场经济自发的分配机制往往会带来包括个人收入、财富、社会地位在内的一系列差距,而上述差距的扩大则会导致不同群体之间消费能力差距过大,最终引致消费不公平。而合理的公共消费安排则有助于促进消费公平的实现。一方面,满足广大社会成员的公共消费需要的产品或服务主要由政府财政负担,多属于公共产品和服务或准公共产品和服务,单个社会成员无需或只需支付相对较低的费用就能进行消费,因此弥补了低收入群体或困难群体基本消费能力的不足,有助于促进不同群体之间基本消费的平等化,缩小社会消费差距。另一方面,公共消费中的社会性消费,诸如基本教育、医疗卫生、社会保障和就业,直接关系到社会成员的基本生存和发展需要,采取由政府提供的公共消费的形式,从长远来看还有利于该类群体的生存与发展技能的提升,从根源上解决低收入和困难群体消费能力不足的问题,最终助力实现消费公平。②

(二) 公共消费通过调整收入再分配,有助于促进社会公平

经济公平是社会公平的重要基础,而收入分配公平又是经济公平的一大主要体现,因此,收入分配公平相应地就能带来社会公平。公共消费的资金来源于财政收入,而税收又是财政收入的重要来源。因此,从这个意义来说,税收是公共消费的主要资金来源。而一些税收,如具有累进性的所得税,本身就有国民收入二次分配的功能,通过对收入更高或财产更多的纳税人收取较多的税收,对收入水平相对较低或财产相对较少的纳税人收取较少的税收甚至免税,有利于缩小收入分配差距。③ 因此,公共消费在一定程度上代表的是国民收入的再分配,其能通过对社会财富的二次分配缩小收入差距并促进社会公平。

三、公共消费应对新冠肺炎疫情负面冲击的意义

在当今全球新冠肺炎疫情流行之际,公共消费在应对疫情带来的各种负面冲击方面也发挥着重要作用。

(一) 适度增加公共消费能弥补疫情冲击下大幅增加的医疗卫生支出

新冠肺炎疫情的暴发和蔓延导致全球各国用于患者救治、疫情防控等方面的医疗卫生费用支出大幅增加。以我国为例,据国家医保局统计数据显示,截至2020年4月6日,全国31个省(区、市)和新疆生产建设兵团新冠肺炎确诊和疑似患者涉及总费用约14.86亿元,新冠肺炎确诊住院患者人均医疗费用达2.15万元,重症患者人均治疗费用超15万元,少数危重症患者治疗费用达到几十万元。而公共消费中的医疗卫生方面消费的增加,则能在一定程度上弥补疫情冲击下大幅增加的医疗费用,从而保证疫情防治的有序进行。

(二) 适度增加公共消费有助于缓解疫情冲击带来的停工停产压力

由于新冠肺炎疫情具有极强的传染性,为了避免因人员聚集而发生大范围的感染

---

① 刘尚希. 消费公平、起点公平与社会公平 [J]. 税务研究, 2010 (3): 14-17.
② 柳思维, 尹向东. 消费经济学 [M]. 3版. 北京: 高等教育出版社, 2018: 98.
③ 张斌. 税收制度与收入再分配 [J]. 税务研究, 2006 (8): 18-22.

事件，包括我国、美国等在内的多个国家被迫实施停工停产政策，导致企业的营业利润与劳动者的工资性收入在短期内受到了负面影响，这对企业投资以及居民消费带来了不利冲击。并且，由于人们对新冠肺炎疫情还存在诸多未知，加之其带来的极大的负面影响，企业部门与居民部门由此产生的悲观预期可能进一步放大上述负面效应，最终导致私人投资与消费不足加剧。① 而公共消费的增加，一方面可以通过增加消费性投资弥补私人投资的不足；另一方面，政府通过发放消费券等公共消费方式能有效带动居民消费，从而缓解疫情冲击带来的停工停产压力。②

（三）适度增加公共消费还能减轻疫情冲击下本国出口下滑的经济压力

受新冠肺炎疫情冲击，全球多国限制人员流动，导致相应的工业生产、文化旅游、贸易投资、交通物流等经济活动急剧收缩，股票、外汇和原油市场等剧烈波动，使得本就已经较为疲弱的世界经济"雪上加霜"。全球经济增长缓慢甚至倒退使得各国进口需求受到挤压。而公共消费的合理增长则能在短期内提振居民消费并拉动内需增加，从而减轻疫情冲击下出口下滑带来的经济压力。

第三节　国内外公共消费政策实践

由于公共消费具备上述维持经济稳定、保障和改善民生等重要意义，因此在金融危机、新冠肺炎疫情等特殊时期，各国政府均十分注重发展和完善公共消费并开展了一系列政策实践。而在常规时期，公共消费政策实践的重心则集中于公共教育、科学技术等有助于本国经济的可持续发展等方面。

一、金融危机时期的国内外公共消费政策实践

2007年之前，美国自由主义带来金融市场监管放松，大量次级贷款的发放虽然推动了房地产市场的快速发展但也形成了大量泡沫。2007年，美国爆发次贷危机，经济陷入负增长区间。2008年下半年开始，美国次贷危机向全球扩散并迅速演变为全球性的金融危机，世界其他国家的经济都因此而受到重创，全球经济陷入低迷状态。为应对金融危机带来的影响，各国政府进行了一系列有关公共消费的政策实践，旨在缓解金融危机带来的负面影响并刺激经济复苏。

（一）金融危机时期的国内公共消费政策实践

作为一个开放中的经济体，我国不可避免地受到了金融危机的波及。2009年第一季度，我国GDP同比增速跌至6.4%，为2002年以来的最低值，出口、投资出现断崖式下滑，消费亦有所回落。为应对金融危机，我国政府迅速出台一系列积极的宏观调控政策。尽管此轮财政政策的重心在于公共投资，但也涉及了部分公共消费政策，其实施对于促进经济复苏和保障民生起到了重要作用。

一是提高低收入群体收入，重点促进居民消费需求，包括加大对个体居民的财政

---

① 石先广. 疫情期停工停产，十大难点全解析[J]. 人力资源，2020 (5)：18-22.
② 林毅夫，沈艳，孙昂. 中国政府消费券政策的经济效应[J]. 经济研究，2020 (7)：4-20.

资金补助规模,特别是注重增加中低收入者、困难群体和农民的收入,以扩大其消费能力;全面实施家电、汽车下乡等补贴政策,以刺激农村居民的消费潜力。

二是进一步优化财政支出结构,加强民生保障和改善。一方面,我国政府积极加快完善以保障和改善民生为重点的社会公共服务,加大对教育文化、医疗卫生、社会保障和就业等公共消费中的社会性消费的投入力度;另一方面,严格控制一般性政府自身消费支出,进一步降低行政成本,从而为社会性消费支出力度的增大提供更充足的资金保障。

三是注重促进科技创新和节能减排,推动经济结构调整与经济发展方式转变,包括加大科技创新投入力度,重点完善有利于激发企业提高自主创新能力的财税政策;增加节能减排投入,支持重大节能工程、企业节能技术改造、努力淘汰落后产能等。

随着上述公共消费政策以及积极的公共投资政策、货币政策和金融政策的实施,我国逐渐走出危机。2009年第4季度起,GDP同比增速回升至9.4%;2009年12月,出口同比增速转正并达到17.7%;2009年4月,固定资产投资完成额同比增速上升至30.5%;2009年下半年,消费需求平均增速也呈现出小幅回升的态势,上升了1个百分点达到16%,我国经济发展态势逐渐好转。

(二) 金融危机时期的国外公共消费政策实践

金融危机期间,美国、英国、日本等国家主要通过发放现金补贴,增加教育、养老与就业等公共事业支出,提高最低工资标准与实施就业培训等公共消费措施,保障困难群体生活、降低失业和提振经济。

1. 金融危机时期的美国公共消费政策实践

为应对金融危机带来的影响,美国政府进行了如下有关公共消费的实践。

一是对各类人群直接发放现金补贴。2008年金融危机使得美国经济持续低迷,并对就业等各个方面产生了负面影响。2009年2月,美国国会通过的7 870亿美元的新经济刺激方案,并以社保支票的方式向退休人员、伤残老兵和其他无薪水的人员提供人均250美元的补贴。[①]

二是增加教育方面的支出,加大对就业的支持。一方面,美国政府致力于提高教育水平从而提高人口素质,改善就业状况。另一方面,注重加大对教育的公共消费支出,从而扩大消费总需求,促进整体经济的发展。同时通过对部分教育资源匮乏地区以及贫困人群的帮助,逐步实现教育方面的社会公平。[②]

三是大力改善失业现象。金融危机导致了大量失业现象的产生,美国政府迅速颁布各项政策法案来加以应对。在失业保险现代化法案中,美国政府向失业者增加25美元的失业保险金,同时加长部分洲的失业保险期限。2010年3月17日,通过175亿美元就业促进法案,加大对于企业人员工资的税收减免。

在美国政府上述措施的调控下,2009年末,美国经济开始走出金融危机,2010年

[①] 根据 https://www.bea.gov/ 网站年度数据整理。
[②] 李娟. 美国弱势群体补偿教育政策形成与变迁研究 [D]. 上海:华东师范大学,2016:156-157.

第一季度,美国GDP增速恢复至2.2%的正增长水平,居民消费支出在2010年第一季度走出负增长,私人投资在2010年第二季度结束负增长,经济基本面逐渐好转。

2. 金融危机时期的英国公共消费政策实践

英国北岩银行首先受到金融危机的波及,随后整个英国逐渐陷入危机之中。2008年第二季度,英国经济增长出现停滞,第三季度GDP环比下降0.6%。[1] 为应对金融危机带来的不利冲击,英国政府进行了如下一系列公共消费政策实践。

一是增加公共消费中的社会性支出部分。金融危机使得英国经济受到重创。为此,英国政府大规模举债,主要加大对各项公共事业的投入,提振民众消费信心,拉动经济常态化发展。具体来看,2008年11月,英国政府提出经济刺激计划,数十亿英镑被用于学校、养老等公共消费项目,以提振教育、社会保障等公共事业发展。

二是提高最低工资标准。从2008年10月1日起,英国将22岁以上公民的每小时最低工资水平提升0.21镑,18~21岁员工最低工资标准提升0.17英镑。[2] 最低工资标准的提升稳定了员工的情绪,在一定程度上保障了员工的基本生活水平。

通过对各项公共消费项目的补贴,英国的失业现象得以扭转,各项专项补贴也使得居民的基本生活得到了保障。

3. 金融危机时期的日本公共消费政策实践

2008年全球金融市场的混乱也使得日本金融市场受到重创,并波及实体经济。2008年第二季度开始,日本实际GDP连续3个季度环比负增长。[3] 为此,日本政府实施了如下一系列公共消费政策。

一是发放现金、削减费用、支援国民生活。在2009年3月底前,日本政府向所有家庭发放了总额为2万亿日元的现金补助。此外,内阁府还出台了削减高速公路通行费、为农民提供补贴等支援国民生活的经济刺激方案。

二是保障就业水平。日本政府在2008年10月采取的"生活对策"中,强调创造自治体就业机会、降低失业保险费用的标准等具体措施来防止大规模失业现象的产生。

日本通过一系列措施来对国民生活进行改善并取得了预期良好的效果,尤其在解决制造业失业问题方面。截至2008年底,日本制造业企业并未大幅度裁员,失业现象在一定程度上得到了控制。

二、新冠肺炎疫情时期的国内外公共消费政策实践

2019年末,突如其来的新冠肺炎疫情冲击,让全球大部分地区的居民生命安全与经济发展受到威胁。并且,疫情在全球范围的蔓延更是给各国发展带来了沉重打击。为解决疫情防控、民生保障和改善以及经济发展等问题,公共消费这一政策工具得到各国政府的重用。

---

[1] Robert Wielaard. 2008年欧盟秋季经济预测报告:欧盟发布秋季经济预测报告 [EB/OL]. https://www.sohu.com/a/436775629_120958410, 2020-12-07.
[2] 钱小平. 综述:欧洲应对金融危机的挑战 [J]. 欧洲研究, 2009 (1): 41-53.
[3] 数据来源:中经网产业数据库数据整理。

（一）新冠肺炎疫情时期的国内公共消费政策实践

新冠肺炎疫情使得我国经济在短期内遭遇了较为严重的冲击，2020年第一季度GDP同比增速下降至-6.8%，居民人均消费性支出累计同比实际增速跌至-12.5%。[①] 此外，疫情的全球扩散使世界经贸增长出现萎缩，加剧了我国外部需求的不确定性。为此，党中央、国务院高度重视，迅速反应，出台了一系列疫情防控、民生等方面的公共消费政策。在此期间，我国公共消费的政策发力点主要包括疫情防控的经费保障、民生保障和内需扩充。

一是加大医疗卫生支出，保障患者救助与疫情防控经费需要，包括落实患者救治费用补助政策，对于确诊患者发生的医疗费用，在基本医保、大病保险、医疗救助等按规定支付后，个人负担部分由财政给予补助。对参加防治工作的医务人员和防疫工作者给予临时性工作补助。医疗卫生机构开展疫情防控工作所需的防护、诊断和治疗专用设备以及快速诊断试剂采购所需经费，由地方财政予以安排、中央财政视情给予补助。[②] 加快调度拨付资金，强化资金使用监管，支持做好物资保障。[③] 截至2020年6月底，各级财政共安排疫情防控资金1 756亿元。

二是稳步推进企业复工复产。一方面，2020年2月以来，财政部、国家税务总局和人社部等多个部门，对提供公共交通运输服务、生活服务以及为居民提供必需生活物资快递收派服务所取得的收入免征增值税，阶段性减、免、缓征企业三项社保费及职工基本医疗保险费，为约6 606家企业拨付财政贴息资金29.37亿元等一系列政策组合拳，为企业复工复产提供支持。另一方面，发布《国务院办公厅关于进一步精简审批优化服务精准稳妥推进企业复工复产的通知》，提高复工复产服务便利度，大力推行政务服务网上办，完善为复工复产企业服务机制，及时纠正不合理的人流物流管控措施，加强对复工复产企业防疫工作的监管服务。[④]

三是加强民生保障与就业改善，包括加强地方财政保基本民生、保工资、保运转的"三保"工作。[⑤] 加大脱贫攻坚力度，鼓励企业在复工复产中优先使用贫困地区劳动力，确保如期全面完成脱贫攻坚任务。完善社会保障，落实低保工作，及时发放价格临时补贴，确保群众基本生活。

上述公共消费政策的实施对新冠肺炎冲击下我国的疫情防控、复工复产与经济恢复发展、民生保障等方面起到了重要的保障作用。一方面，疫情防控资金保障政策的及时出台和落实使得中国在全球范围内率先控制住了疫情。2020年3月，我国新增新冠肺炎确诊病例下滑并降至两位数，截至2021年1月29日，全国累计治愈出院病例93 036例，治愈率高达92.44%。[⑥] 另一方面，复工复产公共消费政策措施的及时出台和有力实施，使得我国经济发展得到有效恢复。2020年上半年，国内经济先降后升、稳步复苏，二季度以来经济运行逐渐好转，GDP同比增长3.2%，第三季度

---

① 数据来源：中经网产业数据库数据整理。
② 《国家卫生健康委关于新型冠状病毒感染肺炎疫情防控有关经费保障政策的通知》（财社〔2020〕2号）。
③ 《关于进一步做好新型冠状病毒感染肺炎疫情防控经费保障工作的通知》（财办〔2020〕7号）。
④ 《国务院办公厅关于进一步精简审批优化服务精准稳妥推进企业复工复产的通知》（国办发明电〔2020〕6号）。
⑤ 《关于有效应对新冠肺炎疫情影响切实加强地方财政"三保"工作的通知》（财预〔2020〕12号）。
⑥ 数据来源：国家卫健委网站。

进一步回升至4.9%，积极因素明显增多，就业民生保障有力，市场预期持续向好，社会发展大局稳定。①

（二）新冠肺炎疫情期间的国外公共消费政策实践

2020年初，新冠肺炎疫情的全球性蔓延使得世界经济发展受到严重的影响，各国政府积极运用公共消费政策应对疫情冲击。根据美国、英国、日本等国的政策实施情况来看，一方面，国外政府大多重视医疗卫生方面的投入，并对个人和家庭进行直接或者间接补助。另一方面，各国政府十分重视完善社会保障与就业体系建设，以减轻失业率上升的压力。

1. 新冠肺炎疫情时期的美国公共消费政策实践

2020年3~4月，美国逐渐成为新冠肺炎疫情的新"震中"，截至2021年1月29日，美国累计确诊超2 600万例（全球最多），疫情防控形势严峻。② 为有效应对新冠肺炎疫情的负面冲击，美国政府采取了一系列加大公共消费的举措。

一是加大医疗技术领域的投入。美国政府在医疗技术研究、医疗数据分析等方面投入了较大的资金，在83亿美元紧急拨款法案中，37%的资金被用于医疗技术开发与疫苗研究。③ 同时，为协调并保证关键医疗物资与设备的生产，特朗普政府正式启动《国防生产法》（Defense Production Act）；美国药监局也针对呼吸机等发布了"紧急使用许可"（Emergency Use Authorization），允许将类似设备改造成呼吸机用于临床救治。

二是加强对个人的补助。美国政府针对个人和家庭提供了不同形式的补助。在美国的《家庭优先冠状病毒应对法案》（FFCRA）中，一部分拨款用于个人免费检测以及个人的食品补助，财政支出法案中27%的拨款被用于个人的补助，以减轻个人和家庭的医疗与生活方面的沉重负担。

三是扩大失业保险。新冠肺炎疫情下，停工停产导致美国企业受到重创，部分群体也因此失业。因此，在《家庭优先冠状病毒应对法案》中，美国政府特别将部分资金用于扩大失业保险，以缓解失业给居民生活带来的压力。失业保险覆盖范围的扩大及时有效地保障了因疫情而失业的群体的基本生活和消费需求，在一定程度上减轻了疫情对失业群体带来的巨大打击。

上述公共消费政策虽在一定程度上减轻了新冠肺炎疫情对美国的负面冲击，但美国疫情并未得到彻底控制，美国政府亟须采用更有力的措施加以应对。

2. 新冠肺炎疫情时期的英国公共消费政策实践

2020年1月31日，英国出现第1例新冠肺炎病患，在随后的58天内，英国患者人数急剧上升，截至3月30日确诊人数突破2万人，3月11~21日的短短十天内，英国确诊人数翻了十倍，成为世界上新冠肺炎疫情最为严重的国家之一。④ 疫情对于英国民众生活以及国民经济发展的打击是沉重的，为此，英国采取了许多公共消费措施来加以应对。

---

① 数据来源：国家统计局。
②④ 新型冠状病毒肺炎疫情实时大数据报告［EB/OL］. https://voice.baidu.com/act/newpneumonia/newpneumonia/? from = osari_aladin_top1#tab4.
③ U. S. Department of Commerce，https：//www.commerce.gov/数据整理。

一是对停薪留职的员工发放补助金。2020年3月20日，英国政府宣布将发放一笔补助金帮助企业支付停薪留职的员工薪水的80%，最高可达每月2 500英镑（约合22 000人民币），为期3个月，雇主可在此期间的任何时间使用该计划，政府将视疫情控制情况考虑适当延长计划期限。①

二是加大医疗卫生方面的投入。严峻疫情形势下，患者数量激增，这让英国公立医院面临巨大压力。为此，政府加速建设临时性医院，截至2020年4月，英国已有9处地点确定建造临时医院。同时，英国政府进一步扩大建造计划，为后续可能激增的床位需求做准备。此外，英国政府还加大了对于医疗科研的投入，用于支持疫苗研发。②

前期的各项措施使得英国整体经济水平有了一定的起色，在疫情得到控制之后，2020年5月，英国国内生产总值增速达到2.4%。然而，英国国内疫情形势仍然不容乐观，政府应进一步加大在医疗卫生方面的支出并加强对国内疫情形势的管控。

3. 新冠肺炎疫情时期的日本公共消费政策实践

截至2021年1月29日，日本累计确诊人数已达38万余人。并且受到疫情的影响，日本3.5万家企业解散，其中餐饮、酒店等服务行业受到的打击最为沉重。经济不景气也严重影响到了普通民众的生活。疫情期间在家隔离，部分家庭失去了收入来源，生活质量也受到了一定程度的影响。为此，日本政府采取了多项公共消费措施。

一是增加对医疗保健事业的投入。一方面，在应对新冠肺炎疫情的紧急经济计划中，日本政府将数万亿日元用于医疗保健事业和经济援助。另一方面，强化医疗体制，重点关注重症患者，成立"新型冠状病毒感染症紧急支援补助金"等补助项目，增加诊疗报酬，支援企业增产人工呼吸机和人工肺。

二是发放现金补助、支援国民生活。日本政府也十分重视对个人的补助，2020年4月17日，日本首相安倍晋三宣布向每位在日居民（包括在日外国人）发放10万日元（约合6 600人民币）补助。民众通过网上或邮寄方式申请，无须前往当地政府窗口，避免聚集性出行。

医疗卫生方面的公共消费实践使得日本疫情防控取得了一定效果，截至2021年1月30日，累计治愈320 248例，治愈率达到83.4%。同时，现金补助也产生了一定的积极作用，受疫情影响的民众的基本生活得到了一定保障。

三、国内外其他典型公共消费政策实践

公共消费中的诸如教育和科学技术等支出对于一国经济的可持续发展具有重要意义。因此，除了在上述两个特殊时期进行了相关的公共消费实践来应对负面冲击以外，在常规时期，各国在提升国民教育以及科学技术水平等方面也做出了很多努力和实践，并取得了较为显著的成果。

（一）教育支出

教育是一个国家可持续发展的重要支撑，政府对于教育的资金支持和投入比率，

---

① British Chambers of Commerce，https：//www.britishchambers.org.uk/数据整理。
② 海洋. 英扩容临时医院名单［EB/OL］. https：//www.sohu.com/a/386673759_267106，2020-04-09.

对人才培养与实现教育公平有着较大的影响。为完善教育服务和保证教育公平，国内外政府均采取了一系列措施，包括加大教育支出投入、实施倾斜性的教育扶持政策等。此外，部分国家也十分重视基础教育的发展。

1. 中国教育支出

随着我国人口老龄化程度加剧、人口红利逐渐消失，人力资本的作用愈发突出。为此，我国政府高度重视本国教育发展，并开展了一系列公共消费措施旨在提升国民教育水平和促进人力资本积累。

一是加大教育支出投入。一方面，党中央、国务院高度重视加大财政教育投入问题，并通过出台《国家中长期教育改革和发展规划纲要（2010—2020年）》《国务院关于进一步加大财政教育投入的意见》等政策性文件，从严落实教育经费法定增长要求。另一方面，中央和地方财政部按照党中央和国务院的部署，大幅度增加财政教育支出。2000~2012年，我国国家财政性教育经费支出从2 563亿元增长到约2.2万亿元，年均增长19.6%；国家财政性教育经费支出占GDP比例从2.58%提高到4%以上，财政教育支出占公共财政支出比例从13.13%提高到16.84%，成为公共财政第一大支出。[1] 为进一步推进教育改革发展，2019年，我国多措并举以确保完成财政性教育经费占比目标任务，坚持把教育作为重点支出予以优先保障；同年，国家财政教育支出在全国财政总支出中占比达到14.57%。

二是积极优化财政教育支出结构，注重办好公平优质的公共教育。包括促进区域教育公平，推动教育向革命老区、民族地区、边疆地区、贫困地区和农村地区倾斜。2018年，中央教育转移支付的84%左右投向了中西部地区，为当地的教育发展提供了资金保障；[2] 促进城乡教育公平，统一城乡义务教育学生"两免一补"政策，加快实现城镇义务教育公共服务常住人口全覆盖，持续改善乡村地区薄弱学校办学条件，扩大优质教育资源覆盖面等，以缩小区域、城乡之间的教育差距。

2. 美国教育支出

美国是世界上教育最发达的国家之一，教育是其公共消费实践中的重要部分。美国政府一直致力于加大政府对教育的资助力度与促进教育公平，具体来看主要包括以下几个方面：

一是明确教育资金资助的对象，加大对特殊受教育群体的资金支持。在2010年3月发布《改革蓝图——对〈初等与中等教育法〉的重新授权》（以下简称《蓝图》）中，美国政府进一步强调了对家庭贫困学生、特殊教育以及家庭缺失学生提供帮助，并将计划的第一笔440亿美元资金用于资助这三类学生。[3] 这一做法进一步促进了美国的教育公平，在保障困难学生的高质量教育需求方面起到了重要的作用。

二是加强和完善学校硬件设施方面的建设。在《蓝图》中，美国政府强调了对于学校基础设施建设与维修，以及师资队伍的建设，并投入了大量资金予以保障上述计划的实施。此外，还特别注重在教育领域引进部分新型科学技术，以促进教育水平的

---

[1] 中国财政年鉴（2013）[M]. 中国财政杂志社，2013.
[2] 中国财政年鉴（2019）[M]. 中国财政杂志社，2019.
[3] 甘永涛. 改革蓝图：促进美国教育公平的政策[J]. 中国民族教育，2012（2）：41-43.

不断提升。这类措施从"硬环境"与"软环境"两方面出发，为教育水平的提升提供了保障。

三是加强对贫困地区的教育投入力度，缩小地区之间的教育差距。除了对困难学生群体予以了特别的优惠政策，在各项法案的实施过程中，美国政府也十分注重对经济运转困难地区的教育资助，以缩小地区之间的教育水平差距。除了向落后困难地区快速分配教育资金外，美国政府也特别注重加强对于资金流向、资金使用情况的监管，以保持政府在教育方面公共消费支出的资金透明化。

3. 英国公共教育支出

在《美国新闻与世界报道》（U. S. News & World Report）发布的《2019 全球教育最佳国家》榜单中，英国位列世界第一。英国拥有着较为完备的教育制度和教育体系，其中央与地方政府公共教育职责划分明确，形成了以中央和地方资金支持为主，以社会资助为辅的公共教育体系。此外，英国在公共教育方面的资金投入巨大，政府财政在公共教育方面的支出在 GDP 中的占比高达 5%。[1] 英国的公共教育实践主要包括以下几个方面：

一是根据不同地区的教育发展情况，确定对各地区的资金投放。由于地区之间的教育发展水平存在着差异，英国政府根据不同地区的生源情况、教育基础设施条件，进行了教育资金的划分。同时也注重加强补贴的精准度，对落后学校进行专项补贴。这一系列措施促进了英国教育公平的进一步发展。

二是对学生进行专项补贴及奖励。英国政府为贫困家庭学生提供助学金支持，包括根据学生家庭情况设立不同的奖助学金、为学生个人提供各种专项补贴，以及以政府牵头鼓励社会对学生个人进行资助，使得贫困家庭学生的教育得到了保障。

4. 日本教育支出

日本也是世界上教育最发达的国家之一。第二次世界大战结束之后，日本经济迅速恢复并且实现了快速发展，这与日本十分注重教育投入密不可分。尤其是在公共教育支出上，为我国教育的发展提供了很好的经验借鉴。[2] 具体来看，日本的教育实践如下：

一是不断扩大公共教育支出。第二次世界大战之后，日本非常注重对于教育的投入，在注重经济发展的同时，更加注重培养优秀人才、提升国民素质。在 2008 年 7 月，日本政府制定并实施了教育振兴基本计划，强调教育公共财政支出对于国家未来发展的重要性，并加大了教育方面的公共财政投入，以促进教育的发展。

二是加大基础教育的所占比例。长期以来，日本政府对于基础教育的投入较高，基础教育的教育经费占据总经费的 50%~70%。基础教育面向的是更为广阔的学生群体，其基本目标在于提高全体国民的素质，是造就人才和提高国民素质的奠基工程。重视基础教育，充分体现了日本公共教育支出层级结构划分的合理性。

---

[1] 金星，张福云. 英国公共教育支出制度探析及其启示 [J]. 理论研究，2013 (2)：9-42.
[2] 尹栾玉，王磊. 日本公共教育支出结构的特征及其借鉴 [J]. 现代日本经济，2013 (4)：35-41.

（二）科学技术支出

科学技术进步是一个国家创新发展的不竭动力。为此，世界各国都采取了各项资助政策来鼓励科学技术研发，以激发科研人员的创新激情，营造良好的科研生态。

1. 中国科学技术支出

我国在科学技术方面的公共消费实践如下：

一是加大对科技研发的投入力度。近年来，无论是中央还是地方政府均十分注重通过行政性拨款、建立国家重点实验室与科技创新中心、设立科技专项基金等多种方式，加大财政支出中对科技研发的投入力度。据《2019年全国科技经费投入统计公报》数据显示，截至2019年，我国财政科学技术支出达10 717.4亿元，同比增长12.6%，其中，中央财政科学技术支出为4 173.2亿元，同比增长11.6%，地方财政科学技术支出达到6 544.2亿元，同比增长13.2%。

二是加大对科技创新型企业的扶持力度，包括完善和落实小型微利企业、高新技术企业、技术先进型服务企业、技术转让、研究开发费用加计扣除、研究开发仪器设备折旧、科技企业孵化器、大学科技园等税收优惠政策，加强对于研发投入占企业总收入达到一定比例的创新型企业给予补贴等。

2. 美国科学技术支出

美国在科学技术方面的公共消费实践主要体现在以下几个方面：

一是实施一系列研究生及本科生科研资助政策，鼓励高校培养科技创新人才。二战结束之后，美国科技人才相对不足，但其对科研人才的需求却十分迫切。高校青年是下一代科学家、工程师、学者的主力军，因此，美国政府十分注重鼓励青年本科生及研究生参与科研计划并出台了一些支持法案。2010年《美国竞争力再授权法案》强调了四个自然科学领域的研究生教育，要求各个联邦部门根据自身职能对于各个专业领域的研究生科研进行资助。[1] 2015年美国国会又通过了《2015年美国竞争力再授权法案》提出要为研究生科研提供多种奖学金，重启美国国家研究基金会（NSF）研究训练项目[2]，并形成了产业界与联邦机构共同发力，完善研究生科研资助的体系。据统计，2015年，NSF项目资助的研究生占据研究生总人数的4%。[3]

二是协调基金会及各方面社会力量，加强科研数据库建设。数据是科学研究发展的基础和原料之一，美国政府重视对于科学研究方面的数据库建设支持，同时利用数据库实施教育方面的信息收集和资助项目，据统计，州级政府通过纵向数据系统向哥伦比亚地区和41个州投资2.65亿美元。[4] 同时，美国科学基金会以及美国政府为科学研究方面建立专项基金，建立人文及自然学科方面数据库，为科学研究奠定基础。

3. 英国科学技术支出

英国在科研方面的公共消费实践主要体现在以下几个方面：

一是鼓励中小企业进行科技创新。这一政策发力点主要体现在财税优惠方面，旨

---

[1] 四个自然科学领域指科学、技术、工程、数学，即STEM。
[2] 1952年美国国家科学基金会（NSF）设立了研究生奖学金项目。
[3] https://www.nsf.gov/网站数据。
[4] 张松，常桐善，刘志民. 院校研究视角下美国高等教育数据库建设现状及启示［J］. 高等工程教育研究，2018（3）：99-104.

在引导企业加大研发投入。为鼓励科技型中小企业的发展，英国政府通过制订各项激励计划来加强企业研究开发的投入，引进新产品和新工艺，提高产品的竞争力；并通过税收优惠、资助补贴，加强定向性基础研究以及应用研究与开发。同时，支持企业开展产学研合作，对于参加不同项目的企业，实施不同比例的经费补贴，以进一步提高科技成果的转化效率。此外，对科学技术实施政府采购。据估计，英国政府每年在科研方面的采购总量可以达到 1 500 亿英镑左右，这充分调动了企业及科研院所的科学研究积极性。[①]

二是建立创新投资基金。截至 2012 年，英国政府已经为创新投资基金拨款 1.5 亿英镑，2013 年，联邦政府继续向私人研发计划增加 1.8 亿英镑的财政投入，基金总额达到 3.3 亿英镑。[②] 此外，英国政府还通过间接建立投资基金，对有发展前途的小企业提供科学研究方面的资金支持。

4. 日本科学技术政策实践

二战结束之后，日本经济迅速恢复，科学技术在其中发挥了重要作用，日本科研总费用可占到国内生产总值的 3%。具体来看，日本在科研方面的公共消费如下：

一是注重基础研究。日本政府在基础研究方面进行了大量投入，并十分注重基础研究、应用研究和开发研究三者的有机结合，注重并加强国家研究机关、大学、社会研究机关三者的协作。1995 年，日本政府办颁布了《科学技术基本法》，是日本科技创新立国之路的开端。变革之后的日本科技政策更加强调基础科学研究的重要性。由于大学是基础科学研究的主阵地，政府逐年增加面向大学的科研补助，使得这一经费与日本大学日常研究性经费比例达到了 1∶1，极大地加强了对于基础研究方面的投入力度。据统计，在 2019 的日本高校科研经费中，基础研究投入占到了 53.5%。[③]

二是改善基础研究环境。转型后的日本通过加大高校科研设施建设投入等方式大力改善基础研究环境，据有关调查报告显示，在 2019 年日本大学学部的科研经费总支出中，科研设备、机械、器具等方面资金投入占内部使用研究费的 26.6%。[④]

第四节　中国公共消费发展路径选择

改革开放以来，经过长时间的探索，我国公共消费得到了一定的发展，并呈现出公共消费总量规模庞大，公共消费率在震荡中上扬，公共消费占最终消费的比重不断提高，且公共消费日趋多样化等特点。但是，从与全球、主要地区和国家的对比分析来看，我国公共消费还存在公共消费率偏低、公共消费率增长缓慢，公共投资与公共消费比例不协调、公共消费内部结构不合理，公共消费供需结构不匹配，城乡之间、区域之间公共消费差距突出等问题。我国亟须转变公共消费发展方式，以充分发挥其经济、社会以及应对新冠肺炎疫情冲击的作用。

---

① 王建. 英国政府鼓励中小企业科技创新政策探析 [J]. 江苏科技信息，2010 (4)：8 - 9.
② The Times & The Sunday Times, https://www.thetimes.co.uk/.
③④ 日本总务厅统计局. 科学技术研究调查报告 [R]. 2019.

一、中国公共消费发展现状

我国公共消费有关数据表明,当前我国公共消费呈现出总量规模庞大、公共消费率在震荡中上扬、公共消费占最终消费比重较高、公共消费体制逐渐变革并且实现方式呈现出多样化趋势等特点。

(一) 公共消费总量规模庞大

1978~2019 年,我国公共消费总量呈现不断增长的态势。1978 年,我国公共消费支出总额仅为 474.5 亿元,但随着我国经济总量的不断增长,我国公共消费支出也不断增加,截至 2019 年,我国公共消费支出总额已高达 165 599 亿元,与 1978 年相比,公共消费总量翻了近 349 倍。可见,目前我国公共消费的总量规模十分庞大。

(二) 公共消费率在震荡中上扬

1978~2018 年,我国公共消费率(公共消费支出占 GDP 的比重)在震荡中上扬。具体来看,1978~2000 年,我国公共消费率在波动中上升,至 2000 年达到阶段性高点 16.84% 以后开始下滑。然而,自 2010 年开始,我国公共消费率又开始了新一轮的震荡上升,并在此后总体保持上扬态势。截至 2018 年,我国公共消费率回升至 16.54%,虽然低于 2000 年的水平,但与 1978 年(12.90%)相比仍高出 3.64 个百分点。

(三) 公共消费占最终消费比重较高

从最终消费的构成来看,我国公共消费占最终消费的比重相对较高。1978~2019 年我国公共消费占最终消费的比重基本维持在 20% 以上的水平(除 1981 年和 1982 年)。2019 年,我国公共消费占最终消费的比重更是达到了 30.03%,并没有明显落后于世界平均水平。但值得注意的是,这主要是因为我国居民消费远远低于世界平均水平,从而导致公共消费在最终消费中的占比相对较高。因此,适当提升我国公共消费与居民消费水平显得尤为重要。

(四) 公共消费体制逐渐变革并且实现方式呈现出多样化趋势

纵观我国公共消费实践历程,我国公共消费的体制机制发生了重大变革,并且其实现方式日趋多样化。具体来看,在新中国成立后的 30 年里,中央对公共消费实行计划分配,并通过单位向人民提供免费或者低价的公共消费;而改革开放以后的 40 多年里,公共消费领域开始逐渐进行市场化改革,将过去纳入计划的许多个人消费,如生活服务等,逐步回归到市场。并且,中央决策权逐渐下放,中央财政支配权也相对下降,地方政府的权限增强。[①] 近年来,受大数据、云计算、"互联网+"等现代化信息数字技术的发展,我国公共消费通过与上述技术相结合,逐步走向信息化、数字化,如广东、浙江等地发放的电子消费券等,公共消费的实现形式逐渐多样化。

二、当前中国公共消费存在的问题

尽管近年来我国在公共消费的发展与完善等方面取得了一定成果,但还存在如下问题以待解决。

---

① 丁元竹. 把地方公共消费与就业作为转变发展方式的着力点 [J]. 中国发展观察, 2010 (5): 27–29.

(一) 规模及增速方面：公共消费率偏低且增长缓慢

从与全球以及主要地区、国家的对比来看，我国公共消费发展仍然不充分，公共消费率偏低且增长缓慢。

一是我国公共消费率低于世界平均水平。1970～2018 年，我国公共消费率均低于同期世界平均水平（除 2000 年以外）。具体来看，1970～2018 年，世界平均公共消费率在 14.70%～17.08%之间波动，并且整体呈现出逐步提升的态势。但值得注意的是，在此期间，虽然我国的公共消费率总体也呈上升的态势，但却仅维持在 10.96%～16.84%的水平，明显低于同期世界平均水平。尽管近年来我国公共消费率水平与世界平均水平的差距有所缩小，但截至 2018 年，我国公共消费率仍然低于同期世界平均公共消费率 0.54 个百分点（见图 11.1）。

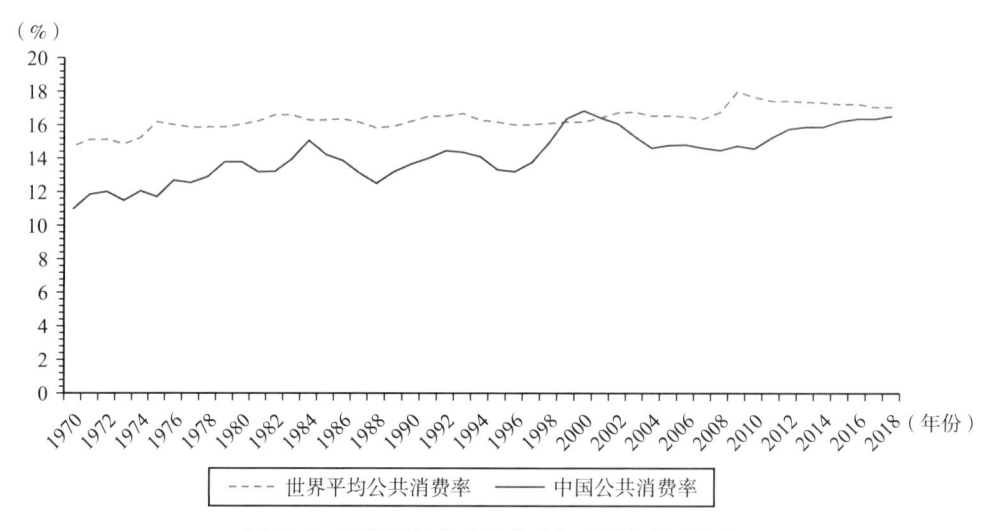

图 11.1 世界平均公共消费率与中国公共消费率

资料来源：WDI 数据库。

二是我国公共消费率明显低于世界主要地区及国家平均水平。从与世界主要地区的对比分析来看，1970～2018 年，欧元区的公共消费率维持在 15.36%～21.81%的水平，并且呈现出震荡上升态势；同期经合组织国家（OECD）的公共消费率则在 15.69%～19.16%之间的较高水平波动。然而，我国同期公共消费率却在 10.96%～16.84%之间波动。可见，20 世纪 70 年代以来，我国公共消费率明显低于同期欧元区和经合组织国家（OECD）的平均水平。从与世界主要国家的对比分析来看，1988～2018 年，美国的年均公共消费率为 15.14%、英国为 18.96%、德国为 19.27%、法国为 22.98%、加拿大为 20.92%、日本为 17.33%、俄罗斯为 18.00%、巴西为 18.76%，而同期中国的年均公共消费率仅为 14.94%，远低于上述主要国家的年均水平[①]。综上所述，无论是与世界主要地区相比，还是与主要国家相比，中国的公共消费率均偏低。

---

① 上述主要国家的年均公共消费率均依据世界银行（WDI）数据库的原始数据，经笔者计算得出。

三是我国公共消费率增长缓慢。1978~2018年,我国公共消费率经历了两轮震荡式上升,且自2010年起,我国公共消费率开始回升并呈现出增长态势。但值得注意的是,我国公共消费率的增速较为缓慢,截至2018年,我国公共消费率提升至16.54%,41年仅上升了3.64个百分点,且仍比2000年的阶段性高值(16.84%)低0.3个百分点。可见,我国公共消费率增长缓慢,在当前疫情防控进入新常态,且外需疲软的阶段,我国应适当提升公共消费率增速。

(二)结构方面:公共消费内外部结构与供需结构不协调

一是公共消费外部结构不协调。从财政支出比例来看,公共消费的外部结构具体表现为公共投资与公共消费之间的比例关系。2008~2018年,我国平均公共投资率(公共投资占GDP比重)高达9.6%,远远高出美国、英国、德国、加拿大、日本、韩国等2%~5%左右的水平。可见,我国公共投资在GDP中的占比偏高。而过高的公共投资率又在一定程度上挤占了公共消费,致使我国公共消费处于较低水平,最终导致公共投资与公共消费之间的比例不协调。

二是公共消费内部结构不合理。公共消费的内部结构主要体现为政府消费与社会性消费之间,以及社会性消费内部各项支出之间的关系。一方面,我国政府自身消费与社会性消费比例不协调。2008~2018年,我国政府自身消费在公共消费中的占比从23.58%逐年下降至13.17%,下降了10.41个百分点。但是从与发达国家的对比来看,我国政府自身运行成本仍然偏高,政府自身消费约占财政收入的20%左右,而美国、日本、欧盟等国家和地区自身消费在财政收入中的占比不足10%。过高的行政支出和"三公费用"在一定程度上挤压了社会性消费的增长空间,并降低了公共消费的效率。另一方面,社会性消费内医疗卫生与计划生育、社会保障与就业等各分项比例需根据此次疫情进行进一步调整。

如表11.1所示,2019年,我国公共消费总支出为165 599亿元。其中,科、教、文、卫以及社会保障与就业方面的支出之和在公共消费中的占比约为57%;教育、社会保障和就业、医疗卫生和计划生育、科学技术以及文化体育与传媒各分项支出的占比依次为21.08%、17.86%、10.14%、5.75%和2.44%。一般公共服务(行政费用)、国防、外交、公共安全等其他方面的支出在公共消费中的占比为43.72%。但在新冠肺炎疫情防控进入常态化阶段,当前全球疫情仍然较为严峻,以及以美国为首的国家加大对华的制裁的背景下,我国仍需进一步适度上调医疗卫生、社会保障以及科技支出的比重,从而更好地应对疫情冲击以及外部环境的不利冲击。

表 11.1　2019 年中国科、教、文、卫以及社会保障支出在公共消费中的占比

项目	支出额(亿元)	在公共消费占比(%)
公共消费总支出	165 599	100.00
医疗卫生和计划生育	16 797	10.14
教育	34 913	21.08

续表

项目	支出额（亿元）	在公共消费占比（%）
科学技术	9 529	5.75
文化体育与传媒	4 033	2.44
社会保障和就业	29 580	17.86

资料来源：国家统计局。

三是公共消费供需结构不匹配。其一，部分高质量的公共消费需求品以及服务供给相对不足。随着经济发展和城镇化水平显著提高，我国民众的消费需求日益升级，更加注重消费质量。但与之对应的高质量的重要公共消费品供给却相对不足，如环境保护、污染防治，食品、药品检验检疫，农业转移人口公共服务、文化馆体育馆图书馆等领域的公共消费品供给较为短缺。其二，无效低端公共消费品供给过剩的现象仍然存在，部分"形象工程""政绩工程"式消费占用宝贵财政资源。例如，城市主要街道被过度投资，但却未被居民全部使用，致使部分公共消费品出现闲置。上述情况表明，当前我国公共消费供给侧结构性短缺问题较为明显，致使公共消费供需之间无法实现有效匹配。

（三）公共消费差距突出

尽管我国公共消费的覆盖范围以及覆盖群体均较为广阔，但从城乡和区域层面来看，我国公共消费的差距仍然较为突出。

一是城乡之间公共消费差距较大。虽然近年来政府加大了对乡村地区的财政支持力度，但城乡之间在基础教育、医疗保障、科研文化等方面的公共消费不平等现象仍未得到彻底扭转。以医疗和社会保障支出为例，据《中国统计年鉴》的有关数据显示，2018年，我国城镇职工基本医疗保险人均基金支出为3 379.52元，而城乡居民基本医疗保险人均基金支出为692.36元，仅为前者的20.49%；城镇居民的基础养老金补贴为每人每月120元，而农村居民的基础养老金补贴每人每月仅为55元，不及城镇居民的1/2。可见，至少在公共消费的社会性消费方面，城乡之间的差距仍然较为突出。

二是区域之间公共消费差距较大。受地区经济发展水平和财政收入的影响，我国东部、中部、西部以及东北地区公共消费水平存在较大差距。从总量规模上来看，2017年东部地区平均公共消费支出额高达5 582亿元，远远高于中部地区（3 838亿元）、西部地区（4 675亿元）和东北地区（2 324亿元）的平均水平；从公共消费的各分项支出来看，东部地区水平仍然最高，以医疗保障支出为例，2018年中部、西部以及东北部地区的基本医疗保险基金支出分别为东部地区的56.41%、62.22%和76.51%，这在一定程度上反映出我国区域之间公共消费发展不均衡。

三、中国公共消费发展的路径选择

当前公共消费领域存在的问题要求我国转变公共消费发展方式，从而充分发挥其拉动消费与就业、促进经济发展，保障消费公平与社会公平，以及缓解新冠肺炎疫情冲击等重要作用。

(一) 稳步扩大公共消费规模，优化公共消费内外部结构

当前，我国存在公共消费率偏低且公共消费结构安排不合理等问题，导致相应的疫情防控与经济社会发展需要无法得到充分满足。为此，我国应逐步扩大公共消费规模，调整公共消费内外部结构，使得公共消费能够起到统筹疫情防控与稳定经济运行的作用。

首先，坚持创新发展促进经济长期增长，为公共消费规模扩大奠定物质基础。经济发展是公共消费规模扩大的物质基础，一个国家的公共消费规模的扩张需要一定的经济实力加以支撑。因此，我国应继续坚持创新发展，加快技术进步，提升全要素生产率，从而经济的稳定与可持续增长提供动力。一方面，鼓励企业技术创新，通过降低市场准入门槛、改善营商环境、完善知识产权保护制度等措施为新技术、新兴产业、新产品的涌现提供条件，促进国内原发性技术创新所带来的技术进步，为受新冠肺炎疫情影响的低迷经济带来新的增长点；另一方面，继续采取引进式技术进步的方式获得国外已有的成熟技术，并带来一定的技术进步，为经济增长提供一定的动能。

其次，转变财政支出方式，改善公共消费外部结构。一方面，我国的财政支出重心应转移到与公共消费有关的方面，公共消费规模应逐步扩大达到欧元区国家和经合组织国家的平均水平，将财政逐渐转向服务型财政；另一方面，政府应适当降低公共支出中生产性投资在总体财政支出中的比重，相应地增加公共消费的权重，这既有利于宏观经济治理防止在需求侧进行大规模刺激，也利于继续坚持供给侧结构性改革的主线。

最后，根据经济运行情况，调整公共消费内部结构。就政府自身消费与社会性消费之间的比例关系而言，应继续按照中央要求保持紧约束，严格控制行政管理费用支出及"三公支出"，减少尸位素餐情形，避免挤压公共消费中的社会性消费与消费性投资部分。就社会性消费内部各分项之间的比例关系而言，应根据经济形势灵活调整其侧重点。在经济正常时期，公共消费应该侧重于促进教育和科技发展，通过加大教育支出与科研投入促进人力资本积累与技术进步从而为经济的长远持续发展提供动力。而在经济萧条时期，公共消费侧重点应该调整到生活救济、失业补助和就业培训等社会保障方面，缓解经济冲击对社会的影响。在现今新冠肺炎疫情冲击下，公共消费的重点则应该放在医疗和失业保障以及促进居民消费等方面。

(二) 完善公共消费制度，优化公共消费供需结构

当前我国公共消费供需结构不匹配，导致公共消费的效率与质量不佳，因此应建立和完善合理的公共消费制度，保障与优化公共消费资金供给、明晰公共消费供给范围标准、丰富公共消费供给模式，让公共消费有规章制度可遵循，降低公共消费实施的隐性成本，提高公共消费支出的使用效率，从而促进公共消费供需结构得到优化和协调。

第一，明确中央政府与地方政府的公共消费财政分配和服务范围。由于我国实行分税制，中央政府拥有更多的财权，地方政府承担了更多的事权，虽然该制度在一定

程度上发挥了我国集中力量办大事的优势,但是也造成了地方政府财政窘迫,提供公共消费的能力较为薄弱的情况。[①] 因此,中央政府应根据各地方政府的不同情况,明确好中央政府与地方政府的公共消费范围,分配好财政收入,适当下放一些与提供公共服务对等的财权,使不同区域公共消费统筹协调发展。

第二,明晰并制定政府公共消费规范标准。公共消费的重点是民生和社会保障方面,为此,政府应该明确在医疗、教育、养老、失业等社会性消费方面的标准,避免政府在公共消费方面做形象工程以及过多介入抑制生产积极性等情况,让公共消费的支出保障人们基本生活需求的同时,又能发挥公共消费的挤入效应,从而带来更大的效益。针对此次新冠肺炎疫情,可以通过财政支出在公共消费各方面的调整,明确公共消费在医疗、促进消费和就业方面等社会保障方面的范围,研究公共消费投入的效率,总结在疫情时期各方面合理的公共消费支出比例,为以后的公共消费的范围调整和支出提供参考案例。

第三,探索多种符合实际情况的公共消费供给模式。政府是提供公共消费的主体,但其提供的公共消费供给不一定是全社会最高质量的公共消费供给。因此,各地方政府应该根据各主体在不同公共消费项目中的比较优势,以及本地区的实际情况,通过财政、税收、补贴等激励政策,拉动企业和社会组织等群体一起参与公共消费的供给,以提供公共消费供给质量,促进公共消费高质量发展。

(三) 缩小公共消费差距,释放中低端消费潜力

我国中西部地区、农村地区由于公共消费政策推进程度较慢,社会保障标准稍落后于东部地区及城镇,致使其居民消费能力并未得到充分释放。因此,应缩小不同地区之间、城乡之间的公共消费差距,减少甚至消除中西部及城镇地区居民消费的后顾之忧,逐步增加人们的消费信心并增强人们的消费意愿,释放中低端人群的消费潜力。

一是缩小不同地区之间的公共消费差距。通过提高一般性转移支付比例和规模,增加专项转移支付,促进公共消费支出向中西部地区倾斜。具体来看,可以按照一定比例将东部各地方政府的一部分财政收入收归中央政府,将这部分收入作为公共消费专项资金,由中央政府将这部分专项资金按照中西部省份的经济发展水平、财政收支情况、公共消费短板,进行科学分配与划拨,从而缩小不同地区之间的公共消费差距;也可以按照东中西部省份一一对接的方式,将中西部地区各困难省份的一部分公共消费支出负担转移到对接的东部省份,提高整体公共消费支出效率。

二是缩小城乡之间的公共消费差距。受经济、政治、文化发展水平等因素的影响,与城镇地区相比,农村地区的公共消费相对落后,且二者之间的公共消费需求重点有一定差异。因此,在乡村振兴背景下,公共消费支出应进一步向农村倾斜,且公共消费的政策应根据城镇和农村的需求分开制定,尽量缩小城乡之间的差距,由此释放乡村地区的中高端消费需求。

[①] 张恩碧. 公共消费、消费公平与内需拉动型经济增长 [J]. 广东商学院学报,2011 (3): 53–60.

【扩展材料】

一、相关政策文件

《关于进一步做好新型冠状病毒感染肺炎疫情防控有关经费保障政策的通知》

二、案例

新冠肺炎疫情期间中国地方政府的消费券政策

消费券是公共消费的一种重要表现形式，主要是指政府运用财政资金给民众发放的代金券。消费者获取消费券后，可采取抵扣的方式进行购物消费。2020年新冠肺炎疫情给我国居民消费带来了较大的负面影响，为提振内需，国家提出适当增加公共消费。为此，全国多地陆续推出了一系列消费券政策。

2020年3月2日，山东济南率先发放了2 000万元覆盖旅行、景区、影剧院、演艺场所、书店等方面的文旅消费券。3月13日，江苏南京发放了3.18亿元消费券，主要用于餐饮、体育、图书、信息、乡村旅游等领域，依据具体消费类型的不同，每张消费券面值设定为100元或50元。3月27日，浙江杭州陆续向全体在杭人员发放16.8亿元消费券。4月3日，河南郑州发放了价值5 000万元的普惠型消费券。疫情重灾区——武汉从4月19日至7月31日共发放价值5亿元的消费券。随后全国多地地方政府积极开展了各种消费券政策实践。

受疫情冲击的影响，此轮消费券政策覆盖的行业、发放渠道和发放对象也呈现出明显的特征。从覆盖行业来看，主要涉及餐饮、文旅、零售、体育、汽车、家电、信息等。从发放渠道来看，此轮消费券的发放以线上线下结合为主，消费券设计呈现出明显的"数字化"特征，支付宝、微信、美团、微博等数字平台为消费券的发放提供了重要支撑。从发放对象来看，由于新冠肺炎疫情带来的负面冲击是较为普遍的，此轮消费券政策并不针对某类特定人群，一般以本地市民为主，同时也面向在本地工作、学习、观光旅游的外来人员。但部分地区也推出了针对困难群体的定向消费券。例如，武汉为低保、特困、建档立卡贫困人口发放金额为1 800万元的消费券，南京为低收入群体发放1 000万元消费券，绍兴为低收入群体发放2 750万元消费券等。

从发放效果来看，据各地政府公布的数据显示，此轮消费券政策对我国居民消费的恢复和提振产生了一定的乘数效应。据杭州市商务局统计数据，在当地发放消费券后的56个小时，共拉动消费4.53亿元，拉动效应达到了15倍。清明小长假期间，郑州近10万家商户和68万消费者参与消费券活动，累计核销82万笔，核销金额达到1 427万元，共拉动当地消费1.87亿元，拉动效应达到13倍。此外，疫情重灾区武汉市的消费券撬动消费的杠杆率也高达5.67倍。

总的来说，2020年新冠肺炎疫情期间，我国地方政府审时度势、积极作为，从自身财政实际状况出发，推出了一系列贴近民生需要的消费券政策，对消费需求的提振起到了重要作用，有效地缓解了新冠肺炎疫情带来的不利冲击。

资料来源：曹泉伟，等.2020 年中国消费券发放情况及影响因素浅析［R］.清华五道口国家金融研究院，2020；公共消费，国家为你"买单"［EB/OL］.https：//www.sohu.com/a/443961480_99962390；政府发放消费券的利弊，发放消费券属于什么政策？怎么领？［EB/OL］.https：//www.xianjichina.com/news/details_196061.html。

【思考题】

1. 什么是公共消费，其具备什么特点？
2. 为什么要发展公共消费？
3. 如何合理发展和完善公共消费？

第十二章
消费信贷

第一节 消费信贷的概念

消费信贷在我国的发展时间并不长,但自出现以来发展势头强劲,未来前景乐观。由于消费信贷能够提升消费需求,有效扩大内需,其在促进国民经济发展的作用方面愈发明显。本节首先由跨期消费模型引出消费信贷,随后对消费信贷分类并进行重点介绍,最后阐述了消费信贷各方面的作用。

一、消费信贷与跨期消费模型

消费信贷,也叫消费贷款,是商业银行等金融机构向消费者发放的用于个人消费的贷款,它有别于个人经营性贷款,是以个人最终对产品和服务的消费为目的发放的贷款。为进一步了解消费信贷,有必要对跨期消费模型进行简要介绍。跨期消费模型由经济学家欧文·费雪提出,其意义在于表明理性的消费者在未来消费和当期消费之间会做出不同的选择,从而实现消费者效用最大化。

假定消费者的一生可被划分为两个时期,且两个时期都能获得收入并做出消费决策,这样一来,消费者就会在当期消费和未来消费之间做出权衡,以满足自身的效用最大化。假定理性消费者的当期收入和未来收入分别为 Y_1 和 Y_2,当期消费和未来消费分别为 C_1 和 C_2,并且第二期期末不存在借贷或储蓄,那么必然有:

$$C_1 = Y_1 - S$$
$$C_2 = Y_2 + S(1+r)$$

其中,S 既可表示储蓄也可表示借贷,当 S 为正时表示储蓄,当 S 为负时表示借贷,并假设借贷和储蓄的利率相同。那么联立以上两式,可得:

$$C_1 + C_2/(1+r) = Y_1 + Y_2/(1+r)$$

这就是跨期消费模型,这一模型表示消费者在不同时期既可选择储蓄,也可选择借贷,从而在收入不均等的一生中实现消费的平稳化。跨期消费模型如图 12.1 所示。

这是一条斜率为 $-(1+r)$,且经过点 (Y_1, Y_2) 的线段,消费者第一期的最大消费为 $Y_1 + Y_2/(1+r)$,第二期的最大消费为 $Y_2 + Y_1(1+r)$。当利率 r 上升时,消费者借贷的成本和储蓄的收益提高,理性的消费者就会减少第一期消费从而增加第二期消费。反之,当利率 r 下降时,消费者借贷的成本和储蓄的收益降低,理性的消费者就会增加第一期消费从而减少第二期消费。一旦第一期的消费超过收入 C_1,就表明消费者将第二期的收入贷出用于第一期的消费,从而产生了消费信贷。

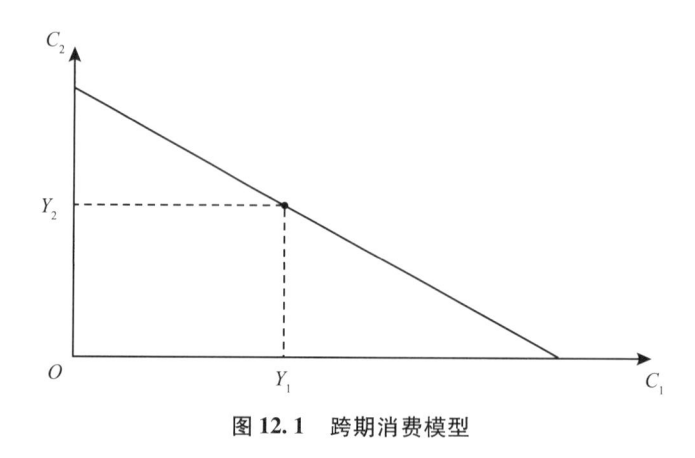

图 12.1 跨期消费模型

二、消费信贷的分类

消费信贷按照不同标准可被划分为不同类型。首先,按照贷款资金用途的不同,可分为住房贷款、汽车贷款、信用卡贷款、旅游贷款、助学贷款等。其次,按照借贷关系的不同,可分为直接贷款和间接贷款。直接贷款是指商业银行等金融机构直接向消费者个人提供的贷款;间接贷款是指消费者向商家提出借款申请,然后商家再获得银行审批,银行批准后按照一定条件向商家发放贷款,由商家再将贷款提供给消费者的贷款方式。再次,按照偿还期限的不同,可分为一次偿还贷款和分次偿还贷款,其中分次偿还贷款又可分为等额本息偿还贷款和等额本金偿还贷款。最后,按照担保方式的不同,又可分为抵押贷款、质押贷款、担保贷款和信用贷款等。

下面主要介绍日常生活中最常见的三种贷款:住房贷款、汽车贷款和信用卡贷款。

(一)住房贷款

住房贷款是我国消费信贷中最主要的部分。住房贷款是指商业银行等金融机构向消费者提供的购房贷款支持,通常以所购房屋作为抵押,住房贷款的最长贷款期限为30年,主要采用分期付款方式进行还款,按揭金额不高于房屋价格的70%。我国个人住房消费信贷占据住房信贷的主要部分,按贷款方式可分为个人住房自营贷款、个人住房委托贷款和个人住房组合贷款。个人住房自营贷款,也叫个人住房商业贷款,是指商业银行等金融机构以其信贷资金余额为来源向购房者提供的贷款。个人住房委托贷款,也叫住房公积金贷款,是指相关住房资金管理中心将住房公积金委托给商业银行发放的住房贷款,住房公积金贷款具有利率低、还款灵活方便、对所购房产限制性更小等特点,已经成为保障民生的重要政策措施之一。个人住房组合贷款是以上两种贷款方式的组合,在住房公积金贷款不足以支付购房所需时,不足部分向银行申请商业贷款,从而形成公积金和商业贷款相结合的贷款方式。

（二）汽车贷款

随着生活水平的不断提高，我国的汽车消费市场规模不断扩大，汽车贷款在消费信贷中占据重要地位。汽车贷款也叫汽车按揭，是指商业银行等金融机构向购买汽车的消费者发放的贷款。它以借款人或第三人的财产作为抵押物，其贷款金额一般不超过汽车价格的80%，贷款期限一般为1~3年，最长不超过5年。2018年我国总体汽车金融渗透率为48%[①]，相比以前有较大的增长，但相比主要发达国家70%以上的金融渗透率而言还有较大的增长空间。

在我国的汽车消费信贷市场上，贷款主体主要有商业银行、汽车金融公司、小额贷款公司以及互联网金融平台等金融机构。对于商业银行来说，一方面，可以选择直接贷款，其特点是利率适中，且可选车种类多，但办理程序较复杂；另一方面，还可选择信用卡分期，其特点是可免收利息费，但手续费较高。对于汽车金融公司、小额贷款公司以及互联网金融平台等非银行金融机构而言，其特点是方便快捷，但贷款成本通常较高。

（三）信用卡贷款

信用卡由商业银行或信用卡公司发行，发行主体根据持卡人的资信状况授予持卡人一定的信用额度，从而持有信用卡的消费者可以使用信用卡在特定商户进行消费。发卡机构会定期同商户和持卡人进行结算，持卡人只要在规定的额度内消费并及时还款就可以免交利息。但倘若持卡人逾期未还款，就会被加收高额利息，恶意逾期者还会影响个人信用记录以及触犯刑事责任。信用卡贷款属于无担保贷款，主要根据持卡人的信用状况来确定其贷款额度，因此会面临较大的信用风险。同时，信用卡贷款是一把双刃剑，它既可以使消费者更加便捷地购物消费，也可能导致过度消费和盲目消费的发生，助长不良消费习惯。

现如今，信用卡贷款已经成为全世界最为流行的消费信贷方式之一，我国从20世纪80年代开始着手信用卡业务，至今已得到较快的发展。2018年底，我国信用卡和借贷合一卡在用发卡数量共计6.86亿张，人均持有信用卡和借贷合一卡0.49张[②]，并且呈现出不断增长的趋势。但在人均持卡量上，我国与发达国家还有较大差距，信用卡业务还有较大的发展空间。

随着电子商务和电子支付的发展，信用卡贷款面临着较大挑战。蚂蚁花呗、京东白条等金融产品具有与信用卡类似的功能，并且支付更加便捷，融资成本更低，未来可能会对信用卡业务造成更深层次的影响。

三、消费信贷的作用

（一）有利于促进消费增长，扩大社会总需求

消费信贷的发展在一定程度上缓解了消费者面临的流动性约束，通过超前消费把潜在购买力转变为现实购买力，能够增加居民的即期消费，使一部分有消费欲望且有

---

① 数据来源：中国银行业协会网站数据整理。
② 数据来源：中国人民银行网站数据整理。

一定经济实力的消费者提前满足消费需求。一方面，这会直接促进全社会消费规模的增长，从而扩大社会总需求；另一方面，贷款消费还会提高边际消费倾向，而边际消费倾向的提高，会通过乘数效应间接导致国民经济增长。一直以来，消费需求不足始终是我国经济增长过程中的突出问题，投资拉动经济增长也需要消费需求的同步提高来得以实现，因此，如何有效提高消费需求就显得十分重要。消费信贷的发展，有利于促进消费的增长，从而扩大总需求，最终推动经济增长。

（二）有利于消费结构和产业结构双升级，促进经济良性增长

消费信贷提高了消费者的消费能力，能够促进消费结构的升级。信贷约束的降低使消费者对不同层次产品和服务的消费更加合理，有利于消费结构的优化调整。不仅如此，消费信贷的发展还能进一步促进产业结构的升级。马克思指出，"生产决定消费，消费反作用于生产"[1]。生产的产品与服务只有被消费者消费掉，一轮经济循环才得以完成；而消费所产生的新的需要，又能进一步为新的生产提供生产对象。因此，消费信贷的发展，不仅有利于消费结构的升级，还能进一步促进产业结构的优化调整，形成"生产—消费—生产"的良性循环，从而促进国民经济的持续稳定发展。

（三）有利于树立信用观念，优化社会信用结构

由于消费信贷在我国的发展历程较短，传统的"量入为出"的消费观念还普遍存在，特别是在我国部分落后农村地区，经济信用观念还比较淡薄，不利于经济的持续发展。发展消费信贷能够改变传统的消费观念，有利于构建良好的社会信用体系，优化社会信用结构，提高全社会的信用水平。

（四）有利于促进金融行业的发展

我国金融机构的传统信贷业务主要面向工商企业，消费信贷的出现，拓展了银行等金融机构的业务，促进了金融产品的多元化发展，为金融行业创造了新的经济增长点。同时，消费信贷还有利于金融创新，不同机构间为了竞争客户群体、拓展创利渠道，势必会加快金融产品和服务的创新，这将有利于金融行业的长足健康发展。

（五）有利于完善社会主义市场经济体制

近年来，我国持续推进经济社会的改革步伐，其中重要一点就是推动我国经济增长模式由投资驱动型转变为消费驱动型。近些年，消费对我国国民经济增长的贡献率已超过60%[2]，并呈现逐年上升的趋势，但相比于发达国家而言仍存在一定差距，消费对经济增长的贡献还有较大的上升空间。消费信贷的发展不仅能够促进消费规模的扩大和消费结构的升级，还有利于促进储蓄向投资转化。储蓄和借贷是两个对立面，储蓄是未来使用现在的收入，借贷是现在使用未来的收入。消费信贷的发展，能够在一定程度上减少居民储蓄，促进全社会的储蓄向投资转化，进一步扩大内需，从而推动经济持续稳定发展。这是银行等金融机构适应金融体制改革，适应金融国际化发展趋势的表现，有利于完善社会主义市场经济体制。

---

[1] 马克思恩格斯文集（第8卷）[M]. 北京：人民出版社，2009：5-36.
[2] 数据来源：国家发展改革委网站数据整理。

第二节　消费信贷决策

一、消费信贷决策的内容

（一）担保方式的选择

商业银行等金融机构在发放贷款时，往往要求借款人提供担保，这能在一定程度上控制金融机构面临的风险，避免自身权益遭受损失。我国消费信贷的担保方式主要有抵押、质押和第三方担保这三个类别。

抵押贷款要求借款人提供一定的抵押品作为担保，以保证贷款的按期偿还。住房抵押贷款担保是我国消费信贷担保方式中的主要组成部分，消费者可以用已经拥有产权的住房进行抵押，也可以用所购买的住房进行抵押。此外，贷款银行往往还会要求借款人到保险公司对抵押的房产投保，以避免被抵押的房产价值出现巨大波动对银行造成的损失。如果借款方未能按期偿还贷款，银行有权自行处理抵押品以收回贷款。

质押贷款是指以借款人或第三人的动产或其他权利证明作为质押物发放的贷款。可以用于质押的物品通常包括银行存单或国库券、企业债券、金融债券、股票等有价证券。贷款银行在证明质押品的真实性后向借款人发放贷款，同时，借款人要将银行存单、有价证券等质押品交由银行保管以作为担保。

除了上述两种担保方式以外，借款人还可选择第三方担保。此种方式要求保证人受银行认可，具有一定担保资质，并为借款人的贷款承担连带责任。当借款人因某些原因无法按期还款付息时，担保人有代为偿还的责任。

以上三种贷款方式都需要一定的实物担保条件，除此之外，还有一种无须提供抵押品、质押品或第三方担保的贷款方式，那就是信用贷款。信用贷款并不需要有实际存在的人或物作为担保，它根据借款人的信誉程度发放贷款，借款人凭借不同信用等级能够获得不同贷款额度。通常情况下，商业银行等金融机构会对借款人的信用状况进行审查，以确保借款人没有出现过违约等信用不良记录。但对于贷款方来说，信用贷款由于没有具体的担保方式，再加上信息不对称的存在，其风险往往较大，银行审理借款人信用的过程也比较复杂，在信贷业务中借款人容易出现道德风险。一般而言，信用贷款往往是短期贷款，近几年出现的蚂蚁借呗、京东白条等金融产品就属于信用贷款。

（二）还款方式的选择

消费信贷的还款方式既可采用一次性还款，也可以采用分期还款。而分期还款又可分为等额本金还款、等额本息还款、递减或递增还款。一次性还款往往常见于信用卡贷款等短期贷款方式，分期还款则多见于汽车贷款、住房贷款等中长期贷款方式。其中，等额本金还款和等额本息还款是最常见的两种分期还款方式。

等额本金还款法是指每一期所还贷款的本金相同，利息逐期递减，从而每一期还款总额逐渐递减的还款方法。这种方式要求还款人前期偿还较多实际金额，随着时间的推移还款额逐渐减少。对于还款人来说，等额本金还款法带来的前期压力比较大，越往后还款负担越小。因此，此方法比较适合目前收入水平较高的人，例如，事业达到巅峰期的中年人，选择等额本金还款法就能在收入高峰期多还款，减轻未来的还款压力。等额本金还款法的计算公式如下：

$$每期还款金额 = \frac{贷款本金}{还款期数} + (贷款本金 - 累计已还本金) \times 每期利率$$

等额本息还款法是指每一期所还贷款的本金递增，利息逐期递减，从而每一期还款总额保持不变的还款方法。这种方式要求还款人每一期偿还的实际金额是相同的，将还款压力平摊到未来每一期，能够使还款负担保持平稳化。因此，此方法比较适合目前收入水平较低，预期收入将会保持稳定或增加的人，如刚参加工作不久的年轻人，选择等额本息还款法就能在一定程度上减轻前期还款压力。等额本息还款法的计算公式如下：

$$每期还款金额 = \frac{贷款本金 \times 每期利率 \times (1 + 每期利率)^{还款期数}}{(1 + 每期利率)^{还款期数} - 1}$$

由于等额本金还款法在前期偿还的本金相较于等额本息还款法更多，那么本金产生的利息自然就会越少。因此，等额本金还款法所偿还的总利息要明显少于等额本息还款法。但如果考虑货币的时间价值，事实上两种还款方式所偿还的总额度是差不多的。

二、消费信贷决策的影响因素

（一）家庭观念

我国传统消费观念认为，消费要量体裁衣、量入为出，今天的支出要建立在昨天的劳动基础上。人们往往认为欠债是不光彩的事，认为有多大的能力就办多大的事，不能"花明天的钱办今天的事"。并且传统观念提倡未雨绸缪，这就导致居民不仅不借贷，还习惯于增加储蓄。对于一部分消费者，特别是部分落后农村地区的消费者来说，还不太能够接受消费信贷这一较为新颖的模式。这种传统消费观念的存在，一定程度上阻碍了消费信贷的进一步发展。

（二）收入水平

收入水平的变化是消费者是否做出消费信贷决策的根本影响因素。前面提到，消费信贷是将明天的钱提前用于今天的消费，这必须建立在消费者预期收入稳定或者不断增加的基础上。因此，倘若消费者预期收入出现较大幅度的波动，将会对现期的消费信贷决策产生影响。如果消费者预期收入增加，提前消费的风险就会减少，消费者在借贷消费时的顾虑也会减少。反之，如果消费者预期收入降低，或是家庭遭遇重大变故导致未来的不确定性更高，消费者在做出决策时就会更加保守，谨慎地考虑是否进行借贷消费。

（三）利率水平

利率反映了借贷的资金成本，消费者必须要在提前消费的同时为所贷资金支付一定利息。如果市场利率下降，储蓄的收益和借款的资金成本就会降低，消费者会更愿意进行提前消费，因为所支付的利息要比利率没有下降时更少。反之，如果市场利率上升,消费者就更加偏好于储蓄而不是借贷,因为进行提前消费的机会成本更高,理性的消费者会减少借贷行为。

第三节 我国消费信贷的现状和问题

一、我国消费信贷的现状

(一) 消费信贷规模

我国消费信贷业务始于20世纪80年代,相比发达国家而言起步较晚,且发展初期主要以住房贷款为主。80年代末,各大银行相继推出了自己的个人住房贷款业务,但当时人们的消费观念还比较传统,对于消费信贷的接受程度不高,并且金融机构推出的消费信贷产品种类较少,加之缺乏相应政策法规来提供制度保障,导致我国消费信贷发展缓慢,对国民经济的整体运行影响甚微。随后在90年代末,我国相继颁布了各项关于消费信贷的政策规定,为消费信贷的发展奠定了制度基础。从那以后,我国的消费信贷业务进入快速成长期。2008年金融危机之后,面对严峻复杂的经济形势,我国出台了多项提振消费的政策措施,消费信贷政策也随之放松,带来了消费信贷的进一步发展。[①] 如表12.1所示,截至2019年,我国全部金融机构人民币消费贷款余额为439 669亿元,是2001年的60多倍。从增长率上看,由于初期总量较少,增长率较高,在随后的发展过程中逐渐趋于稳定。从比重上看,无论是占同年各项贷款总额的比重还是占同年GDP的比重都在不断上升,表明我国消费信贷发展迅速,且在国民经济中的重要性越来越显著。预计未来一段时间,我国消费信贷业务将会进一步发展并进入成熟阶段。

表12.1　　　　　　　　2001～2019年我国消费信贷发展状况

年份	消费性贷款总额 (亿元)	同比增长率 (%)	占同年GDP的 比重(%)	占同年各项贷款 总额的比重(%)
2001	6 990	—	6.31	6.22
2002	10 669	52.63	8.77	8.13
2003	15 736	47.49	11.45	9.90
2004	20 000	27.10	12.36	11.22
2005	22 000	10.00	11.74	11.30
2006	24 000	9.09	10.94	10.65
2007	33 000	37.50	12.22	12.61
2008	37 000	12.12	11.59	12.20
2009	55 000	48.65	15.78	13.76
2010	75 000	36.36	18.20	15.65

---

① 邓文硕. 我国消费信贷对产业结构的分化作用研究 [D]. 北京:中央财经大学,2019:57-62.

续表

年份	消费性贷款总额（亿元）	同比增长率（%）	占同年GDP的比重（%）	占同年各项贷款总额的比重（%）
2011	88 717	18.29	18.18	16.19
2012	104 357	17.63	19.38	16.57
2013	129 721	24.31	21.88	18.04
2014	153 660	18.45	23.88	18.81
2015	189 520	23.34	27.51	20.17
2016	250 472	32.16	33.56	23.50
2017	315 194	25.84	37.88	26.24
2018	377 903	19.90	41.11	27.73
2019	439 669	16.34	44.57	28.72

资料来源：中国人民银行网站、国家统计局网站，部分数据经笔者计算得到。

（二）消费信贷结构

20世纪末，我国消费信贷产品业务较为单一，个人住房贷款业务几乎占据消费信贷业务的全部份额。随着经济的不断发展，消费信贷产品业务逐步多元化，现如今已有个人住房贷款、汽车贷款、信用卡贷款、助学贷款、旅游贷款、医疗贷款、综合消费贷款等一系列多样化的信贷业务，几乎涵盖了个人生活的每一个领域。从信贷产品业务上看，如图12.2所示，以个人住房贷款、汽车贷款为代表的中长期消费性贷款仍占据我国消费信贷的绝大部分份额。但这一占比呈现出不断下降的趋势，以信用卡贷款等其他消费贷款为代表的短期消费性贷款占比不断提高。从消费信贷供给主体来看，我国消费信贷供给主体已由发展初期的商业银行为主转变为商业银行、汽车金融公司、消费金融公司、小额信贷公司、互联网金融公司并存的局面。

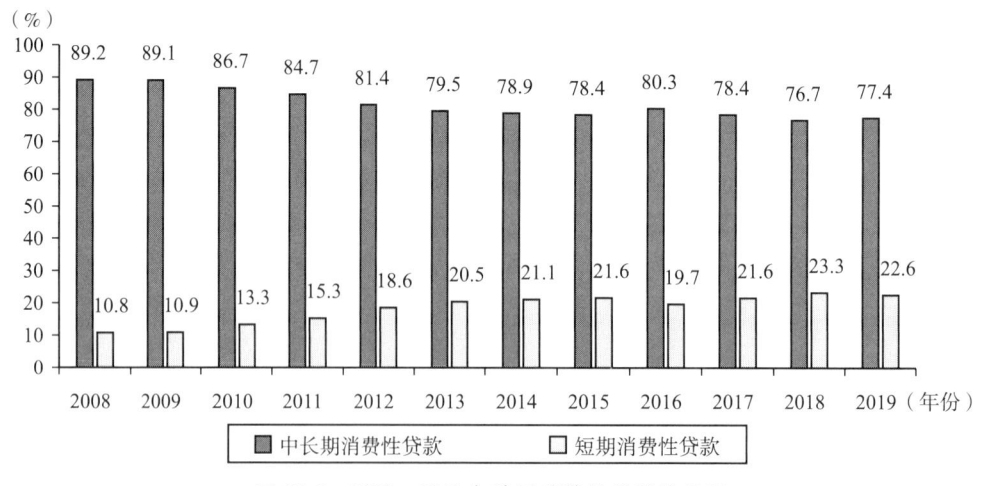

年份	中长期消费性贷款（%）	短期消费性贷款（%）
2008	89.2	10.8
2009	89.1	10.9
2010	86.7	13.3
2011	84.7	15.3
2012	81.4	18.6
2013	79.5	20.5
2014	78.9	21.1
2015	78.4	21.6
2016	80.3	19.7
2017	78.4	21.6
2018	76.7	23.3
2019	77.4	22.6

图12.2 2008~2019年我国消费信贷结构状况

资料来源：国家统计局网站。

二、我国消费信贷存在的问题

(一) 消费信贷规模不够大

从上面的分析可以看出,我国消费信贷的规模尚有进一步扩大的空间。导致消费规模受到限制的原因有很多。首先,居民收入水平还不够高,收入差距较大。我国自改革开放以来经济社会发展迅速,居民收入水平稳步提高,但相比于发达国家而言还处于较低水平。同时,我国收入分配不够均衡,居民收入差距较大,这导致消费需求较大的中低收入群体没有足够的收入来保障消费信贷的实现。消费信贷的进一步发展,信贷规模的进一步扩大,都直接依赖于居民收入的不断提高。特别是对于消费需求较大的中低收入群体来说,如何提升他们的收入水平是扩大消费信贷规模的关键所在。其次,社会保障体系还不够完善。发达国家的消费信贷业务发展之所以比较成熟,一个重要的原因就在于建立了完善的社会保障体系。消费信贷是花明天的钱办今天的事,不可避免地会面对未来不确定性所带来的风险,这就需要有完善的社会保障体系起到兜底的作用。

(二) 消费信贷结构不合理

根据上面对消费信贷现状的分析还可以看出,我国目前的消费信贷结构仍存在不合理的地方,其中最重要的一点就是以个人住房贷款为代表的中长期消费性贷款占比过高。一段时间以来,我国房价不断攀升,部分中低收入人群在购买个人住房后面临较大的还款压力,这将不可避免地挤压其他消费贷款的空间,从而影响信贷产品的多元化延伸,进而阻碍我国消费信贷的进一步发展。

(三) 社会信用体系不健全

消费信贷面临的最大风险是信用风险。在当今社会,信用的重要地位越来越突出,良好的信用记录能为个人带来无形的信誉财富。一般而言,为保证能够安全收回贷款,银行等金融机构往往需要一定的抵押品、质押品或者其他担保方式才能给消费者发放贷款。但如果消费者拥有良好的信用记录,那么银行等金融机构就更可能相信消费者具有偿债能力,在担保方式上的要求就会更低。除此之外,拥有良好信用记录的消费者还可能会在贷款额度、时限、利率上获得更多优惠。另外,如果有第三方机构提供权威、客观的个人信用记录,银行等金融机构在办理相应业务时就会更加便捷,从而降低交易成本,促进消费信贷业务的发展。现如今,虽然我国已建成全世界规模最大的征信系统,但在具体实施过程中还有待完善。

第四节 完善我国消费信贷的对策

一、转变居民消费观念

消费信贷在我国的发展时间并不长,而不少居民仍然延续着量入为出的传统消费观念,这不利于我国消费信贷的进一步发展。因此,银行等金融机构应当通过宣传,让消费者真正了解消费信贷是什么,能够为消费者带来什么好处。特别是对于部分落后农村地区的居民来说,应当让他们逐步了解消费信贷,合理利用消费信贷提高自己的生活水平。

二、提高居民收入，完善社会保障体系

收入水平是限制我国消费信贷发展的根本因素。现阶段我国居民收入水平还不够高，并且收入差距较大。对于消费者而言，在没有稳定收入的前提下，就不敢进行消费信贷决策。同时，对于拥有较大边际消费倾向的中低收入消费者而言，他们往往面临着没有足够收入去进行消费及保障提前消费的局面。因此，为了促进我国消费信贷的发展，政府要切实提高居民消费水平，深化收入分配制度改革，让消费者能够有钱消费。此外，在提高居民收入的同时，要进一步完善养老、教育、医疗等社会保障体系，减少消费者提前消费的后顾之忧，让消费者能够放心消费。

三、完善消费信贷法律体系，健全个人信用体系

消费信贷业务的顺利开展需要完善的政策法规来保障。一方面，政府制定完善的消费信贷政策法规有助于各个环节的顺利运行，为金融机构和消费者提供便利，有利于降低交易成本。另一方面，消费信贷法律体系的完善，有利于保障金融机构和消费者的合法权益，为信贷产品的供给方和需求方提供法律制度保障，从而促进消费信贷健康发展。此外，一个成熟的信用体系是市场经济健康发展的重要推动力量。因此，要在全社会营造良好的信用氛围，健全个人信用体系，完善科学、权威的个人信用评价制度，为消费信贷的发展提供信用保障。

【扩展材料】

一、相关政策文件

1. 《中国人民银行公告〔2019〕第 15 号》
2. 《关于进一步规范商业银行互联网贷款业务的通知》

二、前沿知识

贷款市场报价利率（LPR）

为深化利率市场化改革，提高利率传导效率，中国人民银行于 2019 年 8 月 20 日起开始实施贷款市场报价利率（LPR）报价机制。LPR 由市场化招标的公开市场操作利率加点形成，商业银行的贷款利率则参照 LPR 定价。一段时间以来，我国利率由央行统一规定，各商业银行统一执行，这导致利率的传导效率低下，利率推动市场资源配置的效率较低。为了进一步推动金融市场的改革，率先进行利率改革意义重大。LPR 报价机制实施以后，贷款利率由之前参考央行基准利率定价的浮动利率，转换为参考 LPR 定价的浮动利率。这有利于推进利率市场化进程，有利于疏通货币政策传导机制，打破了银行贷款利率的隐性下限，从而促进全社会融资成本的降低，提高市场资源配置的效率。

资料来源：周子勋. 利率市场化改革迈出关键一步［EB/OL］. https://baijiahao.baidu.com/s?id=1642221039908467259&wfr=spider&for=pc，2019-08-19。

年轻人的实质性负债

据 2019 年 11 月 13 日发布的《中国消费年轻人负债状况报告》（以下简称"报告"）显示，约 45% 的年轻人背负着"实质性负债"。从消费信贷产品类别上看，互联网分期消费产品凭借其灵活便利等优势，尤其受到年轻人的青睐。且大部分年轻用户都表示对自己未来的就业和收入充满信心，这在一定程度上促进了年轻用户对消费信贷的接受和使用程度。但与此同时，报告还显示，部分年轻人对消费诱惑缺乏抵抗力，特别是在遇到"双十一"等线上平台活动时，在商家的诱导营销手段下，不少年轻人容易出现冲动消费和过度消费行为。为此，中原消费金融公司首设"贷款冷静期"，只要是首次获取额度且尚未发生首次借贷行为的用户，均可获得 7 天无理由免息还款权益，这一举措被业内人士认为是保护消费者权益的有益尝试。

年轻人过度消费、超前消费等行为只是我国消费信贷中的一个缩影，事实上，我国消费信贷无论是从消费者还是金融机构来看都存在着一定程度的不良现象。《2020 年第四季度中国货币执行报告》中提出，在我国消费贷款快速发展的同时，部分金融机构为了自身业绩，忽视了诸如客户资质下沉明显、多头共债和过度授信等消费信贷背后蕴含的风险，这将不利于我国去杠杆的长期目标和消费信贷业务的长期健康发展。因此，国家在推动消费信贷业务稳步发展的同时，也在不断完善消费信贷的风控体系。2021 年 2 月 20 日，中国银保监会办公厅发布了《关于进一步规范商业银行互联网贷款业务的通知》，从限额管理、出资比例要求等多方面对商业银行、消费金融公司和汽车金融公司等金融机构的互联网贷款业务进行了新的规定。这项新规可能会使各金融机构重新审视其消费信贷的线上线下业务结构，重新平衡业务发展和风险防范之间的关系。

资料来源：尼尔森市场研究公司：90 后实质负债率 12.53% ［EB/OL］. https：//baijiahao. baidu. com/s？id = 1650086478408262307&wfr = spider&for = pc，2019 – 11 – 13。

【思考题】

1. 消费信贷是什么？有哪些因素会影响消费信贷决策？
2. 简述发展消费信贷的作用与意义。
3. 我国消费信贷有哪些种类？分别有什么特点？
4. 简述个人信用制度对于发展消费信贷的重要性。

第十三章
消费扶贫

第一节 消费扶贫的定义和内涵

一、消费扶贫的定义

消费扶贫诞生于我国企业对中国减贫事业的努力之中,并迅速以燎原之势在全国铺展开来,成为我国扶贫体系的又一创新实践。

有组织有规模地开展消费扶贫行动可以追溯到2016年10月16日,友成企业家扶贫基金会、京东集团和今日头条三家企业在"2016国家扶贫日论坛电商精准扶贫分论坛"上共同成立了"消费扶贫联盟",该联盟旨在帮助贫困地区的经济发展和劳动力转移就业。几乎同一时期,中国银行和建设银行等金融机构也展开了消费扶贫行动的探索,借助自有平台宣传和销售贫困地区的农副产品。2017年后,东西部协作对口扶贫、国企、大型民营企业、社会组织和电商平台等都展开了轰轰烈烈的消费扶贫行动。[①]

"消费扶贫"一词首次在国家政策体系中被提及是在2016年11月,国务院扶贫办等16个中央部委联合发布了《关于促进电商精准扶贫的指导意见》,要求"动员社会各界开展消费扶贫活动"。2018年6月发布的《中共中央国务院关于打赢脱贫攻坚战三年行动的指导意见》也对消费扶贫的实现形式做出了指导。2019年1月14日发布的《国务院关于深入开展消费扶贫助力打赢脱贫攻坚战的指导意见》(以下简称《意见》)则是首次对消费扶贫进行了明确定义:"消费扶贫是社会各界通过消费来自贫困地区和贫困人口的产品与服务,帮助贫困人口增收脱贫的一种扶贫方式,是社会力量参与脱贫攻坚的重要途径。"《意见》从消费需求动员、流通和销售渠道开拓、扶贫产品供给质量提升、休闲农业和乡村旅游升级以及措施保障五个方面对消费扶贫进行了全面的部署和安排。自此,消费扶贫被纳入我国精准扶贫体系,成为我国高质量打赢脱贫攻坚战、决胜全面建成小康社会以及推进实施乡村振兴的关键举措。

农产品销售一直是贫困地区的难点,再加上新冠肺炎疫情对农产品销售的负向影响,贫困地区农产品销售更为困难。在此背景下,国务院扶贫办等7个部门于2020年2月14日联合发布了《关于开展消费扶贫行动的通知》,明确了消费扶贫的工作目标、基本原则、主要方式,强调要规范扶贫产品认定和严格监管。紧接着,国务院扶贫办

---

① 魏延安.消费扶贫:政策、理论与实践[J].陕西行政学院学报,2020,34(1):14–19.

于 2020 年 4 月 23 日发布了《国务院扶贫办关于做细做实消费扶贫行动有关事宜的通知》,提出要从 2021 年起,用 3~5 年的时间完善消费扶贫行动机制,借助社会扶贫巩固脱贫成果和缓解相对贫困,同时还对扶贫产品的认定、公示、发布、管理进行了更为细致全面的部署,从国家和地方两个层面增强对消费扶贫的政策支持。

二、消费扶贫的内涵

(一) 消费扶贫是协同治理理论在扶贫领域的实践

公共事务管理的核心范式先后经历了"统治"到"管理"再到"治理"的转变。[①] 与单一主体的管理相比,治理理论强调多元主体的参与,但多元主体是否地位平等,则依据具体理论流派各有区别。协同治理理论强调多元社会主体之间的自愿与平等协作,通过协商对话和相互合作的方式制定共同规则;同时,在协同治理体系当中,某些组织可能会处于主导地位。[②] 而在我国情境下,政府在治理的多元主体中处于主导地位。

消费扶贫是协同治理理论在我国扶贫领域的实践。《国务院关于深入开展消费扶贫助力打赢脱贫攻坚战的指导意见》提出消费扶贫的运作模式是"政府引导、社会参与、市场运作、创新机制"。消费扶贫表现为消费,但是,只有供给和需求相匹配才能实现消费。贫困农村长期游离于主流消费市场之外,其较为低端的产品供给难以满足不断更新升级的城市消费需求。消费扶贫的市场运作下,贫困地区分散独立的小规模市场边界被打破,融入了更为庞大的东西区域、城乡甚至是国际市场。城市消费者规模化、品质化、多样化、个性化、绿色化的消费需求源源不断地传导至贫困地区,迫使贫困地区必须加快扶贫产业发展,增加产品供给数量和提升产品供给质量。在遵循市场公平交易的规则下,贫困农户在政府和社会的帮扶下逐渐培育出参与市场竞争的生产和经营能力,继而从市场经济中持续获益。

但是,追求利润最大化的资本断然不会主动吸纳生计资本薄弱、高度风险厌恶的贫困农户。如果完全遵循市场规则,消费扶贫的结果将是"扶富不扶贫",经济效益或能得到实现,但社会效益定然无法实现。因此,政府作为公共利益的代表,必须参与到消费扶贫中,而且必须居于强势主导地位,平衡消费扶贫的经济效益和社会效益。政府部门在消费扶贫过程中,一方面要激发扶贫龙头企业为代表的市场主体参与消费扶贫的积极性,既要推进交通、物流和电商平台、公共冷藏保鲜设施等基础设施的建设以降低企业成本,又要通过税费减免、补贴优惠和用地便利等各项措施减轻企业负担、便利企业入驻;另一方面要制定相应机制和参与路径确保贫困农户的有效参与并使贫困农户从中受益,构建并完善扶贫产品带贫益贫机制,督促扶贫企业采取订单收购、劳务用工、入股分红、资产租赁和种养托管等多种方式吸纳贫困农户尽量多地参与扶贫产品的种养、加工和流通环节。

消费扶贫市场化的运作方式一头连接了贫困地区,另一头连接了身在城市的广大

[①] 李龙,任颖."治理"一词的沿革考略:以语义分析与语用分析为方法 [J]. 法制与社会发展,2014,20 (4):5-27.
[②] 李汉卿. 协同治理理论探析 [J]. 理论月刊,2014 (1):138-142.

消费者，带动了全体社会成员的参与。借助东西部对口协作帮扶机制，贫困地区的扶贫农业龙头企业与发达地区的食品加工企业、商超和农贸市场等签订长期稳定的供货协议，扶贫产品进入北京和上海等大城市销售。借助中央定点帮扶机制，政府机关、高校、医院、军队等预算单位为贫困地区预留采购份额，在同等条件下优先采购贫困地区的农产品，雇佣贫困地区的工勤人员，优先到贫困地区旅游。除了线下销售，消费扶贫还积极适应电商发展新趋势，将扶贫产品上线至中国社会扶贫网、淘宝、京东、拼多多等电商平台进行销售。总之，无论是线上还是线下，扶贫产品都融入了更为广阔的消费市场，参与到了市场同类商品的竞争中，成为全体消费者的消费选择之一。消费者可以自由选择是否购买扶贫产品，消费扶贫成为一项"人人皆可为，人人皆愿为"的社会扶贫行动。

求变才能图存，唯有不断创新才能适应社会的不断变化和发展，此即为消费扶贫"创新机制"的题中之义。扶贫产品认定机制、扶贫产品线上销售渠道开拓、扶贫产品与直播相结合、"区长带货"等无一不是消费扶贫的创新举措。消费扶贫本身也是一项创新，诞生于产业扶贫后，诞生于我国绝对贫困向相对贫困过渡的时期，第一次带入了全社会一起参与消费扶贫，第一次构建了社会扶贫的机制，为我国脱贫成果巩固和缓解相对贫困探索出了一条新的道路。

由此可见，消费扶贫是贫困农户、政府、企业和广大消费者等多元主体共同参与的扶贫行动。在政府主导下，多元主体以贫困农户为中心，建立起了一套产业发展惠及贫困农户的带贫益贫机制，使贫困农户能够长久地分享市场价值分配，提升贫困农户应对风险的能力，在参与中获得可持续发展的能力。

（二）消费扶贫从供需两端同时发力

政策制定可分为供给端和需求端两个方面，消费扶贫政策体系也可照标准进行划分。

需求端，消费扶贫注重动员消费者对贫困地区产品和服务的需求。《国务院关于深入开展消费扶贫助力打赢脱贫攻坚战的指导意见》提出要动员社会各界积极消费来自贫困地区的产品和服务，其中包括：第一，政府机关和国有企事业单位带头消费，优先采购贫困地区的产品，招纳贫困地区劳动力，到贫困地区旅游和开展工会活动等。第二，东西部对口帮扶省份引导本地政府机关和企事业单位等与贫困地区建立供销关系。第三，鼓励民营企业、行业协会和慈善机构等社会组织参与消费扶贫，依托"中国农民丰收节"和中国社会扶贫网等平台加强对扶贫产品的宣传和推介。由商务部等10个部门制定的《多渠道拓宽贫困地区农产品营销渠道实施方案》，提出企业设立扶贫专区和电商扶贫频道、高校食堂专门开设扶贫窗口、医院等所产所设置扶贫产品专柜等措施增加扶贫产品销量。《消费扶贫助力决战决胜脱贫攻坚2020年行动方案》号召进一步扩大对贫困地区产品和服务的消费规模，具体措施包括：预算单位预留采购份额、机关和政府定向直购、鼓励市场主体参与、农校对接、贫困县产品进医院、央企带头消费、万企帮万村、工会优先消费、公益扶贫、妇女消费扶贫和军队帮扶等。财政部和国务院扶贫办两部门联合制定了《关于运用政府采购政策支持脱贫攻坚的通知》，鼓励预算单位预留贫困地区农产品采购份额、优先采购建档立卡贫困户贫困人员超过30%的物业公司的服务。

供给端，消费扶贫注重全方位提升贫困地区产品和服务的供给质量。《国务院关于深入开展消费扶贫助力打赢脱贫攻坚战的指导意见》从流通和销售渠道开拓、物流网点建设、农产品标准化建设、规模化产出、特色品牌打造、休闲农业和乡村旅游升级等方面提升消费扶贫供给端质量。《消费扶贫助力决战决胜脱贫攻坚 2020 年行动方案》提出，要在贫困地区加强网络基础设施、公共服务平台、冷链物流设施和旅游基础设施等基础设施建设力度，采取"农户＋合作社＋企业"联结模式提升产品供应能力，实施标准化生产以提升供给质量。《多渠道拓宽贫困地区农产品营销渠道实施方案》提出，要在贫困地区达成建制村直接通邮的目标，在特色农产品生产基地建设适度规模的冷链基础设施以延长农产品的在售时间，提升农产品初加工水平以提升其商业价值。

扩展阅读

"政企商媒"联动的消费扶贫模式

"政企商媒"联动的消费扶贫模式，激励各类企业投入扶贫事业的热情和积极性，为愿意参与公益事业的企业提供安全、可靠的"真扶贫"工作平台，实现扶贫资源的整合与重组，通过市场化手段推动扶贫事业发展。

该模式的总体思路是指导、监管、把控平台的建设，以及平台企业和参与企业的甄选，监督平台运作和平台形成的扶贫资金动向、评估扶贫项目，联系、推动平台扶贫在地方实际落地并获取政策支持，跟踪把控平台扶贫工作进展。基本框架如图 1 所示。

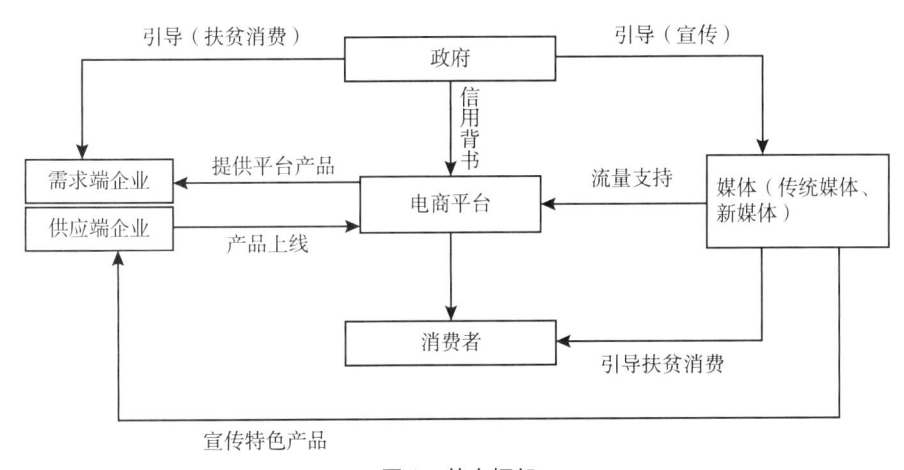

图 1 基本框架

政府：充分利用政府的公信力和政策优势，引导鼓励各类企业参与进来。(1) 引导媒体（新媒体、传统媒体）进行贫困县特色资源、产品宣传；(2) 引导需求端企业进行扶贫消费；(3) 为扶贫电商平台进行信用背书，通过其参与扶贫的积极性。

> 需求端企业（B）：通过电商平台B端进行B2B的扶贫消费。如有针对性地面对扶贫产品和服务，组织企业员工福利发放、其他集团采购等。
>
> 电商平台：充分发挥互联网优势，整合和重组各类扶贫资源，协助建设包含产品、资金、服务及配套元素等全方位的公益扶贫平台。（1）为供应端企业通过产品销售平台；（2）为需求端企业B提供平台产品；（3）为C端消费者提供扶贫产品，促进B2C的扶贫消费。这样的电商平台（包括微信小程序、官方商城、天猫平台）是一个"PC＋手机＋微信"多渠道统一管理的平台，能够将"供应商→生产商→经销商→消费者"各个产业链紧密连接在一起。整个过程是一个创造价值到价值变现的过程，从生产、分销到终端零售的资源进行全面整合。
>
> 媒体（新媒体、传统媒体）：充分发挥舆论导向和流量优势，进一步讲好扶贫故事，通过各种形式的舆论报道宣传扶贫事业、扶贫平台和社会组织，传播正能量，引导带动更多愿意参与公益扶贫事业的企业和社会组织。（1）为电商平台提供流量支持；（2）引导消费者扶贫消费；（3）引导需求端企业扶贫消费。
>
> 通过"政企商媒"联动，媒体发挥社会责任，把宣传流量资源价值向贫困地区企业和扶贫平台转移，帮助贫困地区的产品和服务走进全国、世界大市场，助力贫困地区产业发展，实现可持续"造血"。
>
> 1. "政企商媒"联动，宣传推介特色资源、产品，特别是引导明星、"网红"公益活动，激发贫困地区人口脱贫致富的内生动力，实现对贫困地区"扶智""扶志"的溢出效应。
>
> 2. "政企商媒"联动，为特色资源、产品服务拓宽变现途径，引导更多企业带着资金、技术、信息、市场参与扶贫，实现对贫困地区授之以"鱼"到授之以"渔"的转换。
>
> 3. "政企商媒"联动，为电商平台背书，并协调各方通过公益流量资源，实现电商平台低成本精耕细作反哺实体经济。
>
> 4. "政企商媒"联动，搭建公益平台、扶贫资源聚集平台，弥补贫困地区交通、信息、人才短板，实现为爱心人士、企业和贫困地区联动，为全社会创造扶贫共享价值。
>
> 资料来源：刘慧，刘江华．公益视角下"政企商媒"联动的消费扶贫模式探索［J］．中国财政，2020（9）：36－38．

第二节 消费扶贫的减贫机制

一、内生动力机制

"制度结构－个体行动"分析框架将贫困的成因分为两类：一类是制度成因，另一类是个体成因。"制度就是公共部门理性设计的、以现实脱贫目标的转换机制"[①]，通过

[①] 段忠贤，黄其松．要素禀赋、制度质量与区域贫困治理：基于中国省际面板数据的实证研究［J］．公共管理学报，2017，14（3）：144－153，160．

增加资本、劳动力和科技等要素增加产出，或是通过改变要素的组合方式增加产出。[①]我国历史发展造成的巨大的城乡二元差异和东西区域差异，以及由此导致的经济发展程度的差别和公共服务的差别都是贫困的制度成因。自20世纪80年代开展有组织有规模的扶贫开发行动以来，我国一直在努力破除脱贫的制度阻碍，建立以贫困县为单位的扶贫瞄准机制，推进西部大开发和乡村振兴战略，推进城乡基本公共服务均等化。

除制度成因外，个体因素也是贫困的重要致因。因个体可行能力差以及脱贫内生动力不强，贫困人口难以脱贫。尤其是脱贫的内生动力瓶颈，越到扶贫后期越明显。传统的给钱给物的"输血式"扶贫方式滋养了部分贫困人口的依赖思想和懒惰思想："不是我要脱贫，而是政府要我脱贫"，"即使我不努力，生活也能过得去"，"政府给我盖了房子买了牛，政府不如再给我娶个媳妇"。消费扶贫则是区别于"输血式扶贫"的"造血式扶贫"，倡导以贫困农户为中心的参与式扶贫。贫困农户分散且不具有与强势市场主体谈判订约的能力，政府就主导建立了"农户＋企业＋合作社"的消费扶贫模式，以扶贫产品为载体推进扶贫农业龙头企业和新型农业经营主体的带贫益贫机制，使贫困户通过契约型和股权型利益联结方式参与到地区产业发展中，分享经济发展的成果。在亲身参与的过程中，贫困人口感受到消费扶贫真真切切的实惠，通过自身努力摆脱贫困的意愿自然被激发。再加上通过自身努力获取的尊严、自我价值的实现以及贫困亚文化的脱离，贫困人口脱贫的内生动力越来越强，稳定脱贫自然指日可待。

二、倒逼机制

需求刺激政策的效果虽然较为短暂，但是对消费扶贫政策效果的影响却非常重大。这是因为消费扶贫遵循的是需求带动供给的路径。"小农"是我国贫困地区农业经济的普遍事实，生计资本十分有限的贫困农户以较为传统的方式种养品种较为单一的作物和牲畜家禽，生产的农产品以初级产品为主，较为分散、数量少、品质参差不齐，导致农产品商业价值低。再加上农产品固有的季节性明显、储存运输困难等制约，贫困地区生产的农产品大多在当地的小规模零散市场上流转销售，与主流消费市场脱节严重。消费扶贫建立了跨区域、跨城乡的交换系统，将城市的消费需求传达到了贫困地区。贫困地区如果延续传统生产路径，必然无法满足城市消费者较为高端的消费需求，消费扶贫也难以为继。因此，贫困地区不得不根据城市消费者品质化的消费需求精选特色产业培育优良品种，根据城市消费者数量庞大的消费需求提升产业的规模化和标准化水平，根据城市消费者多样化的消费需求打造适应不同人群的产品品牌，根据城市消费者个性化的消费需求增加文创等创意元素提升产品的附加价值。此即为消费扶贫的倒逼机制。

然而，值得注意的是，消费扶贫的倒逼作用并不直接作用于贫困农户，而是作用于农业龙头企业和新型经营主体等市场主体。贫困农户的资源十分有限，动员资源的能力也十分有限，不能承担供给端提质升级的重任。与此相反，市场主体能够动员的

[①] 杨敏，叶彬，杨芳，钱争鸣．经济增长模型中的制度内生化与资本化研究［J］．经济问题探索，2013（3）：24-29．

资源较为丰富,且本身具有革新以获取经营利润的内在激励,是消费扶贫的理想载体。通过鼓励农业龙头企业和新型经营主体等市场主体申报"三品一标"扶贫产品,制定高于市场标准的地方产品标准,使贫困地区扶贫产业发展升级,产品供给质量提升,满足城市消费者的品质化需求。总之,城市的高端需求是刺激贫困地区产业发展的原始动力,为贫困地区产业提供了空前的发展机遇。当然,贫困地区也要以敏锐的眼光抓住机遇,并将其部署落地,才能发挥需求端对供给端的带动作用,并最终依靠具有市场竞争力的优势供给抢占市场。

三、共享机制

消费扶贫究竟是"经济行为"还是"道义经济行为"?学界尚存在争论。一类观点认为消费扶贫是一种道义经济行为,兼有道义行为的属性和经济行为的属性。[1][2][3] 一方面,消费扶贫借助社会各界力量为贫困地区获取了产品的优先销售权、服务的优先采购权以及劳务的优先雇佣权,体现了扶贫济困的道义行为特征;另一方面,消费扶贫以产品和服务的价值交换为基本实现形式,符合市场的等价交换规则。另一类观点认为消费扶贫归根结底是经济行为,即使在短期之内得到了社会各界的帮扶,但最终能否发挥持续稳定的减贫作用还是要看产品在消费市场当中的竞争力。[4] 此类经济增长减贫具有益贫式经济增长和包容性增长的特征,在促进经济增长的同时注重贫困人口对经济增长成果的共享。两类观点的共同之处在于,都承认消费扶贫的"经济行为"属性。

经济行为遵循等价交换的规律。消费扶贫具有经济行为属性,因此也遵循等价交换的规律。贫困农户作为供给方,向市场提供农产品和服务,由此获得财产性收入、经营性收入和工资性收入。收入的增加使贫困农户生活改善,摆脱贫困。消费者从市场购买产品和服务,这些产品和服务中自然也包括由贫困人口提供的产品和服务,消费者从中自由选购。在国民收入不断提升、消费结构不断升级的大背景下,城市消费需求更为个性化、多样化和品质化,再加上长期以来工业化生产方式引发的食品质量和安全问题,消费者对贫困地区生产的特色、有机、绿色农产品愈发青睐有加,也愿意选购贫困地区生产的农副产品。除此之外,购买贫困地区产品也是履行中华民族历来推崇的道义责任,"以买代帮,以购代捐",在消费的同时也富裕了自身的道德价值,消费者也愿意了解并购买扶贫产品。由此观之,消费扶贫的经济行为属性既有利于贫困农户增收脱贫,也有利于消费者满足消费需求和道德需求,真正实现了买卖双方的互利共赢。同时,消费扶贫也是对全社会的帕累托改进,在不损害其他各方利益的同时改善了贫困人口的状况。这种互利共赢的共享格局使消费扶贫具有了持久的生命力,即使国家和社会扶贫力量在脱贫后渐次撤出,贫困地区也能培育出具有市场竞争力的区域特色品牌,带动贫困地区走上持续发展的道路。

---

[1] 李军. 海南省消费扶贫的创新实践[J]. 农村·农业·农民(B版), 2019(6): 18-20.
[2] 王俊. 消费扶贫的路怎么走[J]. 决策, 2019(7): 60-62.
[3] 李丽. 消费扶贫的成效、问题与对策:基于"海南爱心扶贫网"的调查[J]. 新东方, 2019(3): 48-54.
[4] 陈前恒. 消费扶贫:架起城乡需求的桥梁[J]. 人民论坛, 2019(23): 80-82.

第三节　消费扶贫与经济增长

一、消费扶贫与产业发展

郭劲光和俎邵静将当前中国的扶贫措施归结为"开发式扶贫"和"保障式扶贫"相结合的综合模式。① 前者主要借助经济增长的"涓滴效应"减轻贫困，贫困人口受益于经济增长的成果。后者则是借助社会保障制度为贫困人口提供教育、医疗、养老等方面的生活保障。2011 年后，贫困人口呈点状分布，我国开发式扶贫与保障式扶贫共举，双线并进减轻、根除绝对贫困。2014 年后，我国实施精准扶贫政策，要求扶贫工作做到"对象要精准、项目安排要精准、资金使用要精准、措施到位要精准、因村派人要精准、脱贫成效要精准"六个精准，其目的在于提升扶贫工作的"精准程度"，改变以往大水漫灌的扶贫方式，在节约扶贫资源的情况下提升扶贫质量，然而其根本思路仍然符合开发式扶贫与保障式扶贫双线并进的思路。

消费扶贫也隶属我国精准扶贫体系，具体应当划入开发式扶贫的阵营。因为消费扶贫仍然是通过经济增长减轻贫困。消费扶贫的政策体系可以划分为需求动员政策和供给变革政策两大类别。其中，供给变革政策的本质是通过发展贫困地区的产业带动贫困人口脱贫。一是带动贫困地区农业的发展，布局建设特色绿色生态农业，引进优良种养品种，推广先进种养技术，提升农副产品的初加工、储存和运输能力，促进贫困产品的标准化和品牌化建设。二是带动贫困地区旅游业的发展。我国幅员辽阔、人口众多，自然景观、历史遗迹、民俗文化丰富多样，为异质性生态旅游资源的开发提供了广阔的基础。贫困地区大多属于老少边地区，自然资源较为匮乏，然而越贫困的地区对资源的依赖程度越高，由此导致了自然环境的进一步恶化。生态旅游业的开展可谓恰逢其时，既能利用贫困地区丰富的生态旅游资源，又能通过第一产业向第三产业的转移减轻生态环境压力，还适应了我国人民生活逐渐富裕的背景下精神消费需求增加的趋势。

消费扶贫促进并适应了产业高级化的演进趋势。产业高级化的演进趋势是一国或区域的产业结构由第一产业占优逐渐向第二产业占优转变，然后再向第三产业占优转变。消费扶贫消费的主要是贫困地区的农副产品和服务。消费贫困地区服务的主要方式是到贫困地区旅游和雇佣贫困地区的劳动力。旅游业的发展有利于贫困地区剩余劳动力就近向第三产业转移，雇佣贫困地区劳动力则是当地剩余劳动力向外转移，两者均有利于我国产业的高级化发展。然而，消费贫困地区的农副产品带动的是第一产业的发展，似乎不利于我国产业的高级化演进。事实上，消费扶贫为贫困地区带去的是更为先进的生产技术和更加高效的生产方式，有利于第一产业劳动生产效率的提高。农业劳动生产率的提高使更少的劳动力要素能够达到更高的产出，农业产业发展了，但是农业所需劳动力减少了，更多剩余劳动力可向第二和第三产业转移。

---

① 郭劲光，俎邵静. 七十年来我国扶贫开发模式转型研究［J］. 重庆社会科学，2019（6）：2，5 - 17.

二、消费扶贫与内需扩大

2020年12月29日,中共十九届五中全会审议通过《中共中央关于制定国民经济和社会发展第十四个五年规划和二〇三五年远景目标的建议》,提出我国要以国内大循环为主体,推动国际国内双循环。消费、投资和出口是拉动国民经济增长的三驾马车,2014年起,消费一跃成为拉动我国经济增长的头架马车。出口属于国际经济循环,只有消费和投资两者属于国内经济循环。而当前我国消费对经济增长的拉动作用又超过了投资。由此可见,消费对经济增长的重要作用不言而喻。2019年,我国最终消费率为55.4%[①],高于日本、德国和法国,但仍低于美国(68.4%,2017年)13个百分点,居民消费水平仍有待提升。

要想了解如何扩大居民消费,就必须首先分析清楚我国居民消费扩大的制约因素。消费能力不足和消费意愿不高是制约我国居民消费扩大的两大主要因素。一方面,消费扩大必须以消费能力的提升为基础,也就是居民可支配收入的增加。仅从我国贫困地区的居民消费来看,我国现行的贫困标准本就是以货币进行度量的经济型贫困(家庭年人均纯收入2 300元,2010年不变价),也就是说我国贫困人口本就是人均可支配收入较低的人群,消费能力自然不高,这制约了我国居民消费的扩大。另一方面,即使有了消费能力,还要居民愿意消费、敢于消费。教育、医疗、养老和事业等方面的社会保障制度不够完善使得居民不得不预留部分收入用于预防未来可能面临的风险。尤其是贫困人口,除金融资本较为匮乏之外,人力资本、社会资本、自然资本和社会资本等建立生计所需的资本全都十分匮乏,在面临周期性波动、外部冲击等其他因素时极易陷入贫困,防范风险的诉求更高,更不愿意扩大消费。

贫困人群是我国消费扩大的潜力军。按照边际消费倾向递减的规律,贫困人群收入每增加1元带来的边际消费高于非贫困人群。因此,贫困人口脱贫增收对于全国居民消费扩大具有重要作用。尤其是刚刚脱离贫困的群体,倾向于在短期之内增加生活改善性支出。2021年我国即将消除绝对贫困,全面建成小康社会。但是,消费扶贫依然还在持续推进。消费扶贫带动贫困地区产业发展和人民增收,此种社会扶贫机制不仅有利于绝对贫困的消费,还有利于乡村振兴战略的实施和相对贫困的减轻。归根结底,消费扶贫始终以产业发展和人民增收为核心,无论是在过去、当前,还是在未来都将有利于人民消费能力和消费意愿的提升,有利于贫困人群生活状况的改善。

除了扩大贫困人群的消费外,消费扶贫还有利于非贫困人群的消费需求扩大。当前,我国经济发展水平已达到中等发达国家水平,国民收入进一步增加,人民生活日益改善,我国社会的基本矛盾已转向了"人民日益增长的美好生活需要同不平衡不充分的发展之间的矛盾",城市居民消费升级明显。我国城市居民消费逐步由生存型消费转向发展型和享受型消费,消费需求更加个性化、多样化、绿色化和品质化,精神文化方面的消费需求也逐渐增加。然而,我国供给与消费仍然存在不匹配的情况,部分高端消费流向国外市场。消费扶贫供给端政策主打贫困地区产品提质升级,一定程度

---

① 数据来源:《中国统计年鉴(2020)》。

上能够满足城市消费者对于绿色农产品、生态旅游以及休闲农业的需求，促使部分消费回流。

【扩展材料】

一、相关政策文件

1. 《国务院关于深入开展消费扶贫助力打赢脱贫攻坚战的指导意见》
2. 《关于开展消费扶贫行动的通知》
3. 《国务院扶贫办关于做细做实消费扶贫行动有关事宜的通知》
4. 《多渠道拓宽贫困地区农产品营销渠道实施方案》
5. 《消费扶贫助力决战决胜脱贫攻坚 2020 年行动方案》
6. 《关于运用政府采购政策支持脱贫攻坚的通知》

二、案例

云南绿春消费扶贫

云南省红河哈尼族自治州绿春县是我国 2012 年划定的 832 个贫困县之一，也是云南省 27 个深度贫困县之一。绿春县位于中国和越南边境，境内全为山区，少数民族人口占比达 98.8%。绿春县于 2019 年初开始部署推进消费扶贫，于 2020 年 5 月脱贫摘帽。绿春县从需求端和供给端两个方面落实消费扶贫政策。

需求端的重点在于拓展农产品销售渠道。在上海市长宁区、重庆大学、中国海洋大学和 123 家省州县定点挂联单位以及社会各界的支持之下，绿春农产品销售渠道得到了拓展。在绿春县东西部协作扶贫对口支援省市上海市长宁区的帮扶下，绿春县的绿鑫生态茶叶有限公司与上海九华集团建立了供销关系。在定点扶贫单位重庆大学的帮扶下，绿春县相关企业与 13 家重庆企业建立了供销关系，梯田红米线直供重庆大学食堂，玛玉茶、胡椒、八角、干菌子等农产品入渝展销。

供给端的重点在于提升农产品的供给质量。绿春县从基础设施建设、特色产业培育和产品标准化体系建设三个方面提升农产品供给质量。

第一，物流基础设施进一步发展完善。一是投资建设了特色产业园区，圣茗茶叶加工厂和农副产品交易中心等入驻园区，冷链配送中心投入使用，提升了对农副产品的加工、分拣、包装和快速运输能力，缓解了当地农产品储存困难和持续供应能力不强的问题。二是建成了"县级电商服务中心—乡镇电商服务站—农村商贸网点"三级电商网络体系，2019 年末已将城乡共同配送率提升到了 80%，克服了当地农副产品线下分散销售销量较低的问题，拓展了线上销售渠道。

第二，特色产业培育取得进展。一是对 62 919 亩茶园进行了土壤改良、品种革新和茶园改造，在梯田开展"稻鱼鸭"综合种养，探索开展肉牛、水果、蔬菜、香料、橡胶等特色产业，逐步建立起了以茶叶为主体，兼有特色禽畜养殖和多经济作物种植的农业产业体系。二是特色旅游产业取得进展。依托丰富的原始森林资源、独特的梯田景观和神秘的哈尼民族文化，绿春县于2015年开始分三期对阿倮欧滨森林公园进行建设，以特色生态旅游吸纳当地剩余劳动力就近转移就业以及盘活县域经济。

第三，产品标准化体系建设取得进展。贫困地区农副产品难以进入主流消费市场的重要原因之一在于独立分散的小农户生产的产品品质参差不齐、规模化程度低。以扶贫龙头企业和新型经营主体等市场主体为载体，绿春农副产品的标准化建设取得了显著进展。2019年底，绿春县已经培育了扶贫龙头企业17家，与贫困农户利益联结的新型经营主体106个，分别完成原产地地理标志认证、有机农产品认证、有机农业生产技术规程地方标准6个、14个和7个，申报全国扶贫产品16种。在农产品标准化建设的基础之上，绿春县的农产品品牌建设也取得了进展。"玛玉茶""苦么山""哈尼秀峰""玛玉小泡茶"等茶叶品牌相机推向市场，绿春县被评为2019年"中国茶叶百强县"。

在消费扶贫政策需求和供给两端的同时发力下，绿春县消费扶贫取得一定成效，贫困农户脱贫增收显著。绿春县2019年生产总值达42.3亿元，同比增长7.5%，农村常住居民人均可支配收入达9 479元，同比增长11.1%，比云南省同期增速高0.6个百分点。2020年11月3日，绿春县脱贫摘帽，至此告别绝对贫困。

资料来源：李树芬. 绿春：消费扶贫促农民增收致富［EB/OL］. https：//baijiahao. baidu. com/s？id = 1664753337663537394&wfr = spider&for = pc，2020 – 04 – 23；龙少波，陈路，张梦雪. 基于可持续生计分析框架的消费扶贫质量研究：以国家扶贫开发工作重点县绿春县为例［J］. 宏观质量研究，2021，9（1）：15 – 28。

快手"大V"直播带货

财政部定点扶贫办为助力定点扶贫县永胜脱贫攻坚，与快手科技合作，探索通过"大V"直播"带货"的方式，助推贫困地区的农产品树立品牌形象，真正实现可持续自我造血的路径。

针对贫困县平江县的辣条义卖活动，2018年11月快手科技在当地政府的支持下，组织了五位快手"大V"用户直播义卖当地特产酱干。一小时的义卖直播中，五位主播的直播间吸引了超1 000万网友参与。一小时内，平江酱干下单量达12 000多单，销售总额超过20万元。活动期间，还有来自广东、湖北、杭州等地的六家电商企业通过直播与厂家取得联系，进行深度合作。

2019年1月又利用快手站内"年货节"，通过一个头部"大V"用短短32分钟，就带动销货2.5万多单。考虑到整个平江县一天的快递发货量不超过2万单，直播活动不得不暂时叫停，等到第二天继续；直播活动造成一个淘宝店拥堵，就用两个淘宝店销售。断断续续进行了七天，累计销售平江扶贫产品10万多单，扶贫销售总额近700万元。仅扶贫直播期间，用户点击了解平江扶贫特产274多万次，扶贫特产总曝光2 013多万次。该扶贫企业负责人表示，快手扶贫直播活动一周的销售额，相当于该企业去年全年的销售额。此次活动，村干部直接对接农户采购辣条原材料，采购和对接建档立卡贫困农户26户。农户参与达1 500余人次，包含建档立卡贫困户132户，其中，工厂用工1 000余人次，仓库打包400余人次，当地快递用工100多人次，直接带动了当地贫困种植户、食品厂、纸箱厂、快递公司、农民包装工就业。每天用两台电脑打印快递单 12 个小时，每天装车发出两台大型货车。

通过这两次活动，平江县政府趁势将"美丽平江"政务号入驻快手，并发布了当地风景等短视频，获得近 700 万曝光浏览，赢得数万网友观看点赞。2018 年 11 月 5 日，在快手平江县同城页，"快手与百年平江酱干的约会"就已成为城市热点，为平江县地区宣传导流 1 200 万次站内曝光。

如图 1 所示，在政府引导下，新媒体和电商平台结合，企业参与，通过消费助推贫困地区脱贫的一次成功经验。

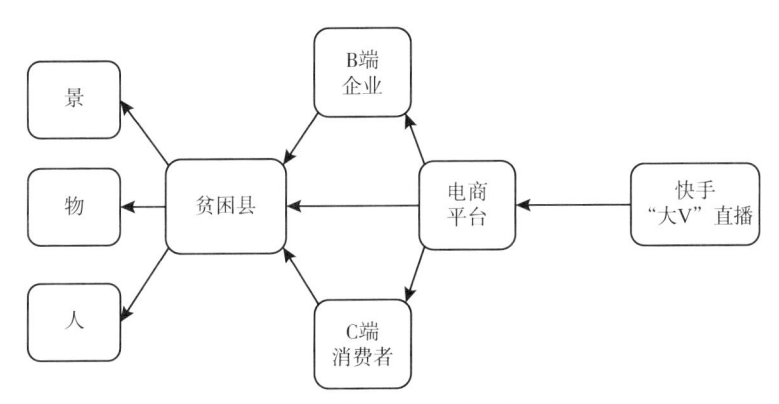

图 1　快手"大 V"直播带货示意

快手（新媒体）——电商平台：筛选对接厂家以保障品质；对接快递物流以保障及时配送；提前组织生产备货以保障供货不断。

B 端企业——贫困县：通过"大 V"直播带货，带动相关企业与产品厂家进行深度合作，实现 B2B 模式。

人：通过电商培训，带动本村本土的年轻人，进行家乡好货和美景的推广销售；募集的扶贫资金直接用于电商培训，把"买鱼"的钱变成提高"织网捕鱼"技能的钱。另外，激励在外务工的青年返乡创业。

景：宣传当地自然状况，美景走出去，游人走进来。

物：直播带货，激发赋能贫困县全域特色农产品及产品周边，融入全国大市场。

资料来源：刘慧，刘江华. 公益视角下"政企商媒"联动的消费扶贫模式探索［J］. 中国财政，2020（9）：36–38。

【思考题】

1. 什么是"消费扶贫"？消费扶贫如何使贫困人群受益？
2. 消费扶贫如何减轻贫困？消费扶贫减轻贫困的三个机制是什么？
3. 消费扶贫与产业发展的关系是什么？消费扶贫如何促进我国产业的高级化演进？
4. 消费扶贫的开展是否有利于我国内需的扩大？如果有，消费扶贫如何扩大内需？

第十四章
品牌消费

第一节 品牌的内涵与特征

一、品牌的界定

对于品牌的定义,不同的学科有不同的解释。

(一)营销学角度的界定

品牌是一个能为产品增加功能价值及附加价值的名称、术语、符号、设计、标志或是一家公司产品识别物的结合。品牌可以通过识别某一个商家的产品(或服务),来将它的产品与其他商家的产品(或服务)区分出来。广义的品牌可以为该品牌的经营者带来产品溢价,它是一种具有附加价值的无形资产,通过差异性的表达使得消费者对其产品保留印象。[1]

品牌是企业的识别物,它是独一无二的符号、联想、名称或商标,用以区分竞争产品或服务。品牌由多个因素组成,它引发了消费者的生理或心理反应,从而建立起与产品或服务之间的关系。可以通过创造一些视觉一致性、特征和风格的方式来界定品牌,也可以通过创造一些口头元素(如语调和声音)来界定品牌。这些元素组合让消费者在购买该产品或服务的时候知道其背后的内涵,以及他们会得到什么类型的产品或服务。在创造一个品牌时,公司通常考虑的首要问题是品牌定位陈述、品牌口号、品牌标志,以及如何用简单的方式介绍这些符号和文字。

> **扩展阅读**
>
> **品牌和声誉**
>
> 品牌和声誉两个概念均与建立产品、服务或企业形象有关,但它们有很重要的区别。
>
> 品牌需要有基本元素来打好基础:名字、商标、商业包装、口号、标语等,它也是品牌拥有者(企业或个人)的正当财产,所以品牌可以被出售、挂牌、用于

---

[1] 2020:"品牌"[EB/OL]. https://baike.baidu.com/item/%E5%93%81%E7%89%8C/235720?fr=aladdin.

抵押或者视情况而被处理掉。声誉的含义更加宽泛，大致为对一个公司、品牌或个人的整体评价。声誉需要随着时间的推移，通过机构的公共行为来获得，好的声誉是宝贵的，但是声誉无法像品牌一样在法定意义上被"拥有"，所以声誉无法出售或挂牌给其他公司或个人。

建立品牌需要一系列的工作，是在消费者心中塑造一个可识别的身份、形象。建立声誉不是在塑造一个特别的身份，而是使企业得到认知和认同，成为令人敬佩的模范实践者。

资料来源：舒尔茨. 重塑消费者-品牌关系［M］. 北京：机械工业出版社，2018：10。

这种对"品牌"一般意义上的界限和定义，主要有三个基本要点：品牌是一种普遍的符号；品牌这样的符号具有产权（差异性）；品牌的目的就是起到区别的作用。

（二）经济学角度的界定

从经济学角度定义"品牌"，则是基于消费者选择理论进行思考。在经济学中，得出消费者最优选择决策分为两个步骤：满足消费者预算约束以及实现消费者的效用最大化。在古典经济学中，这一选择过程有两个假设条件：完全信息和理性人。首先，在这两种假设下，人们获取价格信息的成本为零，消费者对于所有价格信息完全掌握；其次，消费者完全理性，因此求解效用最大化的过程是无任何困难和成本的。从而价格机制这只"看不见的手"能够完美、协调地指挥着消费者行为。[①]

但在现实的经济生活中，古典经济学两个假设的条件往往无法得到满足，以科斯为代表的经济学家提出的"交易费用"概念，他们认为"交易费用"最少包含三个组成成分：价格发现的搜寻成本、协议谈判进行的费用和其他不利因素或成本。因此，价格信息的获取过程存在交易成本。同样，理性人的假设也面临挑战，现实生活中每个消费者对效用最大化的求解过程是需要付出成本的，并把这一成本称为"选择成本"。如果将消费者选择行为划分为四个基本环节，它们依次是：需求产生、信息搜索、形成备选集和择优决策（见图 14.1）。[②]

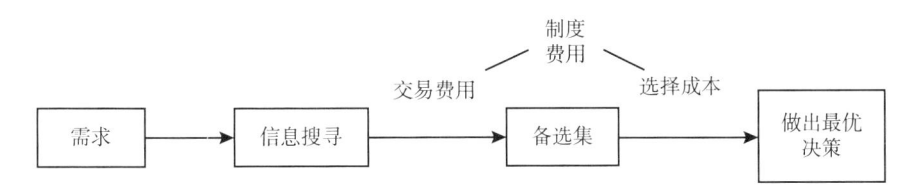

图 14.1 消费者选择行为模型

资料来源：菲利普·科特勒，等. 市场营销：原理与实践［M］. 17 版. 北京：中国人民大学出版社，2020：131。

---

① 刘华军. 品牌延伸行为的经济分析：基于品牌经济学视角［J］. 石家庄经济学院学报，2007，30（3）：8-13.
② 孙曰瑶，刘华军. 品牌经济学原理［M］. 北京：经济科学出版社，2007：7.

在消费者的商品选择过程当中：首先信息搜索这一阶段要花费一定的交易费用；然后从备选集中做出择优决策这一阶段会产生选择成本。而交易成本受制度环境的影响，因此在制度环境相同、交易费用一定的条件下，面对建立起来的备选集，消费者选择成本的大小决定了其决策效率的高低，进而决定了稀缺资源在不同企业中的配置。而此时，品牌的作用得到凸显。所谓品牌，就是能够降低消费者选择成本的有区别性的利益符号。现实生活中，品牌不仅降低了消费者的选择成本，也间接节省了交易费用（信息搜寻费用、时间成本）。由于存在品牌，消费者通常不需要收集大量的信息，而是非常便捷的依据品牌进行择优决策。总而言之，品牌可以降低消费者择优这一阶段所产生的选择成本，进而节约了搜寻这一阶段发生的交易费用，最终降低了整个选择过程中的"制度费用"。[1]

（三）文化角度的界定

品牌是一种文化现象，它的建立符合文化发展的规律。文化的本质是认同，认同的达成要经历"认知—认可—认同—共振"的过程。而品牌在消费者心中的形象建立恰要经历：消费者认知品牌、认可品牌、认同品牌并最后与品牌产生共振这几个步骤。品牌是一个企业物质和精神文明的高度结合体。企业的物质文明是指产品对消费者效用的最大化满足，是企业为消费者提供优质产品、以顾客为中心的理念，是企业市场营销的出发点。企业的精神文明是指，企业在满足消费者消费需求的同时，适应消费者心理和情感的需要，实现社会效益最大化（如环保、绿色营销、树立社会道德等），体现企业作为社会公民的道德义务。

（四）品牌的内涵

品牌不仅可以向消费者传递出产品的属性，更关键的是它还可以向消费者传递品牌价值、品牌个性和品牌文化。市场营销大师菲利普·科特勒（Philip Kotler）认为，品牌是一个复杂的象征，其内涵包括6个层次，分别为：属性、利益、价值、文化、个性及用户。[2]

首先，品牌使人们想到某种属性，例如奔驰汽车使人想到做工精湛、高贵的属性。公司可以采用一种或几种属性为汽车做广告。同时，品牌又不只意味着一些属性，它还代表着利益，这也是消费者关注的问题。属性需要转化为一种功能性或心理性利益，例如奔驰车的耐久属性可转为功能性利益，而其高贵属性可转化为心理性利益。研究经验表明，品牌的心理性利益要大于功能性利益。此外，品牌也说明了品牌供给者的价值，品牌的营销人员需分辨出对本品牌价值感兴趣的消费者。另外，品牌文化是品牌的重要内涵，如奔驰车代表着严谨高效的德国工业文化。其次，品牌也反映一定的个性，如京东就让人想到一只可爱的小狗。最后，品牌明确暗示了购买或者使用产品的消费群体类型，例如有的品牌对应的消费者就是二、三线城市的年轻女孩群体，有的针对的是一线城市的中产男性群体。

---

[1] 孙曰瑶，刘华军. 品牌经济学原理 [M]. 北京：经济科学出版社，2007.
[2] 张梦霞. 奢侈品品牌管理研究 [M]. 北京：经济管理出版社，2019：1-2.

二、品牌的特征

（一）品牌的专有性

每一家品牌从技术和商业上看都各自有其所属，并且具有清晰的知识产权界定。如果某个品牌没有明确的产权，它就无法享受到国家和社会的保护，这种品牌也就没有了商业价值。

（二）品牌的信用性

品牌作为一种特殊的符号标志，是公司对其客户所做的一种公开宣传和承诺，品牌与客户之间的关系必须建立在相互信任、履行诺言和共同价值的基础之上。同时，只有品牌才是保持消费者信心和认可的根本。

（三）品牌的重要性

品牌化是为产品或服务增加价值的一个重要方式，因为它往往有助于呈现出某些魅力品质或特性。持有品牌的公司所对应的价值可能是有利可图的消费者、有价值的客户关系、资源的合理有效利用以及为未来生存发展而获利的能力。对于那些与消费者建立长期关系的产品、服务和组织来说，品牌是主要的竞争区隔工具，它建立了一个可带来长期效益的竞争优势。

（四）品牌与产品

在早期的市场营销理论中，品牌是产品构成的一个组成成分，是产品的一种符号，品牌的含义小于产品的含义。但随着品牌作用的日益增强，品牌内涵逐渐变化，品牌与所代表的产品和服务逐渐分离，它与产品的关系因此发生了本质性变化，品牌甚至可以脱离产品而独立运作。现代意义上的品牌概念要大于产品的概念，两者的关系可以见图14.2。

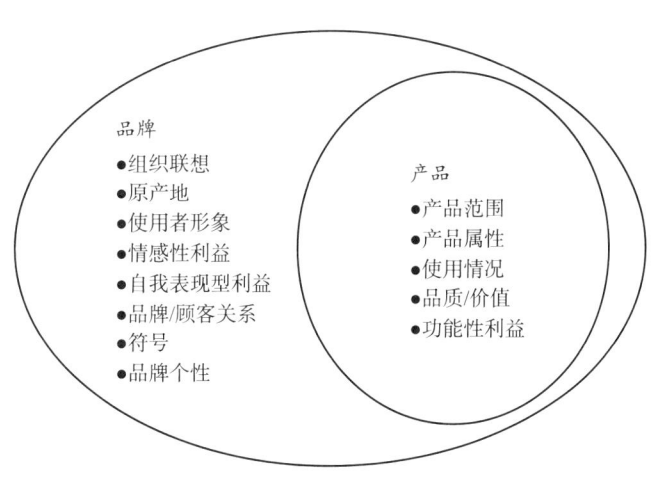

图 14.2　品牌与产品

资料来源：祝合良. 战略品牌管理 [M]. 北京：首都经济贸易大学出版社，2013：11。

品牌不仅包含着产品的本身特性，也包括品牌使用者形象、情感性利益、品牌与顾客关系等多个内涵。品牌与产品的具体比较如表14.1所示，品牌不是短期利益的营销工具，而是企业获得长期竞争优势和最具有潜在价值的无形资产。针对品牌与产品的关系，华尔特·浪涛曾有一个经典概括："产品制造于工厂，品牌创造于心智。"

表 14.1　　　　　　　　　　品牌与产品的具体比较

产品	品牌
1. 依赖制造商、中间商、服务商	1. 依赖消费者
2. 具体的（包含有形商品、服务、人、组织、创意）	2. 既是具体的，也是抽象的（综合性）
3. 是实现交换的东西	3. 是与消费者沟通的工具
4. 五个层次（核心利益、基础产品、期望品、附件产品、潜在产品）	4. 除了产品识别要素以外，还包括其他非产品识别要素
5. 提供功能性利益	5. 除提供功能性利益外，更多的是提供自我表现型利益和情感性利益
6. 具有功能意义	6. 具有功能意义，更具有象征意义
7. 实实在在的	7. 具有个性，活生生的
8. 注重价格	8. 注重价值，提供附加值
9. 有形的	9. 既是有形的，也是无形的
10. 可以仿照的、容易模仿的	10. 仿照侵权，具有独特性
11. 有生命周期	11. 可经久不衰、代代相传
12. 只从事某一类型	12. 可扩展、兼并、延伸
13. 随消费而逝	13. 可积累品牌资产
14. 营造策略工具	14. 具有战略价值

资料来源：祝合良．战略品牌管理［M］．北京：首都经济贸易大学出版社，2013：12．

（五）品牌与名牌

名牌不同于一个品牌，从本质上讲，它指的是我国在特定的市场环境下所创造的特定词汇，属于一种营销术语、习惯性称呼，从严格上来讲并没有一个准确、科学的概念来界定。名牌可以通俗地解释为：消费者对一个拥有较高知名度和较大市场占有率的品牌的通俗性、习惯性称谓。相对来说，品牌则是一个非常复杂且综合的概念，它是商标、名称、包装、价格、历史、声誉、符号等无形元素的大综合，它具有更深层次的意义和价值。[1]

名牌与品牌的形成创建过程并不相同，名牌是有名的"牌子"，其名声能靠高价的营销广告获得，打造一个名牌往往属于营销手段。而品牌的建造要复杂得多，需要经过对品牌整体的战略规划、核心理念的确定、品牌符号的运用等一系列工作才能够完

---

[1] 祝合良．战略品牌管理［M］．北京：首都经济贸易大学出版社，2013：16．

成。品牌的建造比名牌的树立要慢得多,它需要多年的维护乃至时间沉淀。

此外,名牌和品牌发挥的作用也是不一样的,名牌具有较高的市场知名度,促进了产品的短期销售。品牌的影响则要更长期,它影响的是消费者的生活方式、价值观,对企业的回报也更加长远。

三、品牌消费行为类型

根据购买者的介入程度和品牌间差异这两个维度,我们可以把消费者的购买行为划分为四种类型(见图14.3)。

	高介入	低介入
品牌间差异显著	复杂的购买行为	寻求多样性的购买行为
品牌间差异较小	降低失调的购买行为	习惯性的购买行为

图 14.3 四种购买行为类型

资料来源:菲利普·科特勒,等.市场营销:原理与实践[M].17版.北京:中国人民大学出版社,2020:146。

(一)复杂的购买行为

当一个消费者高度介入并认为品牌之间存在明显的差别时,会采取一种复杂的消费活动。在消费者购买一些价格昂贵、风险巨大、不常购买而且具有高度自我表现特性的产品时,消费者很大概率会选择高度介入,特别是当消费者对这类产品不太了解的时候。例如,个人电脑的购买者可能不知道应优先考虑何种性能。许多产品属性根本没有实际意义,消费者对各种核心处理器、图形处理器或者内存等计算机知识可能一窍不通。

这个购买者会经历一个学习过程:首先他会产生对消费品的信念,然后慢慢地形成一种态度,深思熟虑之后再做出下一个购买的选择。高介入型产品的营销人员必须了解消费者怎样搜集和评价信息。他们需要有效地帮助买家了解产品的属性和这些产品相对的重要性;他们需要利用广告等方式来描述产品特性和品牌优点;他们需要谋求购买者购买活动中其他参与人员的支持,从而影响购买者对品牌的最终选择。

(二)降低失调的购买行为

降低失调的购买行为发生在消费者高度介入购买,所购产品价格昂贵、低频率、有风险,但品牌间差异并不大时。例如,购买家具很可能成为一个高介入性的决策,因为地毯价格昂贵并且会展示出自己的品位和个性。但是,购买者也许会认为某个价格区间内的不同品牌的家具大同小异。因此，购买者很可能在反复比较考量后，因为两个品牌之间的差别不太明显而快速做出选择。此时的购买者最关心价格或者购买方式上的便捷性。

（三）习惯性的购买行为

习惯性购买行为是指在消费者主体介入程度较低、品牌间的差异性较小的情况下发生的购买行为。比如购买食用油、食盐、面粉，消费者对这些商品的介入程度很小。他们通常进入商店随意选择一个品牌。即使他们可能常年来始终购买同一个品牌，但那也仅仅是出于习惯，而不是出于一种强烈的品牌忠诚。一般情况下，消费者对低成本、低价格弹性的日用商品介入程度偏低。

在这种情况下，消费者行为并不经过通常的"信念—态度—行为"模式。消费者不会自行搜索品牌的信息，也不会评估品牌的特征，更不会对购买何种品牌反复推敲、慎重决策。因为消费者对产品选择介入度低，即使购买后，他们也不会对所做出的选择做出评价。因为消费者对任何一个品牌的投入都不太高，所以品牌差别不明显而且介入程度低的产品在市场上经常通过降价促销来刺激消费。此外，可以通过增加属性和强调关键点的方法来使品牌的差异化加大，进而提高消费者介入度。

（四）寻求多样性的购买行为

消费者在低介入程度、高品牌间差异性的条件下，采取寻求多样性的购买行为。在这种条件下，消费者往往会不断进行品牌的转换。例如，消费者在首次选择商品时会简单的选择一个品牌，在使用后进行评价，下次购买该种商品时，消费者可能由于厌倦或者想尝试新的种类而选择了另一个品牌。此时，品牌的转换并不是因为对先前品牌的不满意，而是为了寻求多样性。①

第二节　品牌与消费者的关系

一、品牌对消费者的作用

（一）简化消费者决策过程

在消费者进行购买选择的整个过程中，品牌起到传递产品质量信号、辨认产品来源和制造商、体现制造商的承诺等作用。品牌作为一系列信息的象征、组合，便于消费者进行信息处理。让消费者轻而易举地重新找到值得信赖的品牌。因而，在消费者的购买决策过程中，品牌起到了加快信息处理速度的作用。

在信息过剩的条件下，如果无品牌提供资讯服务，消费者进行购买决策的选择成本则很高，难以做出选择。但是品牌的出现促使决策过程变得简单，品牌作为某个单独利益点的代言人，使得消费者的消费过程从需求产生直接通过品牌到择优决策，这样节约了选择成本，进而节约了交易费用，简化了购买决策过程（见图14.4）。

---

① 菲利普·科特勒，等. 市场营销：原理与实践 [M]. 17版. 北京：中国人民大学出版社，2020：129－151.

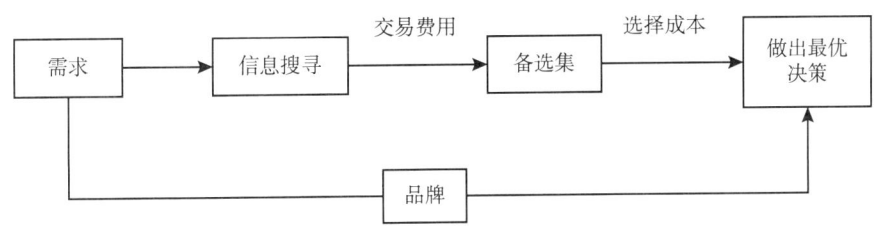

图 14.4　品牌选择过程模型

资料来源：孙曰瑶，刘华军. 品牌经济学原理［M］. 北京：经济科学出版社，2007：7。

（二）增强消费者购买信心

消费者在购买品牌产品的过程中有更高的安全感和信心，因为品牌是一种多方面的保障，是商家向消费者做出的信用承诺，它能够让消费者避免做出错误的购买决策。错误购买决策的风险可能会导致：货币风险（在另一家店，该产品或服务可能更便宜）、功能风险（该产品或服务质量不合格）、物理风险（使用该产品或服务导致过敏）、心理风险（对所购产品或服务的不满）。针对购买可能带来的负面影响，品牌提供了保障。通过使产品或服务的利益变得可以预期，品牌使人相信产品具有期望的功效，并且这种功效的保障具有持续性。

（三）唤起消费者的情感共鸣

情感利益是消费者在购买过程或使用体验中的一种心理感受，购买和使用品牌是满足情感和自我表达的一个途径。消费者之所以选择某个品牌，不仅是因为该品牌具有一定的利益信用，也在于该品牌所代表的价值观与其心意相符。

孙曰瑶将情感共鸣划分为七类：身份、喜欢、体验、怀念、渴望、梦想和信仰。身份是指品牌传达的情景符合消费者引发他人关注或显示自己身份或地位的需求，例如，"杀马特""葬爱家族"发型。喜欢是指品牌传达的情景符合消费者的偏好，从而引发他们对该品牌产品的喜欢，例如，巧妙的设计、贴心的服务。体验是指品牌传达的情景使消费者产生尝试的冲动，例如，美食品尝、体育游戏。怀念是指品牌传达的情景能够勾起消费者的回忆，引发情感共鸣，例如，网络热词"爷青回"所代表的系列文化产品。渴望是指品牌传达的情景恰是消费者所缺乏的、内心渴望得到的情感，比如亲情友情、名誉美貌等要素。梦想就是指品牌所传达的情景是消费者的心中梦想，虽然难以实现，但始终放在消费者的内心深处。信仰即品牌所传达的情景让消费者产生志同道合的感受。品牌所带来的七种情感因素分别或共同作用，深刻影响着消费者的购买行为。

二、消费者对品牌的作用

（一）消费者与品牌价值

舒尔茨认为"每一个成功的品牌都是品牌和消费者双方关系的总和"，因此品牌的产业链和消费者都参与品牌价值的共创过程。品牌价值是基于卖方对买方的承诺，卖方承诺买方在某方面的长期或短期利益。消费者对品牌价值的影响力越来越大。不管是线上或线下，企业都在想方设法地提升消费者体验。这一体验不仅仅是让消费者更多地接触产品、体验服务,还包括改善消费者对产品的看法评价,增强消费者对品牌的认可以及提高消费者参与品牌建设的积极性。①

(二) 消费者忠诚度与品牌竞争力

消费者对于品牌的忠诚度集中反映了一个企业在整个市场上所具备的竞争力,国内外一些学者普遍认为,消费者对于一个品牌的忠诚度可以被纳入用来评价一个企业资产的各种指标之中。由此可见,消费者的品牌忠诚度对于一个企业的生存和发展非常重要。一旦消费者建立起了对某种品牌的忠诚度,那么该品牌所面临的市场竞争要小很多,面对市场竞争而进行的营销投入也会少一些,从宏观的角度看是在以更加经济有效的方式来稳健市场。

消费者对品牌的忠诚度直接反映了一个企业在市场中的地位和竞争力,主要表现有这样的作用:一是长期稳定的商品质量;二是商品自身的特点;三是经营环境的特色;四是商品形象长期稳定;五是消费群体相对固定。

三、品牌关系

(一) 品牌关系的含义

品牌关系的概念由布莱克斯顿正式提出,他根据人际关系的原理规范了品牌关系的基本概念定义,他认为品牌关系是"消费者对品牌以及品牌对消费者两种态度的双向互动"。在这一关系体系内,消费者与品牌是两个同等重要的组成部分,而且他们彼此之间在不断互动。客观意义上的品牌主要体现在其品牌形象上;主观意义上的品牌主要体现在消费者对品牌的态度上,这是消费者意识和行为的结果。品牌的客观面和品牌的主体性共同互动形成了一种品牌关系。②

(二) 品牌关系的建立

品牌在品牌关系当中扮演了五个重要角色:品质、奖赏、地位、自我表达和感受,这五种品牌角色满足了消费者的五种需求,它们是建立品牌关系的基础。

建立品牌关系的过程由消费者学习掌握品牌知识这一环节开始。消费者可以通过这种营销的过程进行学习,这一过程所学到的内容将在未来对消费者的态度和行为产生影响,这是品牌信任形成的起步阶段。广告是营销传播的重要手段之一,品牌广告在建立消费者-品牌关系时发挥多方面作用:一是在购买之前,消费者能够从广告中获取信息,并将此信息作为产品购买的依据;二是在购买和使用过程中,消费者将广告信息和产品真实属性进行比较,生成自己的产品评价;三是在购买之后,消费者从广告中获得售后信息,并从中获取品牌使用的满足感和成就感。

但建立品牌关系并不能一劳永逸,品牌关系需要在较长时间内得到动态的维护。随着时间改变,品牌关系会伴随供求双方的需要而改变,消费者可能因拥有新的爱好而改变了自己的消费习惯,品牌也可能会因为策略调整而转向另一消费群体。品牌关系是脆弱的,负面事件很有可能损害消费者对该品牌的信任;经常性地不兑现品牌承

---

① 舒尔茨. 重塑消费者-品牌关系 [M]. 北京:机械工业出版社,2018:407.
② 赵洁. 品牌关系理论研究述评 [J]. 现代商业,2010 (35):64-65.

诺会侵蚀和损害品牌的商业价值；商家仅仅关注肤浅的品牌形象而忽视了产品本身的质量和规范同样会损害品牌关系。品牌经营者只有通过不断给消费者提供相关价值，提升产品或服务质量以及不断进行创新，才能维持好消费者－品牌之间的关系。[①]

（三）互联网时代品牌关系重构

面对数字技术驱动下的新规则，消费者与品牌关系的变化伴随着消费者的整个消费决策过程显现出来。消费者从多维度与品牌传播信息进行互动：从关系分享中引发消费需求，从品牌社群中产生集体参与创作，从口碑推荐中产生购买欲望，从售后评价中重塑品牌价值。互联网使被动的消费者转化为品牌的影响者和代言人。此外，通过网络，对产品不满意的消费者可以快速地传播自己的想法，以致局部的问题可能造成对整体的巨大破坏。这些都为原有品牌关系的建立和维护带来新的挑战。

在互联网时代进行品牌关系的重构。首先，企业应善于利用互联网大数据工具。企业可以基于大数据生成消费者画像，将消费者信息标签化。这些海量大数据背后是消费者对品牌的认知、行为和反馈数据，通过人工智能算法挖掘消费者需求，为品牌形成关键的战略决策支持。企业通过智能化的数据采集、处理和加工，能够洞悉市场，预测消费者需求，做出精准的判断和反应，并不断优化算法，助力数字化品牌执行方案。

其次，企业可以改变原有的经营方式。产品和品牌的价值创造已经不再由企业单方面来主导，而是由企业、消费者以及利益相关者共同创造。消费者通过网络进行社会互动，从而形成一定的社会关系的集合，企业可以助力消费者和利益相关者参与到品牌的生产设计中，与企业一起实现品牌的价值共创，形成数字技术驱动下的新型品牌关系，见图14.5。

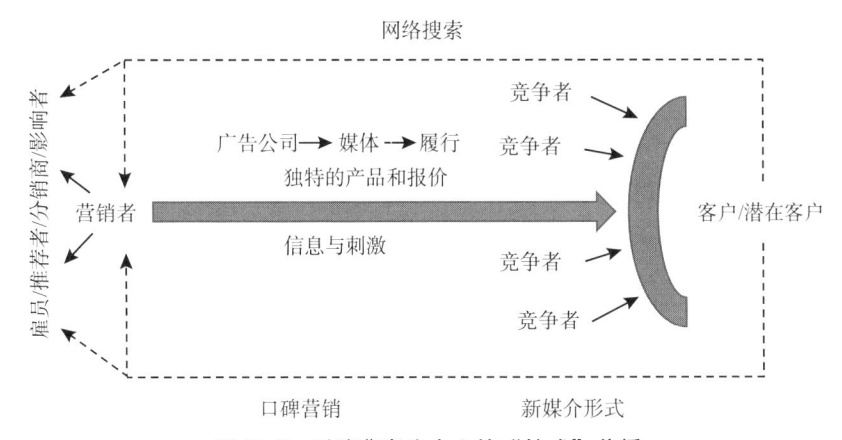

图14.5 以消费者为中心的"拉式"传播

资料来源：舒尔茨. 重塑消费者－品牌关系［M］. 北京：机械工业出版社，2018：5。

[①] 卢泰宏，周志民. 基于品牌关系的品牌理论：研究模型及展望［J］. 商业经济与管理，2003（2）：4-9.

在大部分消费者眼中，企业与品牌的信息是绑定在一起的，消费者眼中的品牌营销传播模型见图14.6。消费者获得、处理和存储一个品牌信息不是基于它的传播方式，而是基于品牌信息与消费者本身记忆的相关程度，基于品牌信息与消费者对品牌原有记忆的一致性。大脑运作模式类似于网络，它并不是像品牌营销传播的那种按次序的模式。

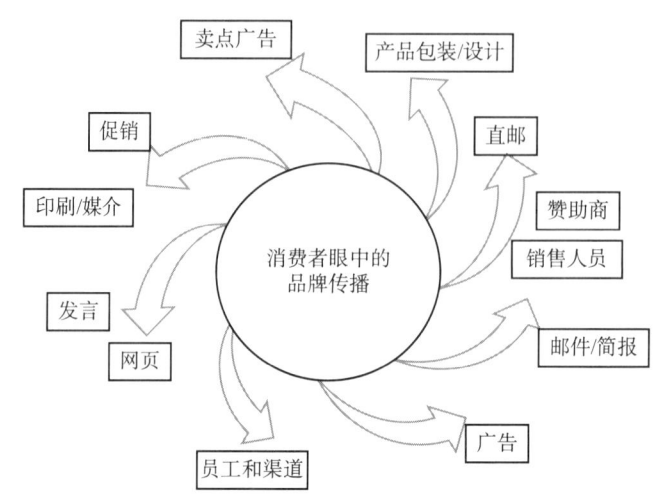

图14.6 消费者眼中的品牌传播

资料来源：舒尔茨.重塑消费者－品牌关系[M].北京：机械工业出版社，2018：21。

互联网时代的媒介形式更加互动、个性化，这一整套的媒介新选择对于当下品牌传播来说，是一个巨大的挑战。那些在新媒体与媒介传播方法上引领创新的品牌受到了互联网时代消费者的青睐。

> **扩展阅读**
>
> **iPod 的品牌传播**
>
> iPod 是 2001 年 10 月苹果公司设计和销售的一款便携式多功能数字多媒体播放器，虽然单价高达 400 美元，但还是引起消费者抢购的热潮。iPod 的成功具有多方面的原因：除了其出色的产品设计和功能以外，其成功的品牌传播策略也使得新媒体和媒介传播系统刮起了一阵旋风。
>
> iPod 推行品牌联合营销方法。随着企业多元化战略的不断应用，不同行业的企业往往在目标消费者上出现交叉，因为追求相同的目标，所以它们会联合起来进行营销。耐克旨在为自己的客户消除长跑的寂寞，而在使用 iPod 的 8 000 万人群中，有一半的人是在锻炼身体时使用它。共同的诉求使得两家公司联合起来：2006 年耐克公司和苹果公司合作推出一系列"Nike + iPod"的产品，横跨体育、消费电子和

娱乐多个市场。苹果和耐克在推广自我品牌的同时,积极使用品牌联合营销战略,实现了资源整合和优势互补,成为联合营销的范例。

资料来源:周攀. 产品、品牌与企业:三位一体:iPod品牌传播案例分析[J]. 商业现代化,2008(12):122。

第三节 品牌消费的发展趋势

消费者的产品体验一般分为三层:基础层是产品的事实,即它的功能、用途和专业度,是与使用价值相关的产品特征;中间层是产品所体现的价值观,即该产品是否真正满足消费者的真正的内在需求;顶层的体验被称作情绪,即消费者是否真正喜爱这个产品,它更多表现的是一种情感态度。品牌的产生过程正是消费者对三种体验的层次递进、不断追求的过程。生产者从解决消费者的"能不能"问题到开始考虑产品的"好不好",最终关心消费者"喜不喜欢",在第三个阶段中品牌正式诞生,也是在这个阶段品牌的巨大潜力得到充分发挥。这三种消费者体验的不断升级以及品牌的产生路径为企业未来的发展提供广阔思路。

一、"能不能"——大众消费时代

解决消费者"能不能"问题的产品多满足消费者的生存相关需求,如农产品、日用品等。这类商品在前期往往靠性价比的高低来展开行业竞争,它们的利润率偏低、资金周转率偏高、满足人们的刚性需求。

只能解决消费者"能不能"问题的商品注定是没有竞争力的,因为同一行业中存在大量同质化产品。在一个近似于完全竞争的市场上,每一种产品都具有很强的可替代性,随时可以被替代掉。这种同质化的商品不会产生品牌价值,不会让人们产生持续稳定的购买行为,无法长期持续地为企业带来效益。

二、"好不好"——优质产品消费

随着物质资料的不断丰富,大量商品充斥市场,产品的功能属性不再是消费者的唯一诉求。消费者对生活质量要求反映在消费上,即对产品品质的要求,同时也为企业的发展提出了更高的要求。

关注"好不好"问题的消费者多关注的是产品的质量、品质,以及该商品是否能满足其内在需求。从"能不能"到"好不好",其实是"从需要到想要"的过程,"需要"是隐形需求,"想要"是显性需求,这是从必要到渴望的转化,也就是人们的消费对象从生活必需品变为非必需的、给人带来快乐的产品,或者称为"从必需品变为必欲品"。关注这一体验的消费者,不满足于仅仅消费某个商品的使用价值,他们希望通过找到自己想要的东西而发现自我,更希望通过消费品质的提升来提高自己生活的质量和品位。[1]

---

[1] 三浦展. 第四消费时代[M]. 北京:东方出版社,2014:15.

高品质的消费需求表现为享受型消费的产生。享受型消费在所有消费模式中属于较高级的阶段,它是在人满足了生存型消费的基础上形成和发展而来。随着居民收入水平的进一步提高和各项社会保障体系的日益健全,消费结构也自然会向更高水平转变,这表现为恩格尔系数的逐渐下降。图书文创等文化消费产品的诞生和兴起,是消费者提高生活品位、追求内在需求的象征;人们对健康卫生服务的消费量增加,对产品的绿色环保性能要求提高,这表现为:质量有保障并且健康、时尚的产品受到追捧,环保养生成为都市生活的新风尚。

仅仅提高产品的品质依然是不够的,因为只有与众不同、存在差异性的产品才能具有较长时期的利润空间。

三、"喜不喜欢"——品牌消费时代

当市场从卖方市场逐渐转向买方市场以后,生产过剩的问题突出,在众多高质量产品中如何吸引消费者稳定地购买自己的产品,成为考验企业生存能力的现实问题。实践中发现,只有进行差异化营销,培植、塑造自己的品牌,才能在白热化的市场竞争中脱颖而出,使企业健康而长久的生存发展下去。因此,品牌产生且兴起,并成为企业抵御竞争风浪的最有效工具,品牌战略成为企业谋求长远发展时所追求的营销战略。[①]

伴随着消费者迎接更多元生活的趋势,越来越多的传统品牌逐渐转变为生活方式品牌,其核心概念是通过产品/服务传递一种独特的生活形态,致力于打造品牌独有的生活方式。生活方式品牌与功能性品牌相对,功能性品牌通过工业化生产和规模化销售来满足消费者需求,产品是其主要的销售对象。生活方式品牌虽然在生产和销售上与功能性品牌无明显差异,但其消费体验发生了改变。生活方式品牌卖的不仅仅是产品,更是卖一种服务,卖一种品牌理念、品牌文化、品牌体验。

因此,这些品牌在挖掘消费者心理需求的基础上,还添加了更加丰富的服务理念,在保证产品质量、满足消费者"好不好"体验的同时,也以消费者为中心,满足其"喜不喜欢"的需要。

扩展阅读

立白——从"好不好"到"喜不喜欢"的转型

立白集团过去成长的历程代表了中国日化企业的发展之路,靠"大众产品、国民品牌、渠道深耕",做到了洗涤剂销量中国第一、世界第四。但数字经济时代,线上与线下、人、货、场的重构,使得立白也遇到了巨大挑战。当今国内市场,消费者对产品需求越来越细分,需求的差异化明显。同时,产品的颜值、社交属性等多元化要素也越来越受到关注。如果品牌不想落后,就一定要不断满足消费者的各

---

① 科技致前行者Ⅱ:老牌国货蜕变新生[EB/OL]. http://finance.sina.com.cn/stock/relnews/hk/2020-12-10/doc-iiznezxs6107491.shtml,2020-12-10.

种需求,甚至还要提前占领消费者未来的喜好,而不是守着过去和消费者的沟通方式以及形象不放。

从2015年起,立白集团开始着手推进立白的数字化改革,直到2018年,立白正式确定了"营销3.0"的数字化战略,使整个立白集团向产业互联化、组织生态化、业务数字化迈进。在2019年,立白品牌主动求变,对全线产品进行包装升级,设计更加明快、简洁,也更符合当下的审美,不仅推出更具年轻潮流化的洗衣凝珠"心心珠",还推出多款针对细分消费人群的产品,例如,针对年轻人白衣白鞋推出的"立白小白白",针对都市年轻女性内衣洗护的"蜜丝MISS"等;与此同时,立白与颐和园合作的跨界联名产品还登上了米兰时装周。在2020年的"点赞2020我喜爱的中国品牌"评选活动中,立白成为日化行业唯一上榜的品牌,更在"全球抗疫品牌力量"经典案例中的关注度位列前三。

立白作为传统品牌,率先开展数字化改革道路,顺应品牌转型的方向,符合消费者对品牌的内在需求,对中国的传统品牌转型提供了较好的借鉴价值。

资料来源:科科. 致前行者Ⅱ:老牌国货蜕变新生[EB/OL]. http://finance.sina.com.cn/stock/relnews/hk/2020-12-10/doc-iiznezxs6107491.shtml,2020-12-10。

此外,当下中国的品牌消费市场中,消费者渐渐脱离物质产品本身的消费,更追求视觉和精神感受层面的消费。无论线上商业或是线下商业,都不再是过去"纯物质式"的消费模式,而是在向消费者需求为主导的场景化体验倾斜。消费者偏爱精神娱乐消费、青睐于短小精悍的"快餐"消费、乐于通过互动参与消费过程。

年轻的消费者不同于前辈们的消费观念,他们大胆追逐热爱、尝试更出圈的消费,消费群体呈圈层化趋势,对产品审美表达的要求更高级和多元。消费者对品牌文化态度的改变,促使企业不断向以消费者为中心的创新式运营转型,不断推出受消费者喜爱的品牌产品。

扩展阅读

"国潮"——兴趣主导的品牌创造

在"国潮"元年之前,"国潮"多指狭义上的特定品牌,即由中国本土设计师创立的潮流品牌,是具有鲜明特色的小众文化代表。进入"国潮"元年之后,"国潮"泛指广义上的某种消费概念,即国货群体和带有中国特色产品的走红。

"国潮"开启者最典型的两家机构是:北京故宫博物院和李宁公司。故宫博物院打破时间的刻板印象,以再造自我形象的文创产品(如皇帝表情包),让年轻一代爱上了一个个出自皇宫的"新宠"。李宁打破的是空间的刻板印象,李宁公司在纽约时装周上将"中国李宁"四个字印在具有潮牌气质的服装胸口,点燃了中国人的潮流自信。

非遗、国潮、国风这些传统文化，之所以深受年轻人喜爱，是因为在追逐这种借以时尚形式流行的传统文化中，年轻人的自我风格和生活态度得以体现，获取了一种身份认同和文化认同；而且，在这种潮流、风尚中，融进了社会热点、时代价值精神，并最终让年轻人寻找到了一种"精神的契合"。

中国深远的历史渊源和博大精深的文化资源，是"国潮"文化成为时尚的依据和基础。但是，今天我们与历史的、传统的文化，却存在一定的精神割裂和心理距离。这就需要我们用一定的文化方式和精神样式，去弥合这种历史和文化的割裂，拉近我们与传统的距离。传统文化利用电视文化、借助新媒体技术、经过文创开发，增加了时尚文化元素，带着时代的精神趣味、审美风尚和文化的温度，走向大众，走向年轻人。这也使我们对传统文化有了新的理解和解读。传统、历史，不再是僵死的、呆板的，而是生动、鲜活、富有创造性的，这使我们与"传统"更加亲近，成为我们回归历史和传统的一种方式。

资料来源：郑芋."国潮"是风还是"潮"搜狐［EB/OL］. https：//www.sohu.com/a/355502194_114731，2019－11－23。

【扩展材料】

一、相关政策文件

1.《中共中央关于制定国民经济和社会发展第十四个五年规划和二〇三五年远景目标的建议》

2.《国务院办公厅关于发挥品牌引领作用推动供需结构升级的意见》

二、案例

B站《后浪》，一次成功的现象级品牌营销与用户传播案例

Bilibili视频网站（以下简称"B站"）专为五四青年节策划的《后浪》，激起了当代年轻人的热议，引发了一股朋友圈刷屏热潮，这无疑证明《后浪》是一次成功的品牌营销案例。

首先，其视频宣传的形式符合消费者的偏好。其次，该视频体现了B站对于自身平台未来发展方向的准确定位。此前B站董事长陈睿就明确表明，"2020年的重要目标是用户增长"。而现在想要在年轻群体中收获大量用户已然不现实。B站要想实现用户大规模增长就必须挖掘"80后"这一潜在用户群。从这一目标方向上看，B站的品牌营销定位精准且效果明显。

在数字化时代，品牌要有足够的影响力，就必须有穿透力和渗透力。B站的成功案例给品牌的启示是：

品牌要走向大众，就必须找准本品牌的定位。第一，品牌是顾客的可识别系统。顾客即目标用户，既包含了现有用户也包含了潜在用户。第二，品牌如何找准定位？这要求品牌经营者认清楚自身的产品优势，熟悉掌握目标群体的需求。第三，品牌管理者应该主动创造新需求，不能够故步自封，应该学会挖掘本产品的潜在客户。

资料来源：《后浪》刷屏！B 站火了，突暴涨 40 亿［EB/OL］. https://www.sohu.com/a/393138621_120163347，2020 - 05 - 06。

【思考题】

1. 试分析最近有哪些品牌营销的成功案例？
2. 品牌与消费者的关系随着时代的变化有哪些变化呢？
3. "能不能""好不好""喜欢不喜欢"的准则分别适用于哪些商品？

第十五章
消费主义

第一节 消费主义的内涵及特征

一、消费主义的含义

消费主义（consumerism），是一种生活观念和方式，这种观念是以获取商品（特别是奢侈品）为人生目标，这种方式是在购买和使用商品的过程中展现身份地位。消费主义作为一种价值观是指消费者对于消费的意义及其重要性的评价，认为消费产品的数量、种类的增长是生活质量提高和生活品位提升的标志，也是通向个人幸福和国家发展的道路。消费主义以消费为本，其认为人生存和生活的方式就是消费，消费本身就是人类社会的全部，消费意味着更美好的生活，也代表了一条通往幸福的路。[①]

二、消费主义的特点

（一）消费主义体现了新的物质观

消费主义首先是"对物的占有"，人们逐渐相信"物品越多越好"，购买和获得物品仅仅是为了"占有"。因为人们希望占有更多的东西，所以会购买许多非生活必需品。其次就是"习惯丢弃物品"，大众所强调的是消费而并非保存，人们在购买物品的过程中也在不断丢弃物品，进而逐渐形成"获得—短暂的占有和使用—丢弃—再获得"的消费循环。此外，物品代表了消费者对自己的认知，每一个物品都包含着个性、自我的表达和意识。

（二）需求和渴望被重新界定为消费主义的核心特征

消费主义与单纯的经济性消费不同，它蕴含了社会性、象征性和心理学的意味。"消费"是指以提升生活质量为目的去享用商品，而"消费主义"是一种不断追求拥有和使用消费品的生活方式，消费主义者沉溺于商品购买和使用过程中，他们在这一过程中找寻人生意义。消费主义所表征的特点，就是人们被强烈煽动的各种消费积极性和被强烈刺激的消费欲望，大众传媒作为刺激该欲望的主体，往往将品位、身份以及有关"美好生活"的象征都附加到商品上，人们的消费被这些具体化、创造性的符号所控制，从而使得身陷其中的人们永远处于对各种符号的追逐中，符号变成了购买的主要动机。

---

① 彼得·N. 斯特恩斯. 世界历史上的消费主义[M]. 北京：商务印书馆，2015：21.

(三) 消费主义是某种意义上的新霸权主义

消费主义起源于西方，随后逐渐流行到世界各地，它以一种隐蔽的、非政治化的形态和方式，将人们对物质的无限追求合理化为个体在日常生活中的一种自由选择。这种手段使消费主义的霸权性和殖民性更具有诱惑力和欺骗性，而最终将改变一个国家或民族的传统文化和价值观念，并逐渐变为发达经济体的附庸。如今，消费主义在世界范围内不断扩张。过去的霸权主义和殖民主义是以"硬实力"——坚船利炮为资本抢夺资源和市场，而新霸权主义和新殖民主义则利用"软实力"——消费主义文化和价值观念来摧毁殖民国的防线。[①]

第二节 消费主义的形成

一、世界消费主义的形成与原因

现代意义上的消费主义在18世纪的西欧萌芽，在国际贸易兴起和城市化进程加快的社会背景下产生。

早期的消费主义首先集中在商业经济得到最充分发展的地区，这说明该思潮受物质生产力的影响，18世纪欧洲社会普遍增强的购买力为该主义提供了物质基础。一方面，物质产品的种类增多；另一方面，产品的数量大幅度增加，突破了以往产品匮乏的局面。此外，产品质量得以提高，耐用消费品的出现延长了产品的使用周期。物质产品数量的增加和种类的丰富彻底改变了传统社会物品匮乏的局面。

18世纪，商业活动的兴起为消费主义的发展提供了动力，商店大量涌现、新的营销方法盛行。由商店老板和消费品制造商所创造的需求无限扩大，而不是局限于传统标准或维持生存所需的程度，这构成了消费革命的基础。商店老板通过博取眼球的方式吸引客户进店，借钱给人们购买那些并非真正需要的商品，并利用广告的方式推销商品。此外，制造商与销售商实现联合，商家为了刺激大众消费而不断探索大众的新鲜兴趣，进而反馈给制造商，以促进制造的创新。总体来看，生产与销售表现为两方面的结合：一方面努力刺激新的狂热需求；另一方面研究趣味在如何发生变化。

除了收入的增加、新商品的产生和新手段的盛行，消费主义的形成还伴随着新需求的出现。人们的需求被重新界定：当产品从新颖物品转变为生活必需品，所涉及的不只是机智的销售技巧，更多的是人们内在观念的转变。购买商品成为个人身份的一部分，成为他们评价生活满意度的指标。追求享受的新观念伴随着消费品其他意义的出现而出现。人们对生活舒适度的关注提高，这在一定程度上重新界定了那些曾被视为奢侈品的东西，并将其看成是必需品。

消费主义的产生可从多个视角进行解释。在社会意义上，消费主义是对社会变革的补偿，持续的商业化使传统的个人身份得到挑战，人口增长造成大量分化，商人获得大量财富，社会身份发生变动。这促进了消费主义成为快速变动的社会环境下确认

---

① 彼得·N. 斯特恩斯. 世界历史上的消费主义 [M]. 北京：商务印书馆，2015：54.

身份和个人认同的一种途径。在文化意义上,消费主义的产生与欧洲启蒙运动、浪漫主义的发展息息相关,启蒙运动强调世俗价值观而不是宗教价值观,使更大的消费兴趣变得合理化。浪漫主义则赞扬情感和个人主义,放松了传统社会对个性的束缚,刺激了消费主义的产生,因为人们在消费主义中看到了表达个体本质的一种途径。

总而言之,历史解释了消费主义为何存在。首先,是商业手段的推动,扩大了人们的需求。其次,消费主义补偿了变化:应对生活中不确定性冲击带来的挑战,也激发了改变:一定程度上赋予了人们打破阶级的自由和个性表达。它提供了一个更大的集体归属感,符合个人满足需求和身份认同需求。最后,消费主义的根基逐渐巩固,一代又一代人伴随着消费主义成长,将物欲横流习以为常。在这三种因素的共同作用下,消费主义持续发展、逐渐壮大。

二、消费主义在中国

消费主义在中国的发展可谓一波三折。

18~19世纪,欧洲消费主义试图进入中国,但这种影响始终未能蔓延,甚至出现了相反的情况:欧洲商人广泛需求中国制品,但他们却很少吸引中国人购买他们的商品作为交换。首先,是因为中国缺少消费主义在西方发展的经济基础,广泛的农村地区普遍贫穷。其次,当时的中国并不是西方意义上的消费社会,而仅仅拥有发达的消费品。中国上层阶级拥有精细的制造产品,他们无法对西方产品产生普遍兴趣,因而不会引发新的消费主义。另外,文化上等级制度和儒家思想的束缚,使中国社会对炫耀性消费先天性抱有抵制态度。

直到民国时期,中国两千年的封建社会逐步解体,现代消费主义才有机会登陆中国。最早开始于上海,大多数官僚、买办以及新兴的中国实业家在消费方式上向世界靠拢,例如,20世纪30年代上海女性的消费形式已经向着专业化、职业化、高端化的方向前进和发展。

随着新中国的建立,消费主义继续发展的火苗又一次被浇灭,这源于政治力量的全方位控制。但随着改革开放的到来,思想开始全面解放,消费主义在中国又有了广泛发展的土壤。20世纪90年代初期,消费主义逐渐成为一种社会价值取向与日常行动实践,在中国大地开始四处传播和蔓延。

第三节 消费主义与产业革命

一、产业革命推动消费主义发展

从18世纪第一次科技革命以来,人类社会先后经历了三次巨大的科学技术革命。科学技术目前已成为人类创造财富的重要手段,成为第一生产力。科学技术的进步极大地推动了人类社会生产能力的提高,大量物质产品和精神产品的出现,以及劳动生产率的提高,为消费主义的产生提供了必要的物质基础。

18世纪中后期开始的工业革命推动了第一次消费革命的产生,这也直接推动了消费主义的形成。工业革命第一次极大地促进了生产力的发展，逐渐丰富化的产品刺激了消费。大量的食品、日用杂货和半耐用消费品的生产，使得大量的中下层群众都可以加入消费大军的队伍。相对于传统社会匮乏的消费状况来说，第一次消费革命对于人类消费生活的变革具有十分重要的意义。

19世纪第二次工业化和科技革命，促使社会财富进一步扩大，也促使消费主义向前发展。以往是属于上层社会或者是统治阶级的商业化消费特权已经被彻底打破，大量消费品流向市场，现代的消费享乐主义不再仅仅是上流社会的一种特权，也成为中产阶级、小资产阶级人们所追逐的理念。大量工业生产商品的问世，为现代商业的形成奠定了基础，也会消费主义的进一步发展创造了机会。

20世纪初，福特主义的生产方式产生了大众消费社会。福特主义生产方式采用规模化、标准化的生产模式，在极大提高劳动效率的同时，也有力地降低了生产成本。这种生产方式迅速得到推广，大量高档耐用消费品（洗衣机、电冰箱、吸尘器等）被批量生产出来。随着产品数量和种类的成倍增长、工人收入的增加、大众传媒的出现和广泛运用、现代商业的发展以及分期付款购物的推广，人类社会进行了第二次消费革命，现代消费主义开始向世界各地广泛传播。

20世纪70年代后期，以高新技术为核心的后现代主义生产方式将消费主义推演到新的阶段，对文化符号的消费支配着当代人的日常生活，人们从过去被动地适应多样化的社会需求转变为积极地制造各种消费需求并引领消费潮流。随着互联网等信息传媒技术的发展，商品消费与文化消费产生了跨界融合，这种融合扩大了消费的范围，再次使消费主义有了新的发展空间。一方面，消费需求的重心转移：从符合大众品味的标准化产品逐渐变为满足不同需求和小众的个性化产品。文化观念在某一商品的价值判断中起到了越来越重要的作用。[①]另一方面，对文化与服务类等非物质商品的消费需求与日俱增。服务业和文化产业逐渐成为新的经济增长点，从而某些学者将当代的消费社会称为"非物质社会"。

二、消费主义影响产业革命

首先，消费主义推动了物质生产方式的更新和人类生活方式的进步。消费主义激起了人们强烈的购买欲望，在市场经济条件下，生产带来消费，同时消费反作用于生产。消费主义为企业生产方式的变革创造了巨大的动力，它促使了企业积极地进行科技创新，并提高生产效率，最终促使社会分工更加明确，社会经济也呈现了专业化和社会化特点，推动了一次又一次产业革命。

其次，消费主义促进了个人主义的觉醒，人们通过符号性的消费为自身和生活进行定义。因此如今的生产也不再简单的物质财富生产，而变成了生产某种符号、某种关系或某种差异，个体消费所追求的差别化成为普遍性生产的重要方面。由此看来，消费主义影响着产业革命的发展趋势。

此外，消费主义的目标之一是参与更大范围的全球社会，从而带来了经济全球化。消费社会的人们不能再忍受那种坐井观天和与世隔绝的感受，他们渴望在全球性商品

---

① 莫少群. 20世纪西方消费社会理论研究[M]. 北京：社会科学文献出版社，2006：82.

中获得一种归属感。因此，在全球化浪潮将消费主义传播到世界各地的同时，消费主义也促使着经济全球化在各个国家的蔓延。现今的世界早已是一个整体，只有在全球范围内实现分工合作、推行产业革命、提高社会生产率，人类社会才能获得更大的经济效益，人类命运共同体才得以持续性发展。

第四节 反消费主义的发展

反消费主义，广义上是指社会各界对消费主义的批判和反思。反消费主义思想最早出现在18世纪晚期和19世纪早期的欧洲。随着消费主义的扩张，对它质疑的观点也逐渐增多。大众开始对自己的消费行为感到担忧，他们在沉溺消费主义狂欢的同时，也在为这种沉沦带来的负罪感寻找输出渠道。反消费主义能够鲜明地反映现代消费主义的本质及其引起的问题，消费主义的发展过程也是它与反消费主义的博弈、协调过程。

一、反消费主义第一阶段

18世纪到19世纪早期，反消费主义的最初形式是以传统的基督教道德信条为依据，攻击商业化社会中贪婪的盛行和人们对伪神的信奉。反消费主义认为，消费主义破坏了正常的社会等级，导致下等阶级采用原本只存在于上等阶级的生活方式。

19世纪早期，美国的反消费主义出现，起初该主义认为消费主义是一种外来入侵的文化形态。后来新教传教者加入反消费主义阵营，该人群攻击消费主义削弱了人们的道德原罪意识，转移了人们对精神目标的投入。19世纪30年代，美国展开了一系列以商业主义和性为罪恶目标的"涤罪运动"；40年代，西尔韦斯特·格雷厄姆发起运动，鼓励美国人摆脱市场社会的无节制，他推崇纯净食物和清淡饮食，反对标准的商业产品，推出以健康谷物为中心的素食主义。当时，反消费主义者将克制消费主义与道德和生理健康联系在一起，这一理念在后来产生了深远的影响。

二、反消费主义第二阶段

19世纪晚期到20世纪早期，消费主义的迅速发展带来了一轮又一轮新的反消费主义热潮。第二阶段的反消费主义相较于第一阶段，内容和覆盖范围更加广泛，且不再单纯地依赖传统道德。

> **扩展阅读**
>
> **一个特例：美国温和的反消费主义**
>
> 1900年，消费主义成为美国社会主流。与欧洲相比，由于缺乏传统的社会等级，美国人很难为反消费主义建构一个明确的基础。知识分子在责难大众消费品位时，常被质疑为缺乏民主的表现。然而，这并不代表美国人没有对消费主义的担心，他们对来势汹汹的物质主义同样感到焦虑，温和的反消费主义仍然影响着美国社会。

> 1. 20世纪初，一些美国人受到环境问题的冲击，有人主张"绿色的消费主义"，鼓励人们购买对生态系统更为友好而危害较少的商品和服务，环境成为优先于消费主义的一个选择。对城市生活和城市价值的不信任包含了对消费主义的迟疑。
> 2. 以个人自律的名义融入了反消费主义力量。戒酒、吸烟非法化这两种运动一度成为重要的道德主义载体。
> 3. 节食和减肥。保持清瘦的努力在19世纪90年代开始出现，从此稳步升温。专家认为保持正常体重表现为一种品格的力量，食品是重要的消费标志，脂肪成为懒惰和品德不佳的标志。美国不仅产生了更多以健康为号召的运动来体现道德约束，也在一个物质极度丰富的年代实践良好的人格。后现代社会的美国人对节制目标的热情，说明他们不再是无法自拔的消费主义牺牲品。
>
> 资料来源：彼得·N. 斯特恩斯. 世界历史上的消费主义［M］. 北京：商务印书馆，2015：83。

这一时期，反消费主义的争论更加政治化，涉及了多个群体和目标。最终，反消费主义表现为"反美国式消费主义"。在欧洲，许多人对大众消费予以敌视，将美国式的消费主义视为缺乏内涵、品位低下的象征。第二次世界大战之后，美国的国际地位提高，消费主义影响进一步扩张，欧洲的反消费主义表现出更加激烈的反应，其中一位法国知识分子创造了"可口可乐殖民主义"的概念，来描绘和批判美国的消费文化控制。

总之，西方社会从18世纪开始，推动消费主义的力量在大多数情况下都胜于反消费主义的力量，但是消费主义造成的焦虑也是真实历史的一部分。消费社会具有内在复杂性，即使在其发源地西方也是如此，其原因在于它挑战了普遍接受的规范。消费主义的发展和扩张还提出了个人目标和社会目标之间的问题。在不同的时间和地点，许多人表达了担忧，更多的人感觉到焦虑。

【扩展材料】

案例

"双十一"购物狂欢

2009年，阿里巴巴集团创造了"双十一"这一购物狂欢节。从2014年到2017年，阿里"双十一"全天的销售额分别为571亿元、912亿元、1 207亿元、1 682亿元。2015年，阿里将"双十一"更名为"天猫双11全球狂欢节"，意味着中国居民的消费范围开始扩展至世界。某种程度上来说，"双十一"是一个关于中国消费野心的隐喻——通过消费，中国人身体力行地参与了全球化进程，接受了蔓延全球的"消费主义"生产方式、生活方式和文化表达方式。

"双十一"的消费文化已经逐步成为"常识"，购物狂欢从迎合消费者转向引领消费者是整个消费社会的典型特征。无论我们如何看待它，它的影响几乎都是支配性的，

"消费才是当下真正唯一的意识形态"。然而，单纯的"买买买"并不是现代人追寻幸福、获得解放的有效手段，它像是被炮制出的幻境，只能缓解短暂的焦虑，满足即时的甚至是莫须有的欲望，却不能根本性地解决人的内在问题。

资料来源：肖漫. 当双11不再狂欢[EB/OL]. https：//baijiahao.baidu.com/s？id=1683027093274190929&wfr=spider&for=pc，2020-11-11。

"上海名媛群"

2020年，一篇题为"我潜伏上海'名媛'群，做了半个月的名媛观察者"的公众号文章引起广泛关注，文中通过展示微信群聊天记录，指出有些年轻女性通过拼单方式维持社交平台上的"名媛"身份。

这戳破了一个消费主义的泡沫，反映出当今社会中有一部分人存在"消费至上，资本至上"的理念。虽然拜金，但她们并不好高骛远，这些"名媛"们对自己的经济能力拥有明确的认知，因为她们选择"拼单"的消费方式，充分体现了她们的消费心态比较务实。但即使这样，"名媛们"依然热衷于虚幻假象，并乐意通过"集体拼单"的群体行动来维护"圈子"。

毫无疑问，当下社会中的大部分人都在被消费主义所塑造，每一个人从性情复杂的个体逐渐变为一个标签化的"消费者"。对于资本而言，人们只有在消费时才具有意义，把消费和其他因素捆绑起来就是最简单的办法。"名媛们"拼单当网红的背后，不过是一种对高质量生活的朴素向往，但由于消费主义的渗入，她们表达出来对资本力量的崇拜，倾向于向外界表达自己"被消费主义异化后"的梦想。

从最早的"宁在宝马车上哭，不在自行车上笑"一直到"上海名媛"拼单群，这些社会现象都已经作为当今中国现代消费主义的重要衍生物，反映在当今中国现代商业繁荣发展的整个过程中。

"上海名媛群"这一现象展现出身在其中的女性对某种身份符号的期望。这种象征性的资本使她们在某种意义上超越其现实生活中在社会地位、资本和性别制度中的有限资源和处境，从而为其在社会流动和生活改善中增添更大的可能和路径。

或许也正是这一潜在的越轨和颠覆使得"拼单名媛"们遭到批评，"拼单名媛"们通过拼单实现了"越轨"性消费，它模糊了由不同因素所划定的边界，从而导致身份认同的混乱，进而引起人们的不满。这种不满不免让人想起历史：新兴的消费主义给欧洲上层阶级带来恐慌，因为广泛的消费导致下层阶级采用原本限于上层阶级的生活方式，破坏了正常的社会等级，这一担忧构成了早期反消费主义的重要组成部分。

资料来源：重木."拼单名媛"如一道芒刺，戳穿了消费主义的虚伪[EB/OL]. https：//www.sohu.com/a/425551146_391294，2020-10-18。

【思考题】

1. 试分析消费主义在中国的发展？
2. 试分析中国社会有哪些反消费主义倾向？
3. 您认为消费主义对社会生活会有哪些影响？

第十六章
消费者权益

第一节 消费者权益

一、消费者权益的内涵

在日常生活中，我们每一个人都会购买商品或者服务，行使着我们作为消费者的权益。所谓消费者权益是指，消费者为生活消费在购买、使用商品和接受服务的过程中以及之后一定时期内依法享有的权力和利益总称，是消费者权力和利益两方面的有机统一体，反映了消费者与生产者、经营者之间的利益关系。消费者的权利是消费者权益的核心内容。广义的消费者权利也包括消费者利益，消费者权利是消费者利益实现的前提和基础。

二、消费者权益问题的来源

消费者权益问题，是商品交换过程中消费者权力和利益受到损害而产生的问题。随着经济运行，客观上生产者、经营者和消费者逐渐分离，分工越来越细化和专业，消费者权益更加容易受到侵害，消费者权益问题越来越明显。

经济运行初期，商品生产和交换并不发达，生产者、经营者和消费者之间还只是简单的交易过程，并没有出现严重的消费者权益问题。随着两次工业革命和科技革命的推进，劳动生产率提高，科学技术发达，生产者和经营者进行生产调整和信息获取的成本逐渐下降，在商品交换中逐渐处于优势地位，而由于信息不对称，消费者在交易中逐渐处于不平等地位。一方面，企业与消费者通过一系列正式或非正式的产权契约连接起来[1]，企业的生产是以获得利润而为目的，并非为了满足消费者的需求。随着竞争的加剧，一部分生产者和经营者为了追逐利润开展不正当竞争，制造假冒伪劣产品，提供服务的同时侵犯消费者隐私，严重侵害了消费者权益。另一方面，由于市场分工越来越细化专业，消费者缺乏有关产品的专业知识和技术，较难发现和及时处理商品的问题；并且消费者由于时间成本高昂、经济实力弱小和搭便车等弱势，难以有力维护自身的消费者权益。

---

[1] 苏小方，张方方. 企业失信行为的制度经济学分析及治理思路 [J]. 经济社会体制比较，2020（2）：174-181.

近现代以来，随着社会生产的发展，产品五花八门，其功能越来越复杂，营销方式越来越多样，消费者地位越来越被动，消费者权益问题愈加突出，在经济运行中保障消费者权益的客观需要越来越强烈。

三、消费者运动的发展和作用

（一）消费者运动的发展

自 19 世纪以来，各国消费者通过自发或者有组织的社会运动，同生产者、经营者损害消费者权益的行为进行了斗争，逐步推进了各国消费者保护法律的制定和完善，在一定程度上改善了消费者弱势的经济生活地位，保障了自身合法的利益，维护了社会的公平正义。

1. 西方国家的消费者运动

消费者运动始于英国，然后波及西欧和北美，并在美国掀起了消费者运动的时代浪潮。在 19 世纪中、下叶，英国应广大消费者需求，在《货物买卖法》中给予购买低劣质量和与预期用途不符商品的消费者法律上的索赔权，并对厂商欺骗消费者的行为给予严厉惩罚。1844 年，英格兰北部罗奇代尔市首创消费者合作社，当时的名称为消费协作组合，成为世界上消费者运动最早的组织。1891 年，世界上第一个以保护消费者权益为宗旨的组织——纽约消费者协会在美国成立；八年后，世界上第一个全国性消费者组织——美国消费者联盟诞生。[①] 第二次世界大战后，随着经济的迅速发展，消费者运动又在各国得到普遍发展，并逐渐从自发性群众运动到有组织的群众运动转变。20 世纪 50 年代，德国、英国相继成立了消费者协会；60 年代，消费者运动规模进一步扩大。1960 年，由美国、英国、荷兰、澳大利亚、比利时五国消费者组织发起成立国际消费者组织联盟。1962 年，欧洲消费者同盟成立；同年 3 月 15 日，美国总统肯尼迪在《关于保护消费者利益的总统特别国情咨文》中，提出消费者享有的安全权、了解权、选择权、意见被听取权这四项基本权利。1969 年，美国尼克松总统进一步提出消费者的第五项权利：索赔的权力。

2. 东亚国家的消费者运动

随着产业转移，消费者运动逐渐扩展到东亚。1948 年，日本发生了著名的消费者运动事件——"清除劣质火柴大会"，并且在会后成立了日本主妇协会，揭开了日本消费者运动的序幕。20 世纪 50～60 年代，随着经济发展，日本消费者保障消费品安全的呼声越来越高。70 年代后，日本消费者运动的目标扩大，从维护产品安全扩展到敦促生产经营者的公平交易。1969 年，随着经济发展，消费者运动传播到韩国，韩国成立国内第一个消费者团体——主妇俱乐部联合会。1978 年改革开放后，我国的经济迅速发展，人们对消费者市场经济权益的保障越来越重视。1984 年，我国成立了中国消费者协会，并随后颁布了消费者权益保护法案，提出了消费者的六项权利，标志着中国的消费者运动进入了有组织的阶段，从此中国的消费者权益得到了有力的保障。

---

① 符启林. 消费者权益保护法概论（上册）[M]. 海口：南海出版公司，2002：15-20.

3. 国际消费者运动

20世纪80年代后，消费者运动席卷全球，逐渐呈现出国际化联合趋势。1983年，国际消费者组织联盟将每年的3月15日定为"国际消费者权益日"；1985年，第39届联合国大会一致通过了《保护消费者准则》。到2012年，全世界90多个国家共300多个消费者组织在开展消费者保护活动。

(二) 消费者运动的作用

消费者自19世纪以来，就在不断地通过自发或有组织进行的运动来捍卫自身在交易过程中的正当利益，并推动了各国消费者权利的构建、消费者权益保护体系和保护机制的形成与发展。消费者运动对消费者权利的建立具有重要作用。

1. 消费者运动激励消费者自觉维护消费者权利

维护消费者权利，不仅是法律意识，也是一种道德意识。消费者运动的进行，使得许多消费者敢于维护自身权利，自觉与侵害消费者权利的行为作斗争，将消费者权利保护从被动的、消极的态势转变为主动的、积极的状态，推动了消费者权利的建立和完善。

2. 消费者运动推动企业承担保护消费者权利

随着消费者运动的进行，企业越来越意识到，消费者的基本权利应受到尊重。近年来，受到消费者运动的影响，许多学者从利益相关者角度出发，指出企业应该遵循一定的商业伦理，承担对社会的责任。许多行业产品的标准制定中，不仅包括了基本的质量标准，还添加了关于使用者安全的标准。企业在消费者运动的进行下，逐渐认同尊重消费者权利，遵守相关的标准和规定。

3. 消费者运动促使国家对消费者权利保护的介入

消费者运动是消费者为维护自己的权利所进行的活动，是人们现实需求的基本反映，消费者运动唤醒了各国政府对于消费者权益问题的关注和参与，推进了许多国家消费者权益保护机构的建立，消费者权利法律的制定和完善。例如，美国早期通过的一系列保护消费者权利的法案就是在19世纪消费者运动兴起之后成立的。

第二节 维护消费者权益的意义

一、市场经济以消费者为主体

消费者在市场经济体系中处于主导地位，发挥支配作用。[1] 以消费者为主体是市场经济的本质特征和客观要求。

(一) 满足消费需求是市场经济的基础

市场经济的基础其实是消费需求得到满足。马克思曾在《资本论》中说"商品到货币是一次惊险的跳跃"，只有实现商品与货币的成功交换，生产者才能继续在市场中生存。而实现这一"惊险的跳跃"，最关键的是生产者所生产的商品能够满足消费者的

---

[1] 柳思维，尹向东. 消费经济学 [M]. 3版. 北京：高等教育出版社，2018：274-275.

需要。市场经济的发展，让生产者自身承担了部分商品生产的权利。若生产者所生产的商品不能满足市场中消费者的需要，则无法实现商品价值的转化，市场经济也无法良好运行。

（二）消费者偏好是市场经济的导向

不能满足消费需求，商品就无法实现自身的价值，因此消费者偏好对于市场经济的发展具有导向作用。传统的计划经济体制下，物质资料匮乏，生产能力有限。总体来讲，在计划经济体制下，生产决定消费，消费者偏好很大程度上无法左右生产。而今，市场经济高度发达，生产能力提升，商品种类繁多，供给远远大于需求，商品必须满足消费者的需要和偏好，才能成功出售，拥有市场。在市场经济下，消费者偏好不仅能左右当下商品的供给，还是生产者下一阶段生产的导向依据。研发再多、创新再新颖，若没有消费者偏好作为导向，所创造的新产品便得不到消费者的喜爱，市场经济也会失去活力。

市场经济的主体是消费者，随着市场经济的发展，消费者在市场经济运行中的主导作用愈加明显。因此，维护消费者权益才能保障市场经济的运行。

二、维护消费者权益的意义

市场经济以消费者为主体，维护消费者权益是市场经济良好运行的关键。现代经济条件下，消费者很难应对强大的经营资本，特别是缺乏责任心的企业为了利润不择手段，通过生产假冒低劣产品等方式进行不正当竞争，严重影响了消费者的身体健康和心理健康，损害了消费者权益。因此，坚决维护消费者权益具有重要的经济和社会意义：

（一）经济意义

1. 维护消费者权益有利于保护市场的公平竞争

维护消费者权益通过惩罚不正当竞争企业来保持市场的公平竞争。在利益的驱使下，部分社会责任感不强的企业，利用法律和监管的空子，进行不正当竞争，损害消费者权益。如果不惩罚相应企业来维护消费者权益，放任这类行为，会让不正当竞争有利可图，使合法、诚实的企业利益受损，出现"劣币驱逐良币"的情况，从而使得市场经济的竞争环境恶劣，市场的公平竞争机制受到严重挑战。

2. 消费者权益有利于提高企业和社会的经济效益

维护消费者权益，能够使资源配置效率提升，从而提高企业和社会的经济效益。消费者权益及时得到维护，使得不良商家或者企业及时得到惩罚，消费者能及时了解信息从而避免受到侵害，购买性价比更高的商品。生产资料和利润流向诚信、合法竞争的企业，使其利润提升，实现这类企业的规模经济，让其在维持质量的前提下降低生产成本，提高整个社会的经济效益。

3. 维护消费者权益有利于提高人民的生活质量

消费者权益得到维护，商品的质量有保障，消费者的健康得到保障，消费者的需求得以满足，人们能够在市场上买到称心如意的产品，提升了人们的生活水平，提高了人民的生活质量。

(二) 社会意义

1. 维护消费者权益有利于提升政府满意度

通过立法和行政手段维护消费者权益，改善相对处于弱势的消费者地位，有利于构建廉洁、正义的政府形象，提升人们对政府的信任和满意度。

2. 维护消费者权益有利于维护社会稳定

消费者权益维护使得社会不公平、不正义的做法得到治理，体现正义、诚信的社会主义核心价值观，从而维护社会稳定，构建和谐社会。

三、维护消费者权益是社会主义的内在要求

除了上述几点经济意义和社会意义，维护消费者权益在社会主义社会具有独特意义。

在社会主义国家，劳动者是生产资料、消费资料、消费领域的主人，应保护和尊重其利益。[1] 社会主义生产目的在于满足人民日益增长的美好生活需要，而消费则是人们满足美好需要的主要方式。若消费者权益受到侵害，则无法解决社会发展的主要矛盾。因此，消费者权益维护是社会主义的内在要求。

改革开放以来，党坚持"全心全意为人民服务"的宗旨，通过开辟中国特色社会主义道路、确立中国特色社会主义制度，带领我国人民从温饱迈向了2020年的全面小康。由于国际形势变化和国内供给结构改革，自中共十七大以来，扩大内需一直是我国经济发展的战略重点。特别是新冠肺炎疫情爆发后，在国际形势复杂和国外市场疲软的形势下，中共十九届五中全会发布的"十四五"规划中明确提出以"国内大循环为主体、国内国际双循环相互促进的新发展格局"。扩大国内消费成为我国的首要经济增长方向，维护消费者权益将成为扩大消费的坚定要求和有力保障。

第三节　消费者权利

一、消费者权利的内涵

（一）消费者权利的内涵

消费者权利是法律所赋予的消费者在购买、使用商品和服务中享有权利。简单来讲，消费者权利就是消费者在消费过程中有权决定做或者不做一定行为的法定权利。消费者权利是人权在社会经济生活中的基本体现，实质上是为了保护消费者在交易中的平等地位，要求法律进行制度创新以保障人权的实现。[2] 保障消费者权利，是为了保障人类合理的经济生活，矫正市场上的不公平不正义现象。

（二）消费者权利与利益

消费者权益是消费者权利和利益的统一体，在现实生活中，消费者权益通常与消费者权利没有区分，而消费者权利和利益却存在着一定的区别。首先，消费者享有消

---

[1] 尹世杰，蔡德容. 消费经济学原理 [M]. 北京：经济科学出版社，2000：277-288.
[2] 董文军. 平等视野中的消费者权利解读 [J]. 法制与社会发展，2007 (2)：125-132.

费者权利是为了保护消费者利益，即消费者权利的存在使得消费者的利益能够受到法律保护，不受他人侵害。其次，消费者利益实现的前提和保证是消费者权利。若消费者在消费过程中享有的一部分利益不属于消费者权利规定的范围，则该部分利益属于不正当利益，不受法律保护。大体来讲，消费者权利包含消费者利益。

二、消费者的基本权利

消费者权利最早是在1962年的《关于保护消费者利益的总统特别国情咨文》中，由美国总统肯尼迪正式提出的。该国情咨文论述了消费者权利的思想。继美国之后，英国、日本等许多国家也颁布了保护消费者权利的基本法规。1985年，一部对世界各国具有指导意义的消费者保护国际规范通过，即由国际消费者组织制定的《保护消费者准则》。

1984年，我国成立消费者协会，在其章程中首次提出了消费者享有的了解商品和服务等6项基本权利；并与有关部门一同制定了《中华人民共和国消费者权益保护法》（简称《消法》），于1993年由全国人大常委会审议通过，1994年1月1日实施。《消法》的制定和颁布标志着中国消费者权益维护进入了法制阶段。随着我国经济的进一步发展和人民维护权利的意识的提高，我国颁布了《反不正当竞争法》《食品安全法》等与维护消费者权益相关的法律，并对《消法》进行了第二次修订，使其符合时代要求。

第二次修订的《消法》于2014年3月15正式实施，其第二章明确规定了我国消费者的如下基本权利。

（一）安全权

消费者在购买、使用商品和接受服务时享有人身、财产安全不受损害的权利。在消费过程中，消费者有充分的权利要求经营者的商品和服务不能威胁到消费者的人身、财产安全。

（二）知悉权

消费者享有知悉其购买、使用的商品或者接受的服务的真实情况的权利。在交易过程中，消费者有权利根据商品或者服务的情况，让经营者提供商品的价格、产地、使用方式等基本信息以及检验证明、售后服务、服务内容等更多的详细信息。

（三）自主选择权

消费者享有自主选择商品或者服务的权利。消费者具有四方面的选择权，即有权选择提供商品或者服务的经营者；有权选择商品种类和服务方式；有权决定是否购买任何一种商品，是否接受任何一项服务；有权进行商品和服务间的比较、鉴别和挑选。

（四）公平交易权

消费者享有公平交易的权利。良好的市场秩序建立在公平、诚实的交易行为上。消费者在交易过程中，有权获得质量保障、价格合理、计量正确等公平交易条件，特别是有权拒绝经营者的强制交易行为。

（五）获得赔偿权

消费者因购买、使用商品或者接受服务受到人身、财产损害的，享有依法获得赔偿的权利。当生产经营者提供的商品或服务客观上损害了消费者的人身财产时，消费者才能依法享有赔偿，生产经营者才应必须承担责任。

（六）结社权

消费者享有依法成立维护自身合法权益的社会团体的权利。消费者的结社权体现了宪法规定的结社权。消费者享有的结社权使消费者能够在一定程度上改善交易中的弱势地位。

（七）受教育权

消费者享有获得有关消费和消费者权益保护方面的知识的权利。受教育权不仅是消费者的权利，其实也是消费者的义务。随着科技的发展，产品的制造和使用更加复杂，因此消费者应努力学习和掌握商品或服务的知识和实用技能，提高自我保护意识。

（八）受尊重权

消费者在购买、使用商品和接受服务时，享有其人格尊严、民族风俗习惯得到尊重的权利。消费者权利是人权的范畴，消费者不因性别、年龄、民族等受到歧视，每一个消费者都应得到平等的对待。

（九）监督权

消费者享有对商品和服务以及保护消费者权利工作进行监督的权利。消费者所享有的监督权，一方面，能够更加保障《消法》的运行；另一方面，能够发现新的消费者权益问题，及时完善《消法》中可能存在的漏洞。

三、维护消费者权益的组织体系

依据各国情况来看，消费者权益维护的组织体系主要有以下两类：

（一）政府机构

政府利用行政管理权利，设立专门的行政机构来保护消费者权利，通过行政干预的方式帮助消费者捍卫权利。例如，美国的各级政府都设有消费者保护机构，并在联邦贸易委员会内设"消费者保护司"，各州政府也设立有消费者事务部等。我国《消法》指出，各级政府工商行政管理部门和相关行政部门应按照法律规定，听取消费者或社会团体对消费者权益维护的意见，保护消费者的合法权益。

（二）消费者组织

消费者组织是随着消费者运动的发展而产生的，是消费者使用结社权的结果。世界上大部分国家都有消费者组织，例如，美国的纽约消费者协会、消费者联盟等。在我国，最权威的消费者组织是中国消费者协会，其宗旨是对商品和服务进行社会监督，保护消费者的合法权益，引导消费者科学理性消费，促进社会主义市场经济健康发展。

根据《消法》，中国消费者协会履行以下职能：

（1）提供消费信息和咨询服务；
（2）参与有关行政部门对商品和服务的监督、检查；
（3）向有关行政部门反映、查询消费者权益问题，并提出建议；
（4）受理消费者的投诉，并进行调查、调节；
（5）提请鉴定部门对商品和服务质量问题的投诉进行鉴定，鉴定部门应当告知鉴定结论；

（6）支持消费者权益受损的消费者提起诉讼；

（7）通过媒体广泛揭露、批评损害消费者合法权益的行为。

第四节　消费者权益受损的表现和原因

一、消费者权益受损的表现

在现实生活中，消费者权益受损的情况主要由以下几种。

（一）劣质商品

商家为了获取利益，在产品生产过程中偷工减料或进行违法添加，从而生产出质量低下、威胁人身安全的产品，严重欺骗消费者的信任，威胁消费者的身体健康。之前震惊全国的"三鹿奶粉"事件、"毒疫苗"事件严重影响了婴幼儿的健康，让消费者对无良商家愤恨不已。虽然无良商家得到惩治，但由于违法造假仍有利可图，依然有商家进行效仿。2021年1月曝光的"益芙灵"抑菌霜，再一次刷新了消费者对无良商家的认知。[1]

（二）假冒产品

抄袭、假冒其他商家的产品能够节省一大笔研发成本，迅速攫取利润，一些商家进行这种不劳而获的行为，欺骗广大消费者。"山寨饮料""山寨护肤品"等侦破案件层出不穷，"莆田系山寨鞋""山寨手机"肆意贩卖等奇怪的市场行为让消费者在交易时提心吊胆。假冒产品不仅严重影响了消费者的消费体验，也扰乱公正诚实的市场秩序。

（三）服务低下

许多商家注重销售，而忽视服务，无视对消费者所承诺的售后服务。一些商家"三包"的售后承诺仅仅是形式主义；并且一些外国商家忽视《消法》规定的消费者所拥有受尊重权，区别对待我国消费者。例如，2016年的"三星电池爆炸"事件[2]。

（四）捆绑销售

一些商家存在利益勾结，进行捆绑销售，强制消费者进行消费等行为，侵犯了消费者的自主选择权。例如，之前饭店常见的"谢绝自带酒水"告示、软件捆绑下载等情况，就是强制消费者的进行选择。

（五）侵犯隐私

随着科技的发展，许多商家为获取消费者信息以谋取利益，做出了一些侵犯消费者隐私的行为。例如，一些酒店在酒店房间安装针孔摄像头，互联网企业将用户的基本资料、消费情况等进行非法售卖。

---

[1] 王瑞文. 益芙灵婴儿抑菌霜被曝激素超标追踪：129罐涉事产品已于12日送检［EB/OL］. https://baijiahao.baidu.com/s?id=1688678576322924054&wfr=spider&for=pc，2021-01-12.

[2] 马鑫. 三星手机爆炸真相［EB/OL］. https://www.sohu.com/a/125374288_355014，2017-02-03.

(六) 虚假宣传

许多商家为了让消费者购买产品,夸大产品功效或者宣传不实效果,进行虚假宣传。例如,许多方便面产品的广告都与其实际情况大相径庭;许多护肤产品在宣传时都夸大其实际功能,以获得消费者的关注。

(七) 负外部性

部分商品在生产经营过程中会存在负外部性,侵害消费者的权益,对社会造成损害。例如,许多化工企业为了降低企业经营的成本,污水浓烟未按照规定进行处理而直接排放到河流和空中,影响了周围消费者的身体健康;一些歌厅、酒吧和商场未对噪音进行处理,影响消费者的居住环境。

二、消费者权益受损的原因

消费者权益受损的原因是多方面的,大致可以归为以下因素。

(一) 企业的不正当竞争

消费者权益受到损害最直接,最根本的原因就是源于企业。企业为了追逐眼前的利润,进行低劣假冒产品生产等不正当竞争行为,直接损害消费者利益。这类企业缺乏道德法制观念,为了利润不择手段,忽视市场的公平竞争机制,严重影响了社会风气,侵犯了消费者的权益。

(二) 消费者的弱势地位

消费者在经济活动中的弱势地位是由消费者信息不对称、消费者维权行动成本高昂和消费者心理等多种因素造成的。

1. 消费者信息不对称

在商品交易过程中,经营者垄断其商品生产和经营的全部信息,消费者无法了解实际情况;并且,由于专业知识欠缺,消费者无法明白商品的危害之处。因此,生产经营者往往利用消费者信息不对称的弱势对消费者进行欺骗。

2. 消费者维权行动成本高昂

由于能力有限、时间成本等因素,消费者维权的行动成本高昂。消费者的个人能力有限,而且组织消费者的协调难度也大。因此,在大规模的侵权案件中,广大消费者都存在"搭便车"的维权心理。[1] 生产经营者很容易瓦解消费者权益维护的团体。

3. 消费者的心理因素

消费者权益受到侵害也与消费者的主观心理有关。一方面,有的消费者由于心理因素,在自身权益受到损害时,不敢与生产者对抗,不敢捍卫自己的正当权利;另一方面,有的消费者出于侥幸心理,认为自己的权益不会被侵犯,因此不参与消费者权益维护的行动。这些心理因素一定程度上助长了生产经营者在市场上进行损害消费者权益行为的勇气。

(三) 行政和法律的漏洞

消费者权益受到损害,很大程度上与相关法律的不完善和行政监管的漏洞有关。

---

[1] 刘俊海,徐海燕. 论消费者权益保护理念的升华与制度创新:以我国《消费者权益保护法》修改为中心 [J]. 法学杂志,2013,34 (5):27-38.

1. 法律的不完善

随着时代的发展,消费者相关法律不一定符合当下的现实情况,需要进行修订和完善。并且在互联网消费下,许多侵犯消费者权益的行为和性质应该有进一步的法律界定和条文保护。

2. 行政监管的漏洞

一些不良厂商敢于进行不正当竞争,侵犯消费者的权利,有一部分原因是来源于相关监管机构和地方政府的纵容。商家通过与相关官员形成利益联结,获得合格标准和生产许可,或者进行垄断经营,损害消费者权益。例如,在前述提到的抑菌霜,其添加的激素严重超过国家标准,但是仍能获得合格标准,上市销售。这在一定程度上反映了我国行政监管中的漏洞。

三、消费者权益争议的解决

消费者与生产经营者发生的有关消费者权益的争议不可避免,如果不及时解决,消费者的正当权益就会受损。《消法》规定,当消费者和经营者发生权益争议时,可以通过以下途径解决:

(1) 与经营者协商;
(2) 请求消费者协会调解;
(3) 向有关部门申诉;
(4) 根据与经营者达成的仲裁协议提出仲裁;
(5) 向人民法院提起诉讼。

当消费者权益受到侵害时,可以先与经营者进行协商,若协商无果,则可通过请求消费者协会调解、向有关部门申诉和仲裁、向法院提出诉讼等合法手段来维护自身的消费者权益。消费者在其权益受到侵害时,切勿冲动,一定要冷静理智,及时使用设备留下证据,以便于接下来维权方式的顺利进行。

第五节 加强维护消费者权益

由于科学技术的发展和扩大内需战略的推进,侵犯消费者权益的问题得到越来越多的关注。为了让消费者的权益能够得到更及时有力的维护,可以进行以下措施:

一、加强消费教育,提高消费者维权意识

加强消费教育,通过向消费者传递相关知识,提高消费者的辨别能力和维权意识。消费教育主要是培养消费者决策能力、消费技术、维权能力。[1] 通过消费教育,消费者能够改正不良的消费心态和受害心态,避免违法生产者的产品,拿起法律武器捍卫自己的合法权益。

---

[1] 吴炳新. 消费经济学 [M]. 北京:对外经济贸易大学出版社,2016:177-178.

二、进行商业教育，使企业自觉遵守和承担社会责任

可以由政府设立奖惩机制，进行商业教育，树立良好的经营风气。一方面，政府对不正当竞争、侵犯消费者权益的企业进行严格的惩罚，让企业意识到公平竞争才是获取利润的唯一途径；另一方面，支持政府对自觉承担社会责任如环保治理的企业进行表扬或采取一定的税收减免。

三、成立专门的行政机构，加强政府的保护

我国目前一般由消费者协会受理和处理消费者投诉，消费者组织由政府和社会共同负责，只能进行民间调解，并无行政裁决权和处罚权，缺乏震慑力。[1] 因此可以设立专门的行政机构，使消费者权利得到有力的保障。

四、设立特别诉讼法庭，负责消费者权益维护案件

可以设立特别诉讼法庭，负责消费者权益案件，加强维护消费者权益的力度。消费者权益维护所涉及的案件大多金额较小，而且消费者在权益维护中往往处于弱势地位，设立诉讼法庭可以增加消费者与生产经营者的对抗能力，特别是增强消费者与大生产经营商抗争的话语权。

五、发挥社会监督作用，促进消费者权益法律完善

社会监督不仅可以使消费者权益得到及时维护，也可以促进相关法律中漏洞的完善。有的消费者权益保护，往往先是在社会媒体上引发争议之后才会得到进一步有力的维护。因此应该加强社会监督，让广大消费者敢于发声，不仅使消费者能够保护自己的合法权益，还可以及时发现经济运行中存在的新型消费者权益问题，促进消费者权益相关法律进一步完善。

【扩展材料】

一、相关政策文件

《中华人民共和国消费者权益保护法》

二、案例

欧艾抑菌霜"大头娃娃"事件

2021年1月7日，视频博主"老爸测评"发布视频"'大头娃娃'卷土重来?! 背

---

[1] 冯玉军，林海. 我国消费者权利保护体系完善研究——基于消协组织投诉受理情况与典型案例的实证分析[J]. 法学杂志，2014, 35 (1): 36-48.

后真相令人发指!"引发关注。该视频曝光了有家长从市面上购买福建欧艾婴童健康护理用品有限公司生产的一款"嗳婴树"品牌的"益芙灵多效特护抑菌霜",给五个月大的孩子使用后出现"大头娃娃"现象:发育迟缓、多毛、脸肿大等。视频中记录家长、婴儿辗转医院做全套检查,均未发现异常,医生指出孩子是否使用激素药,家长才怀疑"抑菌霜"存在问题。"老爸测评"将此厂家的"抑菌霜"及另一款婴儿霜"开心森林"送给专业机构检测,检测结果表明两款产品均含有超过30毫克/千克的激素(氯倍他索丙酸酯),而且这两款产品均取得"(闽)卫消证字"许可证号。"老爸测评"表示,化妆品中含有零点几毫克的激素已经是相当高的含量了。在视频最后,"老爸测评"提示购买婴儿霜时要注意查看婴儿霜背后的卫生许可证号,"消字号"婴儿霜很可能同该产品一样添加了抗生素和激素,劝大家不要买也不要用。

2021年1月9日,福建漳州市卫健部门通报,涉事"益芙灵多效特护抑菌霜"两款产品共1 200瓶,分别销往江苏宿迁和连云港,相关部门正在全力召回检测。1月9日和10日,连云港市和宿迁市卫健委分别下发《关于排查"益芙灵"抑菌霜相关情况的紧急通知》,部署紧急排查工作。对排查到的产品进行登记、查封,对已经销售的产品要求召回。两市均尚未发现疑因涂抹涉事产品变"大头娃娃"的情况。

2021年1月17日,漳州市成立由卫健委、市场监管部门等组成的事件处置工作组,针对群众和社会关注的欧艾婴童健康护理用品有限公司生产的两款抑菌霜产品涉嫌违法添加激素问题,依法依规开展调查。对涉事产品流向地的销售和下架做进一步摸排,深入患儿家走访看望;经有检测资质的第三方机构检测,涉事产品的企业涉嫌生产、销售伪劣产品;将有关线索移送公安机关,公共机关已传唤涉事产品的主要涉案人员。1月18日,漳州市卫生健康委员会发布了《关于"欧艾抑菌霜"事件调查处置进展情况的通报》①:根据目前产品检测结果和调查情况,欧艾婴童健康护理用品有限公司生产、销售劣质产品,涉嫌犯罪。公安机关已立案侦查,并对相关嫌疑人采取刑事强制措施;卫健部门依法吊销涉案企业《消毒产品生产企业卫生许可证》;市场监管部门依法吊销涉案企业营业执照。

资料来源:王建亮. 千余瓶设施婴儿用品抑菌霜销往宿迁和连云港,两市紧急排查[EB/OL]. https://www.thepaper.cn/newsDetail_forward_10735338,2021-01-10;贾楠. 女婴疑抹婴儿霜变"大头娃娃"[EB/OL]. https://news.sina.com.cn/s/2021-01-11-doc-iizncktf1392475.shtml,2021-01-11.

【思考题】

1. 消费者权益问题的来源是什么?
2. 维护消费者权益有哪些意义?
3. 消费者权益受损的原因是什么?
4. 您认为还有哪些维护消费者权益的措施?

---

① 漳州市卫生健康委员会. 关于"欧艾抑菌霜"事件调查处置情况的通报[EB/OL]. http://wjw.zhangzhou.gov.cn/cms/html/zzswshjhsywyh/2021-01-18/1057840807.html,2021-01-18.

第十七章
消费经济政策

第一节 消费经济政策的内容

一、消费经济政策的含义

消费经济政策指的是国家在评估某个时期国民经济发展态势和基本矛盾的基础上，制定的一系列与消费稳定发展相关的方针、措施和制度的总和，它属于国家经济政策的一大重要组成部分，也是一个国家保持经济秩序稳定、促进经济社会发展的重要影响因素。

根据消费经济政策的重要性，国家会制定消费经济政策以实现不同的经济目标。从宏观的角度来看，制定消费经济政策可以提高国民的消费水平、增加消费在拉动经济增长中的占比、改善国民的消费结构等；从微观的角度来看，制定消费经济政策可以增强居民的消费意愿和降低储蓄意愿、刺激居民消费信贷、升级居民的消费模式、保护消费者的权益等。从长期来看，消费经济政策可以通过消费水平、消费结构、消费模式等方面的进步，持续性地刺激社会总需求的增加，实现经济社会的长期可持续发展；从短期来看，消费经济政策通过刺激消费需求，以缓解经济处于周期性波动的低谷时带来的暂时性问题，调控经济的平稳运行，为经济的长期发展做好保障。

针对不同的经济目标和任务，国家所制定的消费经济政策的侧重点是有所差别的。有些消费经济政策致力于消费水平的提高，消费水平又与居民收入水平、居民储蓄意愿、社会贫富差距、社会保障体系等多方面的因素有关，因此相关政策可以表现为减少税收以增加居民可支配收入、促进消费信贷发展以改变居民传统的储蓄理念、完善收入分配政策以缩小社会贫富差距、建立完善的福利制度和社保体系等；还有些消费经济政策则侧重于消费结构的完善，如政府鼓励或限制某些产业的发展，通过供给结构的完善带动消费升级，或是对消费需求侧加以引导，改变消费者理念以促进消费结构升级等。除了消费水平和消费结构这两个最主要的方面，也存在一些基于其他目的制定的消费政策，如提高家庭的幸福水平、解决发展中地区的贫困问题等。

二、消费经济政策的必要性

由消费经济政策的含义可以看出，一个国家在必要时采取消费经济政策不论从宏观角度还是微观角度都有着重要的意义，对于整个经济社会的短期稳定和长远发展都是必不可少的。

从宏观的角度来看，消费经济政策主要针对的是整个国民经济的运行。经济的发展在短期会存在周期性波动，市场的调节会出现一定的失灵，这就需要政府的干预，制定相应的消费经济政策以应对经济过热或经济萧条。例如，在经济危机来临时，政府采取积极宽松的消费政策以刺激消费，从而拉动经济复苏；在经济过热时，政府采取紧缩的消费政策以稳定消费，从而保持经济平稳运行。从更长期看，消费经济政策应瞄准社会经济发展的战略目标和宏观决策的要求。就我国而言，要想巩固全面建设小康社会的成果，实现社会主义市场经济的持续健康发展，应更好地完善消费体制机制以增强消费对经济增长的基础性作用，更快地改善供给结构以适应消费的升级，使人们日益增长的美好生活需要得到满足，使消费需求、消费结构、消费方式等各方面的发展都符合国家经济发展战略。因此，制定并实施正确的消费经济政策对于国家宏观经济的发展具有极为重要的战略意义。

从微观的角度来看，消费经济政策主要针对的是居民、家庭等微观主体，通过改变他们的行为来达到某个具体的经济目标。一般来说，居民和家庭是最为重要的微观消费主体，他们会在现有约束条件下做出使个人或家庭效用最大的消费决策，因此他们也是消费经济政策的主要影响对象。例如，积极的消费经济政策可以通过减税降费、降低利率等手段来增加居民或家庭的可支配收入，从而刺激消费潜力的释放；政策还可以通过引导居民消费观念和社会预期来改变他们的消费行为，促进社会经济结构的转型升级。一方面，居民和家庭作为消费的直接微观主体，消费经济政策会通过一系列的传导机制最终作用于他们，通过消费者经济行为的变化来实现经济社会的协调运转；另一方面，消费经济政策促进国民经济发展所带来的财富和福利的增加，也能最终使这些微观主体受益。因此，合理的消费经济政策对于以居民和家庭为主的微观主体而言也具有重要的意义。

第二节　消费经济政策的类型

一、财政政策

财政政策主要是国家制定的指导财政分配及分配关系的基本准则，分为政府收入和政府支出两个方面。在政府收入方面，税收是最重要也是占比最大的一部分，是政府按照法律规定强制、无偿地向国家公民取得的财政收入。由于税收的乘数效应，税收的变动对国民收入的变动具有成倍增加的效应，大大影响社会总需求，从而使国民消费有了较大幅度的变化。政府支出则是中央和地方各级政府支出之和，主要包括政府购买和政府转移支付两类，二者都能对社会总支出有一定程度的调节作用，从而影响消费。其中，政府购买指的是政府对商品和劳务的购买，如购买公共物品、为公务人员发放工资、建造公共项目工程等，是决定国民收入的主要因素之一，能较大程度且较直接地影响到社会总需求，是调节消费的有力手段；政府转移支出则指的是政府在社会福利、社会保障、贫困补助等方面的支出，通过政府收入在不同社会成员间的再分配调节社会总需求，对消费的影响程度相对较小。以下是我国运用财政政策调控消费的具体内容。

一是通过税收手段进行调节。对消费者征收个人所得税、遗产税、消费税等可以对消费需求的高低直接起到调节作用。一般地，经济过热时，政府采取紧缩性财政政策而提高税率，抑制消费需求；经济萧条时，政府采取扩张性财政政策而降低税率，刺激消费需求。对进口商品征收关税，关税税率的高低可以促进或限制某些产品的进出口，从而影响国内消费需求。例如，我国对汽车等耐用消费品、国外奢侈品征收较高的进口关税，一方面是政府为了增加财政收入并保护国内相关产业的发展，另一方面则是为了减少消费外流，调整国内消费结构，促进国内消费潜力的释放。

二是通过转移支付进行调节。政府通过对社会成员的收入进行再分配，改变收入分配格局，缩小收入差距，从而拉动消费需求。例如，政府运用支出项目中的救济性支出，通过对低收入群体提供现金或消费券的转移支付，为其提供基本的生存型消费保障，稳定社会秩序的同时能在一定程度上拉动消费。政府还可以对特定的消费者进行直接的财政补贴（即"明补"）快速增加该类消费者的收入，从而增加对特定商品的消费，这对调节消费结构能够产生一定的影响。

二、货币政策

货币政策，也称金融政策，由中央银行所执行，是通过各种方式调节和控制市场上的货币供给，增加或减少市场上所流通的货币量，从而实现某时期特定经济目标的制度方针的总和。这一政策的本质是政府采取"紧缩""适度"或"宽松"等不同的政策导向来调节经济的周期性波动，通过调节货币供应量来调节市场利率，利率往往会影响到社会总需求，从而影响了国民经济的运行。货币政策对消费的调节也是多方面的，货币供应量可以影响市场上商品的价格，改变消费者的消费决策；可以影响消费信贷的规模，控制超前消费的比例；可以影响企业的投资决策，从而影响劳动者的就业结构和收入分配；也可以通过影响利率，间接地影响居民的消费倾向。由此，货币政策能够直接或间接对消费产生影响，运用货币政策的手段对调控消费有着重要的意义。以下是我国运用货币政策调控消费的具体内容。

第一，对消费者消费和储蓄之间的选择与分配进行调节。根据经济学基本观点，消费者仅会将收入的一部分用于消费，而将另一部分用于储蓄（包括金融资产），消费者为了实现利益最大化，利率就会对消费者在二者之间的选择产生较大的影响。如果央行采取宽松的货币政策，利率水平就会降低，消费者进行当期消费的机会成本更低，提高了当期的消费意愿，并降低储蓄意愿，更多地进行消费信贷以进行超前消费，从而刺激了当期消费潜力的释放；如果央行采取紧缩的货币政策，利率水平就会提高，消费者进行当期消费的机会成本更高，降低了当期的消费意愿，并提高储蓄意愿，以便获得未来更大的收益，从而抑制了当期消费。但是，现实中利率并不是单一固定的，不同的金融资产的利率存在差异，因此不同金融资产的利率变动还会影响消费者对于金融资产的选择和分配，从而影响储蓄结构。

第二，对生产者的行为产生影响。政府采用利率手段调控消费同样可以从产业结构的层面进行调控。如果政府要大力扶持某一产业的发展，就可以通过投融资业务对这类重点产业给予优惠的低利率贷款，在资金上加大对其的扶持力度，促进这类产业的发展壮大，从而带动这类产品或服务的消费。但值得注意的是，随着市场化程度的提高，政府直接干预并决定利率的方式已经越来越少，因为这会带来市场失灵的问题，阻碍市场经济的发展，而公开市场业务的手段在市场经济日益发展的今天可能更加适用。

三、收入政策

收入政策在最初提出时是政府为了减缓通货膨胀的速度或应对物价上涨带来的问题，采取直接或间接的手段限制居民工资收入的增长、调整居民收入分配的结构、规范非工资性收入等，从而达到限制价格水平的目的。作为区别于财政政策和货币政策的又一种消费经济政策，收入政策不仅可以在经济过热时调整收入以抑制过度消费，还可以通过调节过高收入、建立最低工资制度和社会保障制度、监管物价水平等方式促进居民消费水平的提升和消费结构的改善，对拉动国家内需具有十分重要的作用。以下是我国运用收入政策调控消费的具体内容。

一是对居民收入差距的调节。过大的收入差距使社会财富集中在少数人手中，大大抑制了中低收入群体消费潜力的释放。由此，政府可以征收个人收入调节税并实行累进税率，对于高收入群体实施更高的税率以调节社会成员之间的收入差距，这对促进全民消费具有很大的促进作用。除了通过征税调节不同收入群体的收入差距，政府还可以采取措施缩小行业之间的差距，例如对垄断行业的物价进行监管以抑制这些行业的过高收入，对处于成长期行业实施收入补贴的优惠政策等，行业收入差距的减小最终也能促进社会成员之间收入分配的公平。

二是对低收入群体的政策扶持。通过收入政策拉动消费最为重要的作用对象就是低收入群体，如果这一群体的收入得不到保障，就会很大程度上抑制他们消费的能力和意愿，从而拉低全社会的消费需求。对此，政府可以制定并实施最低工资制度，维护他们的合法权益，满足他们基本的生活需要，提升他们的消费能力和消费意愿。此外，完善的社会保障制度和社会福利体系也是必不可少的，能大大提升低收入群体对未来的预期，让他们降低储蓄倾向而将更大比例的收入用于当期的消费。

四、价格政策

价格政策最初来源于西方，西方国家的政府为了防止物价水平的不断上涨而降低居民生活质量，对部分商品和劳务进行价格上的管理。在我国，价格政策作为财政政策和货币政策的重要补充，日益受到政策制定者的重视。根据市场运行的客观规律和我国的基本国情，政府对某些关乎国计民生的重要商品和服务的价格进行管制，弥补市场失灵，规范市场秩序，促进社会主义市场经济的发展。对于消费者而言，价格政策也有利于保障消费者的基本权益，因为对市场价格的管制可以在一定程度上减少因信息不对称带来的价格欺诈现象，从而形成更规范有序的市场秩序。灵活地运用价格政策是政府有效干预市场的表现，对于稳定宏观经济、刺激消费以扩大内需有着直接的影响。以下是我国运用价格政策调控消费的具体内容。

一是对重要商品和服务的价格管制。所谓重要的商品和服务，主要指的是关乎国计民生的商品，如石油、军需品等，还有一些市场难以定价的"准公共物品"，如水电、公共交通、邮电等。对于商品或服务，政府往往采用直接定价、限制最高价格、控制厂商利润率、价格补贴等方式直接或间接地管制它们的价格水平，防止垄断厂商谋取超额利润，让更多消费者能承担这类商品或服务的价格，保障人民基本生活需求，达到刺激消费的目的。

二是对生产者的价格补贴。价格政策不仅是直接对市场价格进行干预，还可以对产品提供者进行价格上的保护和补贴。以农产品为例，政府为了保障市场上农产品的供应，对农民的生产价格进行补贴以形成农产品的"保护价格"，更低的生产成本和更大的利润空间增加了农民生产的积极性，保证了农产品的充足供给，同时消费者又能以低于"保护价格"购买到农产品，达到了刺激消费的目的。此外，对于一些高新技术产品，政府也会对生产者给予价格上的优惠以刺激生产，从而刺激居民对新兴产品的购买，也促进了消费结构的升级。

五、产业政策

广义上的产业政策是指政府为了实现某个时期的经济目标而对产业结构及其发展方向进行干预和控制，其目的是弥补市场失灵、保护幼小的民族产业、扶持高新技术产业等，从而改变产业布局和产业结构，更好地发挥后发优势，促进经济的可持续发展。作为消费经济政策的产业政策主要强调政府对产业结构的指导和调节，引导产业结构向高级化的方向转型升级，产品结构的升级以及居民消费需求的进步自然就带动了消费结构的升级。如果说以上四种政策可以短期内稳定宏观经济波动，那产业政策对经济发展的影响就是更趋于长远的，能够在长期促进经济结构的升级和经济的持续增长。以下是我国运用产业政策调控消费的具体内容。

一是对高新技术产业的扶持。高新技术产业的发展是国家经济战略的重要内容之一，高新技术产业的发展能够引领产业结构的转型升级，形成更加合理的产业布局，构建符合新时代发展要求的现代化产业结构体系。高新技术产业的发展促进产业结构升级，这使得居民收入水平整体提高，消费需求从生存型向发展享受型转变，如愿意花更多的钱去购买绿色健康产品、节能环保产品或智能化创新产品，从追求数量向追求品质转变，逐渐实现消费结构的升级。

二是对民族产业的保护。根据发展中国家经济发展阶段的特殊性，产业政策的另一目的是帮助我国发挥后发优势，用模仿战略和超越战略来促进产业竞争力的提升，因此保护民族产业以增强它在国际市场上的竞争优势也是我国产业政策的重要内容。以手机产业为例，为了国产手机在市场上更具有竞争力，政府采取直接或间接的措施对其进行保护，直接的保护可以是给予本国手机产业以优惠政策、增加关税以限制国外竞争对手的进入，虽然这些政策确实可以增强民族产业的竞争力并阻碍消费外溢，但却违背了市场运行的规律，会带来资源配置无效率的问题。因此，我国近年来更多地选择间接的措施，在遵循市场运行客观规律的基础上，为民族企业和外商企业的发展创造自由竞争的大环境，这样民族企业就会自发地学习创新并提高产品质量，增强本国产品的竞争力，有效地阻止了消费外溢的现象，对扩大内需起到了重要的作用。

第三节 中西方消费经济政策的比较[①]

一、我国的消费经济政策

近年来，消费对我国经济的发展的作用日益显著，对国民经济的贡献度日益提高，逐渐超过"三驾马车"中的投资和出口，成为拉动经济增长的第一引擎。由此，我国在宏观调控方面更加重视对消费经济政策这一手段的运用，通过调节消费领域，实现经济短期稳定和长期发展。结合我国经济发展的具体国情，我国仍存在"消费不足""消费结构不合理"等问题，因此目前消费政策的主要方向便是扩大消费，提高居民整体的消费水平，在总量增加的基础上，完善居民消费截洪沟，实现消费结构转型升级。以下几点是我国近年来运用消费经济政策调控经济的特点。

第一，调节合理的消费与储蓄的比例关系。长期以来，我国居民受传统"高储蓄、低消费"观念的影响，消费率相比于西方国家较低，加之社会保障体系不够健全，居民的储蓄倾向较高，更愿意将现有收入用于未来可能的支出。近年来，我国秉持着"依靠消费拉动内需"的理念，引导全社会改变与当今国情不相符合的传统储蓄观，并不断完善社会保障体系和福利制度，刺激居民当期消费潜力的释放，提高全社会消费率。消费率的提高对于改善居民当下生活水平，促进经济社会进步具有重要的意义。

第二，消费政策的目标由单一化向多样化转变。新中国成立之后，我国将重心放在发展重工业上，因此提出消费政策的主要目标是抑制消费、增加积累，为重工业的发展提供足够的资金保障。如今，随着经济社会的全面进步和国家战略目标的转变，我国将重心更多地放在刺激居民消费、提升居民生活质量、缓和经济短期波动、促进经济长期发展、转型升级消费结构、维护消费者权益等各个方面，这也符合当今多元化的经济社会发展要求。

第三，充分发挥财政政策对于消费的调控作用。我国能够充分灵活地运用财政政策这一手段，以缓和短期经济波动，使消费水平保持稳定增长。例如，20世纪90年代初，我国经济的发展过热，物价水平不断提高，政府立刻缩减财政支出规模，增加税率以抑制过热消费，防止过度通胀带来的负面影响；2000年以来，为了抓住机遇以保持经济增长，我国逐渐转变为积极的财政政策，政府开始增发国债、加大支出力度，从而有效拉动了居民消费和社会需求。

第四，不断重视货币政策对调控消费的作用。新中国成立初期，我国的经济体制以计划经济为主，市场化程度不高，金融市场尚未形成，货币政策对国民经济运行的

[①] 王雷，王代敬. 中外消费政策的比较与启示 [J]. 中国软科学，2001（12）：17-21.

调控作用也受到了限制。而近年来，我国金融市场迅速发展，监管体系和相关制度不断完善，这为运用货币政策调控经济创造了良好的前提条件。例如，20世纪90年代中期，我国出现内需不足的问题，消费持续低迷，央行便采用连续调低存贷款利率的手段刺激了消费；而当国内通货膨胀严重的时期，央行便快速地调高利率，抑制过旺的消费需求，防止经济泡沫的出现；2020年的新冠肺炎疫情也使得我国经济持续走低，消费需求严重不足，央行在保持经济稳定的前提下调低利率，以保障疫情过后的经济复苏。

二、西方国家的消费经济政策

西方国家的消费经济政策与我国相比发展较早，与我国的消费经济政策存在共同之处，也有所差别。西方经济学界一般认为，政府对经济进行直接、强制性的干预易降低市场经济的效率，应注意将政府"有形的手"和市场"无形的手"结合起来，取长补短，协调起来共同调控经济运行。同时，西方国家制定消费经济政策同时受到凯恩斯主义的需求管理理论和新自由主义的经济管理理论两大理论的影响，是两种理论依据相互结合、相互补充的产物。以下几点是西方国家近年来消费经济政策的特点。

第一，逐渐降低财政政策调控消费的力度和频率。与我国相比，西方国家的政府集权化程度不高，且市场发育相对成熟，因此政府一般不直接对经济社会进行干预，而是通过市场机制进行间接调控。此外，由于政策理念和政府职能的不同，很多西方政府都处于入不敷出的财政赤字状态，利用财政政策调控消费的能力受到了很大的限制。例如，在经济萧条时期，政府如果处于财政赤字的状态，为弥补财政赤字，政府不得不增加税收，这就会抑制消费需求，这与经济萧条时期需要增加社会总需求的经济目标是相违背的，因此只能采取财政政策以外的手段来实现该目标。

第二，货币政策在调控消费中发挥极为重要的作用。由于西方政府对财政政策的运用受到限制，货币政策在调控消费中就应发挥出更大的作用。相比于中国，西方国家对货币政策的运用更加成熟，自20世纪90年代起，许多西方政府就运用货币政策为本国经济的稳定做出了贡献。90年代初期，西方国家的经济正处于经济周期的低谷，政府立刻采用宽松的货币政策，降低利率以刺激国民消费，拉动社会总需求，帮助经济走出萧条。之后，这些国家的经济开始回暖，物价上涨，通货膨胀的问题出现，政府便立刻调整政策为紧缩的货币政策，提高利率以抑制过度的消费，使西方社会处于一个经济态势相对平稳的状态。

第三，消费经济政策的手段不断多样化和丰富化。西方国家在运用消费政策调控经济的手段，除了我们熟知的财政政策和货币政策以外，还能与产业政策、人口政策、收入分配政策、价格政策、社会保障政策、消费信贷政策等多种细分政策搭配，以更快地实现当下的经济目标，满足各国经济社会发展的要求，也有利于各国经济的长远发展。

三、中西方消费经济政策的比较与借鉴

由以上中西方消费经济政策的特点可以看出，中西方的消费经济政策存在一定的

共同之处，也在许多方面存在差异，这可能是因为中西方经济制度、意识形态、传统文化、社会结构不同所造成。总的来说，由于西方的消费经济政策与我国相比起步较早、发展较成熟，我国的消费经济政策与之相比还存在一定的差距。

第一，我国消费经济政策发展历史短，缺乏实践经验。西方国家自20世纪40年代的二战时期便开始运用消费经济政策调控宏观经济形式，至今已有近80年的历史，在一次次实践中总结了丰富的经验；而我国从1978年改革开放以后才对这类政策加以重视，至今仅有40多年历史，运用消费经济政策解决实际经济问题的次数较少，实践经验缺乏，运用手段尚未成熟。

第二，我国的指导政策理论基础不完整不成熟，主流的经济观点大多借鉴西方。从二战时期开始，西方各国就对消费经济学的理论进行研究，如今已经形成了相对成熟的消费经济理论体系，这为政策制定者制定消费政策提供了良好的理论保障；而我国在新中国成立之后仍受到传统思想文化、落后经济体制的约束，导致消费理论没有发展的机会和空间，如今关于消费政策的理论也大多借鉴于西方经济学的思想。

第三，西方国家更能灵活地运用各种消费经济政策手段。虽然我国在运用消费经济政策手段时，除了最主要的财政政策和货币政策，也不断尝试在收入分配、价格管制、消费引导等各个方面采取政策措施，但相较于西方国家仍然不够成熟，实践效果也不够理想。西方国家则能更好地根据实际经济形势，从宏观和微观两个角度，灵活地运用财政、货币、价格、收入、产业、引导等多种政策手段，在解决现实经济问题时更为高效。

【扩展材料】

一、相关政策文件

《关于提振大宗消费重点消费促进释放农村消费潜力若干措施的通知》

二、前沿知识

释放农村消费潜力的消费政策

2020年的新冠肺炎疫情对我国宏观经济产生了巨大的影响，居民的消费意愿和消费能力都受到了严重的冲击。为了使国内消费尽快复苏，一大波消费经济政策被提出并实施，尤其通过产业政策使某些产业加快复苏，刺激消费者对这类产品的需求，从而增强消费对经济的基础性作用。

以下分析政府在餐饮、家具家电、汽车等行业上实施的消费政策和措施。

在餐饮业上，政府出台减税降费、减免租金等措施，帮助它们缓解因疫情带来的资金压力；引导传统餐饮业创新经营理念，强调绿色环保、节约粮食的餐饮理念，鼓励餐厅增加绿色菜品的比重，鼓励消费者增强绿色消费观念；扩大农产品对餐饮业的供应，使农业与餐饮业实现联合，推动农产品供应链转型升级的同时也刺激餐饮方面的消费；创新消费模式，将线下实体店和线上平台结合起来，鼓励消费者进行多渠道消费，促进消费理念和消费模式的进步。

在家具家电行业上，政府重视产品全生命周期消费链条的建立，尤其是家具家电的消费后期，鼓励家具家电的更新置换和回收利用，建立以旧换新的新兴体系，合理设置废旧大宗商品回收处理中心、回收运输中转站，按照城市公共基础设施给予保障；鼓励绿色消费理念，对购买绿色智能家电、环保家具的消费者给予补贴；激发农村群体对家具家电的消费潜力，完善农村物流基础设施和商贸设施，实现全方位、多元化的"家电下乡"。

在汽车行业上，政府从多方面提供政策支持以刺激居民对汽车的消费。政府完善部分城市的限购政策，适当增加号牌指标的投放；开展新一轮汽车下乡和以旧换新，鼓励有条件的地区对农村居民购买3.5吨及以下货车、1.6升及以下排量乘用车，对居民淘汰"国三"及以下排放标准汽车并购买新车，给予补贴；加强停车场、充电桩等设施建设，鼓励充电桩运营企业适当下调充电服务费；优化汽车管理和服务，优化机动车安全技术检验机构资质认定条件，鼓励具备条件的加油站发展非油品业务，鼓励高速公路服务区丰富商业业态、打造交通出行消费集聚区，从而激发消费者的衍生需求。

由此看出，政府在疫情期间对各行各业都实施了针对性、差异化的消费政策措施，从不同层面拉动后疫情时代的消费复苏，全面发挥消费的基础性作用。

资料来源：商务部等12部门印发《关于提振大宗消费重点消费促进释放农村消费潜力若干措施的通知》[EB/OL]. http：//www.gov.cn/xinwen/2021-01/05/content_5577324.htm。

【思考题】

1. 简要阐述不同类型的消费经济政策手段，并谈谈它们的共同点和区别。
2. 你能举出我国政府运用消费经济政策解决经济问题的现实案例吗？
3. 你认为我国如何借鉴西方国家的经验，更好地运用消费经济政策调控国民经济？

第十八章
消费经济调控

对消费经济进行调控,是对整个国民经济进行调控的一个重要方面。什么是消费经济调控?如何对消费经济进行调控?这些都是本章所要论述的主要问题。同时,本章在回顾我国和西方消费经济调控的基础上,为我国今后的调控方向和现实选择做出讨论。

第一节 消费经济调控的必要性

一、对消费经济进行宏观和微观调控

(一)消费经济调控的含义

消费经济调控是根据一定时期社会经济发展的战略目标、方针、政策以及消费领域和消费过程中的实际情况,对整个社会的消费活动以及消费者个人的生活消费进行有意识的、合理的调节,以使社会消费纳入文明、健康、科学的运行轨道,更好地为人的发展,社会、经济、文化的发展服务。[①]

(二)消费经济调控的范围

消费经济调控包括宏观和微观两个方面。对消费经济进行宏观调控是对整个国民经济宏观调控的重要内容之一。由于市场具有自发性和盲目性,在国民经济运行和社会再生产过程中,生产、分配、交换和消费各个环节之间以及消费经济领域内部,必然会出现各种问题和矛盾,从而对消费经济产生不可避免的影响。这就需要国家和政府对消费经济进行调控,合理匹配"看得见的手"和"看不见的手",协调消费与生产、分配、交换各个环节的关系以及消费经济领域内部的各种关系,以适应经济社会发展战略目标和宏观决策的要求,促进社会主义市场经济持续健康发展。

同时,消费经济的微观调控也是消费经济调控不可或缺的一面。消费者个人在满足自身物质文化生活需要的时候,一般会考虑实现一定消费支出下消费效用的最大化,或在实现一定消费效用的过程中使得消费支出最小化,而这些考虑和选择属于微观决策范畴。尽管理性的"经济人"的确是追求消费实惠的,但是人不仅是"经济人",还是"社会人",这就说明了消费者个人在消费过程中不可能都是理性的,其消费行为也不可能完全符合经济社会可持续发展理念和社会规范。因此,在坚持消费自由的基本

[①] 柳思维,尹向东. 消费经济学 [M]. 3版. 北京:高等教育出版社,2018:296-298.

原则的同时，需要通过调控消费者的个人经济行为，引导消费主体理性消费，实现消费行为的科学性、合理性和文明性，推动消费经济健康发展。

二、消费经济调控的必要性

消费经济作为国民经济的一个重要领域，对消费经济进行调控具有非常大的必要性。其必要性主要体现在以下几个方面。

（一）符合国民经济宏观调控的要求

对消费经济进行调控，是由我国市场经济的根本特点决定的，是国民经济宏观调控的一个重要方面。早在中共十六届三中全会通过的《中共中央关于完善社会主义市场经济体制若干问题的决定》中就指出，"更大程度地发挥市场在资源配置中的基础性作用，增强企业活力和竞争力，健全宏观调控"，"完善宏观调控体系"。由于我国市场经济发育尚不完善，市场失灵现象严重，政府的宏观调控是有其存在必要性的，而对消费经济进行调控正是国民经济宏观调控的一个有机组成部分。

（二）促进国民经济良性循环

市场经济是需求导向型经济，市场需求首先是消费者需求、消费需求。改革开放以来，随着社会主义市场经济的发展和完善，消费需求在经济增长中的导向和拉动作用越来越突出，我国正在向需求导向型经济转变。但我国居民普遍有储蓄偏好和习惯，这就会抑制消费，使得消费和储蓄之间的平衡被打破，不利于国民经济的良性循环。通过对消费经济进行调控，可以扩大消费需求，提高居民消费能力和消费层次，促进消费结构的升级和优化。而消费结构的升级和优化，又能够引起产业结构的升级和优化，形成新的经济增长点，畅通国内经济循环，推动国民经济良性发展。

（三）促进合理消费

通过对消费经济进行调控，引导正确的消费观和价值观，使消费者文明、健康、科学地进行消费。随着经济发展和人民生活水平的提高，消费结构正由生存型消费向发展型和享受型消费转变，消费水平不断提高，消费结构不断改善。特别是当代，高科技迅猛发展，并不断渗透于消费领域，导致消费领域不断扩大，消费选择越来越呈现多样化、个性化的特征；同时，消费领域的诱惑和不良行为也越来越多，许多消费行为不符合社会规范和准则，网络犯罪等问题时常出现，严重败坏社会主义精神文明，影响和谐社会建设。因此，对消费经济进行调控十分必要，它是促进消费合理化、建设社会主义文明、推动经济健康发展的重要条件。

（四）提高人的素质，促进人的全面发展

关于人的发展问题，西方经济学家早就有论述。马克思把人的全面发展作为建立未来社会的"基础"。作为中国共产党重大战略思想的科学发展观将"以人为本"列为核心内容。在新的历史条件下，要在发展社会主义物质文明和精神文明的基础上，不断促进人的全面发展。对消费经济进行调控，必须以促进人的全面发展为出发点和落脚点，用先进文化引导人们各项消费活动，不断提高消费质量，促进人的身心健康和全面发展。这是落实科学发展观的重要内容，也是调控消费经济的最终目的之一。

（五）促进社会文明和社会全面进步

消费水平得到合理的提高，消费结构得到升级和优化，尤其是发展型消费比重的

提高，能够带来人的素质和社会文明程度的提高，推动社会在物质层面和文化层面的全面进步。科学消费有利于经济发展，文明消费有利于社会发展，绿色消费有利于人与自然和谐发展，享受型消费资料和发展型消费资料消费有利于人的全面发展，从而推动经济社会发展。因此，对消费经济的合理调控，是符合可持续发展理念和科学发展观要求的，有利于促进社会文明建设和社会全面进步。

第二节　中西方消费经济调控的历史回顾

一、我国消费经济调控的历史回顾与现实选择

（一）我国消费经济调控的历史回顾

1. 从1993年至1996年，国家实行紧缩性消费调控政策

经过三年治理整顿，1992年我国经济正式驶入快速增长的轨道。但1993年出现了高通货膨胀，说明当时经济过热，其原因之一是城镇居民新一轮消费需求热点的形成引发了消费膨胀。为了抑制消费需求的过快增长，从1993年开始，国家实行了紧缩性消费调控政策，提高存款利率，实行保值储蓄，开征消费税，加强工资管理。这种紧缩性消费调控政策一直持续到1996年，其政策效果是显而易见的，通货膨胀得到抑制，国民经济转向稳定增长，1996年宏观经济成功实现"软着陆"。

2. 从1996年中期至1998年，消费调控政策呈现中性特点

1996年中期到1997年底，宏观经济政策仍然以紧缩性为主。1997年下半年爆发了东亚和东南亚金融危机，导致外需减少，同时，国内经济发展受结构性因素的深层次影响，有效需求不足，引发了通货紧缩，因此，1996年5月到1998年12月，央行连续六次下调利率，在1998年下半年，政府果断实施了扩张性宏观经济政策，试图靠公共投资需求的增长来带动需求增加和经济增长，可见，1996年中期至1998年这段时期，消费并没有成为经济宏观调控的重点，既没有推行一系列鼓励和增加消费的政策，也没有采取抑制消费的措施，消费调控政策呈现中性特点。[1]

3. 1999年下半年开始，鼓励、扩大消费需求

1999年下半年，我国的消费经济调控出现了根本性转变，政府出台了一系列鼓励、扩大消费需求的政策：下调居民存款利率；提高国企下岗职工基本生活费、失业救济金和城镇居民最低生活保障费；增加公务员工资和离退休人员离退休费；鼓励发展消费信贷；征收高达20%的利息税；积极改善消费环境；高校扩招。这种扩张性消费调控政策减缓了1999年消费需求增长的下降幅度，有效地抑制了整个国民经济的下滑趋势，实现了全年7.1%的经济增长目标。

4. 2000年以来扩张性消费调控政策与消费体制改革并行

2000年以来，国家继续奉行扩张性消费调控政策，并着力进行消费体制改革，消除抑制居民消费需求增长的体制性因素，该调控使得消费增长速度继续提高，通货紧

---

[1] 资树荣. 消费调控回顾与展望 [J] 湘潭大学社会科学学报. 2001（2）：12-14.

缩势头得到有效缓解。就我国目前经济形势和"三驾马车"的增速来看，我国外需不振，因此，必须扩大内需尤其是消费需求，这不仅是短期保增长的重要举措，也是拉动经济增长的最终动力，更是长期我国经济发展方式转变的重要内容之一。当前在扩大消费需求上还存在一些制度性障碍，所以，我国财政政策和货币政策的重点应当向消除制约消费扩张的制度性障碍方向倾斜。

（二）我国消费经济调控的现实选择

始于1999年的扩张性消费调控政策不应该是短期之举。基于我国经济增长的现实条件、消费环境和经济可持续发展的要求，扩张性消费调控政策应该继续实施下去，直到宏观经济形势完全好转，通货紧缩消除。

我国正处于经济结构调整期，人们在面临市场竞争的同时，还要承受结构调整所带来的不利影响。这不仅抑制了居民收入的稳定增长，还制约了消费增长。由于抑制消费需求的体制性和结构性因素在短期内难以有效消除，就需要用消费调控手段来抵消这些因素对消费增长的不利影响。在市场经济条件下，消费需求作为拉动经济增长的主导因素，只有推行扩张性消费调控政策才能保持经济持续稳定增长。

二、西方国家的消费经济调控

（一）西方消费经济调控的目标

西方国家虽然没有明确提出消费经济调控的目标，但在它们提出的经济调控目标中，实际上已包含了消费经济的调控目标。[①] 从二战后西方国家消费经济调控的实践来看，西方消费经济调控目标主要包括以下几个方面。

1. 实现消费供需平衡

所谓消费供需平衡，就是指一定时期内市场消费品供应与消费品需求的相对一致与协调。二战后，消费供需平衡是宏观经济健康运行的重要条件，由于在西方国家的国民生产总值中，消费所占比重较大，因此，消费的供需平衡对实现社会总需求与总供给的平衡起到了举足轻重的作用；消费供需平衡还是实现宏观经济调控目标的客观要求，对实现充分就业、物价稳定、经济增长、国际收支平衡四大目标起着十分重要的作用。

2. 实现消费主体智能化

所谓消费主体智能化，就是指消费者的科学文化水平、知识和技能，应随着科学技术的发展而提高。二战后，现代科学技术迅猛发展，在社会生产领域得到广泛应用，并不断渗透到消费领域，给人们的消费生活带来了巨大变化。这就需要消费者提高科学文化素质，掌握现代科学技术，以充分享受现代科学技术的丰富成果，提高消费者的消费能力，缓和资本主义生产过剩的危机。因此，西方国家将实现消费主体智能化列为消费调控目标。

3. 实现社会平衡

所谓社会平衡，是指通过建立社会保障和公正体系，以缓和强者和弱者之间的矛

---

① 王启云. 西方消费调控的目标、政策和手段［J］. 湘潭大学学报（社会科学版），2000（5）：104-111.

盾，消除社会隐患，从而确保社会稳定。经济持续增长是二战后西方国家最重要的经济调控目标，但要实现这一经济调控目标，必须以社会平衡为前提，因此，西方国家将实现社会平衡列为消费调控目标。但这一社会平衡是建立在私有制基础上的，西方国家采取福利和保险措施的根本目的是维护和巩固资本主义制度，因而对社会平衡的调节作用和效果是有限的。

4. 实现可持续消费

所谓可持续消费，是指为适应可持续发展而进行的消费。近年来，不可持续消费和生产模式导致了许多全球性问题，如温室效应、臭氧层破坏、森林植被锐减、水土流失、沙漠化，以及环境污染等，使地球环境不堪忍受。[①] 而地球环境的破坏，给人们的生活消费带来严重的影响，降低了人们的生活质量，影响了人们的身心健康，破坏了消费品的生产条件，导致消费品生产成本提高、使用价值降低，加剧自然灾害，给人类带来巨大灾难。正因如此，西方国家力图通过消费经济调控促成可持续消费，摆脱资源危机、生态平衡危机和人类自身的生存危机。

（二）20 世纪 30 年代以来西方消费经济调控的演变

20 世纪 30 年代以来，西方消费经济调控政策的发展历程，大体上经历了四个主要阶段。[②]

1. 20 世纪 30~50 年代是西方消费调控政策体系的孕育阶段

1936 年凯恩斯的《就业、利息与货币通论》出版，他认为经济无法稳定自己，需要由政府干预来实现稳定并维持充分就业。为了解决有效需求不足的问题，政府要以发达的市场机制为前提，运用财政、工资政策和行政管制来进行调控。凯恩斯的这些政策主张虽然发挥了一定的作用，但他的调控手段还比较单一，没有形成完善的消费调控政策体系。

2. 20 世纪 50~70 年代是西方消费调控政策体系的形成阶段

截至第二次世界大战，西方消费经济调控的手段还主要是财政、工资政策和行政管制，还没有形成完善的消费调控政策体系。从 50 年代开始，西方国家不仅继续充分发挥财政、工资政策对消费的调控作用，而且货币政策、收入政策、储蓄政策、消费信贷、经济计划、产业政策等也成为消费调控的重要手段。70 年代，环保政策得到推行，用来改善西方国家的消费环境质量。至此，西方消费调控政策体系基本形成，并逐步得到完善。

3. 20 世纪 80 年代是西方消费调控政策的改革阶段

20 世纪 70 年代，资本主义经济陷入了"滞胀"危机，作为二战后主要西方国家制定经济政策理论基础的凯恩斯主义宣告破产，货币主义、供给学派等新自由主义在西方国家相继登上历史舞台，使得 80 年代西方消费经济调控的理论依据发生了变化，西方消费调控政策也发生了较大的变化。弱化财政政策对消费的调节作用，实行紧缩性财政预算措施；加强货币政策的消费经济调控作用；税收政策目标向刺激供给、抑制

---

① 王启云. 西方消费调控的目标、政策和手段 [J]. 2000 (5)：104 - 111.
② 资树荣. 西方消费调控政策的演变 [J]. 经济学动态，1999 (2)：72 - 75.

消费转变；改革社会保障制度，推动社会保障私人化。

4. 20世纪90年代是西方消费调控政策的调整阶段

20世纪90年代初，西方国家经济先后陷入衰退，出现高失业率、高财政赤字、经济增长速度下降甚至负增长的现象。这又宣告了新自由主义理论的失灵，凯恩斯主义卷土重来，再度成为西方消费经济调控的重要理论依据。但西方国家并没有完全摒弃新自由主义理论，而是促进政府干预与市场调节相互结合，彼此协调，共同推动经济发展。因此，继续弱化财政政策的消费经济调控作用，但扩大了科教项目的财政支出；继续发挥货币政策在西方消费经济调控中的重要作用，但调控手段由调节货币供应量转向调节利率；加大社会保障改革力度，扩大社会保障改革范围；突出强调环保政策的消费经济调控作用。

三、西方消费调控政策对中国经济改革的启示

（一）增加政府投入，刺激有效需求

针对我国经济需求不足、供给相对过剩、经济结构不合理等矛盾，政府应继续实行扩张的财政政策，加大财政投资支出，降低税率，增加转移性支付，以刺激消费，扩大社会总需求，达到经济增长的目的。尽管该政策具有立竿见影地刺激有效需求的功效，但并不能随心所欲、毫无节制地使用，否则就很难避免出现"滞胀"的局面。

（二）提高居民可支配收入，增加居民消费，拉动国民经济健康发展

根据消费函数理论，促进居民消费增长的关键在于增加居民收入和提高居民消费倾向。收入是决定消费最重要的因素，因此，实现社会消费量增加最重要的途径，就是增加居民可支配收入。而要提高居民收入，首先要保持经济快速增长；其次实行就业优先和社会保障优先政策，提高城镇居民的可支配收入；还要大力推进农村城镇化，采取免征农业税等措施，减轻农民负担，多渠道增加农民收入。

（三）转变消费观念，调整消费结构和信贷政策

实行消费信贷可以改变人们对未来的不良心理预期，提高人们的消费倾向，改变消费方式，从而改善消费结构，提高消费水平。国家应采取配套的改革措施，减少不合理的教育收费，推进社会保障的合理化、规范化，改善人们对未来收入、支出的预期，增强消费信心，促进消费。

（四）增加公共支出，调整税收政策，大力发展对外贸易

公共支出包括政府购买和转移支付两部分。通过增加公共支出刺激并带动私人投资，带动需求总量的增加；取消或调整某些抑制消费需求的税收政策，改变人们的收支预期，增加社会消费；根据我国社会经济发展实际，适度降低个人所得税起征点，增加个人可支配收入，促进社会消费增加；针对需求不足的经济态势，国家应该适度调整个人所得税税收级差，提高对高收入者的税收力度；减少两极分化，让有消费需求的人有能力消费，以扩大社会需求总量。[1]

---

[1] 张福生. 西方消费调控政策及其启示 [J]. 焦作大学学报, 2005 (5): 29-30.

第三节 消费经济调控的基本原则和方法

一、消费经济调控的基本原则

对消费经济进行调控主要是为了在既定的生产基础上提高消费者的满足程度,更好地发挥消费经济对整个国民经济的推动作用。因此,对消费经济的调控应坚持以下基本原则。

(一) 必须从生产力和消费力之间进行良性循环的高度对消费经济进行调控

生产力与消费力在本质上是相互联系的,二者相互依存、相互促进,在矛盾运动中共同促进社会经济不断发展。通过对消费经济的调控,提高消费力,扩大消费需求,促进消费结构的优化和升级,从而倒逼产业升级,促进产业结构的优化,培育新的经济增长点,实现经济的增长和生产力的提高。而生产力的提高,能为人们提供更高质量的产品和服务,创造就业岗位,提高居民收入和全民素质,又反过来促进消费力的提高。对消费经济的这一调控,促进了生产力与消费力之间的良性循环,从而有利于实现生产与消费之间的良性循环。因此,我们必须坚持从生产力和消费力之间进行良性循环的高度对消费经济进行调控,实现经济效益和消费效益的双赢。

(二) 必须从可持续发展的战略高度对消费经济进行调控

如今,可持续发展观念不仅成为国内人们的共识,甚至还走出了国门,成为其他国家指导经济社会发展的总体战略。1997 年,中共十五大把可持续发展战略确定为我国"现代化建设中必须实施"的战略。2002 年,中共十六大把"可持续发展能力不断增强"作为全面建设小康社会的目标之一。习近平同志说"可持续发展才是好发展"[①]。因此,可持续发展是建立在社会、经济、人口、资源、环境相互协调和共同发展的基础上的一种发展。而消费经济作为国民经济的重要方面,也要坚持可持续发展,培育良好的生态环境,发展生态消费,逐步形成生态消费体系。

(三) 必须从当代消费发展的趋势对消费经济进行调控

随着社会经济、文化的发展,消费经济也将不断发生变化,居民消费出现许多新的趋势:智能化、健美化、个性化、世界化、多样化。只有从当代消费发展的新趋势对消费经济进行调控,更加注重消费主体的智能化,提高发展型和享受型消费资料的质量,积极倡导自主型消费,顺应世界化消费趋势,满足人们消费多元化的需求,才能更有利于人们消费水平的提高和消费结构的优化升级,更有利于人的全面发展和社会经济的协调可持续发展。

(四) 必须用先进文化对消费经济进行调控

先进文化是人类创造的物质财富和精神财富的结晶,其价值取向有利于促进个人、家庭、国家、全人类的和谐与全面协调可持续发展。马克思在《哲学的贫困》中揭示

[①] 霍小光,徐剑梅. 习近平主席出席联合国成立七十周年系列峰会侧记 [N]. 人民日报,2015 - 09 - 30 (2).

"生产力的增长、社会关系的破坏、观念的形成都是不断运动的"。经济文化一体化是当代社会发展的一个大趋势，其发展也是不断变化的。而消费作为经济文化一体化的重要结合点，只有用先进文化来引导人们的消费心理和消费决策，弘扬社会主义精神文化，发扬社会主义精神文明，使消费行为朝着文明、健康、科学的方向发展，才能促进人的全面发展和社会的全面进步。

二、消费经济调控的具体途径和方法

（一）运用政府的宏观政策调控

通过政府的宏观政策调控，处理好投资与消费的关系，以利于发展消费力，扩大消费需求。总消费包括政府消费和居民消费，总消费在国内生产总值中的比重形成最终消费率。我国过去的最终消费率一直偏低。不仅偏低，而且一直走低。近年来，全世界平均最终消费率为60%左右[1]，而我们一直比世界平均水平低得多。正由于居民消费率偏低，必然影响消费水平的提高和消费需求的扩大。因此，我国当前应该通过宏观政策调控，提高最终消费率和居民消费率，通过扩大消费，开拓国内市场，促进消费体制升级，从而促进经济增长。

（二）运用经济手段调控

运用经济手段，包括价格、财政、税收、信贷等各种经济杠杆，对消费经济进行调控。例如，利用价格这个强有力的经济杠杆，对短缺资源的产品，适当提高价格，限制其消费量，使其与资源的状况相适应；对于优势资源的产品，可适当降低价格，鼓励其消费，以便发挥资源的优势，扬长避短。又如，利用税收这个强有力的经济杠杆，对生态环境和人体健康有不利影响的消费品，应提高税率，限制其生产；对破坏生态环境的课以重税，甚至予以重罚；对"绿色产品"的生产和消费，予以减税或免税。通过运用各种经济手段，培育消费热点，扩大消费市场，促进经济发展。

（三）运用行政手段调控

国家对消费经济进行调控和干预，是国家的经济职能之一。在关乎经济发展的大事上，我们要发挥各种职能部门的作用，运用行政手段，对消费经济进行有效的调控。比如，市场监管部门，直接监管市场和物价，限制某些消费行为。即使是管理生产的一些部门，也可以通过对消费品生产的有组织管理，去发展各类有利于人们身心健康的高质量产品，促进资源最佳配置，引导人们的生活消费向科学化、合理化、文明化方向发展。

（四）运用法律手段调控

要运用法律手段整顿市场经济秩序。社会主义市场经济是法治经济，必须用法律法规来约束人们的行为，包括消费领域的各种行为；要用法律手段来规范消费市场，打击假冒伪劣，维护消费者合法权益；要用法律手段净化文化市场，为人们身心健康发展提供良好的社会环境；要逐步增强市场主体的法律意识，促进消费经济有序健康发展；要把以德治国和依法治国紧密结合起来，除了加强法制建设，还要加强公民道

---

[1] 江林，马椿荣，康俊. 我国与世界各国最终消费率的比较分析［J］. 消费经济，2009（2）：35-38.

德建设，在修改、补充现有法律的同时，注重公民消费文明和消费文化的建设。

（五）开展消费教育，引导消费观念

消费观念影响人们的消费决策和消费行为。引导人们树立科学的消费观和价值观，一方面要破除传统的消费观念，反对过分节省和储蓄，敢于消费；另一方面要反对奢侈浪费，提倡勤俭节约，理性、科学、合理消费。

在开展消费教育的时候，一方面要引导人们的消费观念、消费方式。消费观是每一个人都具备的在消费生活方面的根本观点和价值判断，它是消费者消费心理的基础与消费行为的指南。另一方面要进行消费技能的教育。消费技能是消费者运用所掌握的消费知识进行消费实践的能力，消费技能包括消费者对消费市场等相关知识的理解力、对商品的鉴别力、选购力、消费力和评价力等。

同时，必须完善消费教育体系，形成以学校为消费教育的主要阵地，家庭为消费教育的支点，社会为消费教育的大舞台的消费教育体系。只有这样，消费观念才能有效地发挥其导向作用。

【扩展材料】

一、相关政策文件

《国务院办公厅关于以新业态新模式引领新型消费加快发展的意见》

二、前沿知识

以新模式引领新型消费

近年来，我国以网络购物、移动支付、线上线下融合等新业态新模式为特征的新型消费迅速发展，特别是新冠肺炎疫情发生以来，传统接触式线下消费受到影响，新型消费发挥了重要作用，有效保障了居民日常生活需要，推动了国内消费恢复，促进了经济企稳回升。但新型消费领域发展还存在基础设施不足、服务能力偏弱、监管规范滞后等突出短板和问题。在常态化疫情防控条件下，需要着力补齐新型消费短板、以新业态新模式为引领加快新型消费发展。

1. 以习近平新时代中国特色社会主义思想为指导，坚定实施扩大内需战略，以新业态新模式为引领，加快推动新型消费扩容提质，补齐基础设施和服务能力短板，规范创新监管方式，促进线上线下消费深度融合，实现新型消费加快发展。

2. 加力推动线上线下消费有机融合。进一步培育壮大各类消费新业态新模式，建立健全"互联网+服务"，加快社会服务在线对接、线上线下深度融合；推动线上线下融合消费双向提速，支持互联网平台企业向线下延伸拓展，加快传统线下业态数字化改造和转型升级，推动线上线下消费高效融合、大中小企业协同联动、上下游全链条一体发展；鼓励企业依托新型消费拓展国际市场，推动电子商务、数字服务等企业"走出去"。

3. 加快新型消费基础设施和服务保障能力建设。加强信息网络基础设施建设，进一步加大 5G 网络、数据中心、物联网等新型基础设施建设力度；完善商贸流通基础设施网络，建立健全数字化商品流通体系，降低物流综合成本；大力推动智能化技术集成创新应用，推进大数据、云计算、人工智能等技术发展融合；安全有序推进数据商用，依法加强信息数据资源服务和监管；规划建设新型消费网络节点，积极发展"智慧街区""智慧商圈"。

4. 优化新型消费发展环境。加强相关法规制度建设，出台互联网上网服务管理政策，规范行业发展；深化包容审慎和协同监管，按照包容审慎和协同监管原则，为新型消费营造规范适度的发展环境；健全服务标准体系，推进新型消费标准化建设；简化优化证照办理，进一步优化零售新业态新模式营商环境。

5. 加大新型消费政策支持力度。强化财政支持，各级财政通过现有资金渠道、按照市场化方式支持新型消费发展；优化金融服务，深化政银企合作，拓展新型消费领域投融资渠道；完善劳动保障政策，鼓励发展新就业形态，支持灵活就业，加快完善相关劳动保障制度。

6. 强化组织保障。加强组织领导和统筹协调，充分发挥完善促进消费体制机制部际联席会议制度作用，强化部门协同和上下联动；强化监测评估，加强新型消费统计监测，提高政策调控的前瞻性和有效性；注重宣传引导，创新宣传方式，营造有利于新型消费良性发展的舆论氛围。

资料来源：国务院办公厅关于以新业态新模式引领新型消费加快发展的意见［EB/OL］. http://www.gov.cn/zhengce/zhengceku/2020-09/21/content_5545394.htm。

【思考题】

1. 为什么要对消费经济进行调控？
2. 消费经济调控的基本原则是什么？
3. 如何对消费经济进行调控？
4. 西方消费经济调控对我国有什么启示？

参考文献

[1] 2019年度中国数字阅读白皮书：探索全民5G阅读沉浸式体验新时代［EB/OL］. http：//www. gov. cn/xinwen/2020-04/23/content_5505479. htm，2020－04－23.

[2] Jílková P, Králová P. Digital Consumer Behaviour and eCommerce Trends during the COVID-19 Crisis［J］. International Advances in Economic Research，2021（3）：1－3.

[3] Brown P H, de Brauw A, 都阳, 王美艳. 新型农村合作医疗与农户消费行为［J］. 中国劳动经济学，2009（2）：1－29.

[4] 白重恩, 李宏彬, 吴斌珍. 医疗保险与消费：来自新型农村合作医疗的证据［J］. 经济研究，2012（2）：41－53.

[5] 陈前恒. 消费扶贫：架起城乡需求的桥梁［J］. 人民论坛，2019（23）：80－82.

[6] 邓文硕. 我国消费信贷对产业结构的分化作用研究［D］. 北京：中央财经大学，2019.

[7] 丁宁. 中国消费信贷对经济增长贡献的实证分析［J］. 财经问题研究，2014（3）：62－68.

[8] 段忠贤, 黄其松. 要素禀赋、制度质量与区域贫困治理：基于中国省际面板数据的实证研究［J］. 公共管理学报，2017，14（3）：144－153，160.

[9] 高一兰, 黄晓野. 基于数字经济的消费金融发展问题研究［J］. 黑龙江社会科学，2020（2）：66－70.

[10] 郭劲光, 俎邵静. 七十年来我国扶贫开发模式转型研究［J］. 重庆社会科学，2019（6）：5－17，2.

[11] 胡雪萍. 绿色消费［M］. 北京：中国环境出版社，2016.

[12] 来有为, 霍景东, 王敏, 尤越. 疫情后我国服务消费的发展趋势及促进消费回补的政策建议［J］. 发展研究，2020（5）：30－40.

[13] 雷切尔·博茨曼, 路·罗杰斯. 共享经济时代：互联网思维下的协同消费商业模式［M］. 上海：上海交通大学出版社，2015.

[14] 李汉卿. 协同治理理论探析［J］. 理论月刊，2014（1）：138－142.

[15] 李军. 海南省消费扶贫的创新实践［J］. 农村·农业·农民（B版），2019（6）：18－20.

[16] 李丽. 消费扶贫的成效、问题与对策：基于"海南爱心扶贫网"的调查［J］. 新东方，2019（3）：48－54.

[17] 李龙, 任颖. "治理"一词的沿革考略：以语义分析与语用分析为方法［J］. 法制与社会发展，2014，20（4）：5－27.

[18] 刘国华, 吴博. 共享经济2.0［M］. 北京：企业管理出版社，2015.

[19] 刘敏, 车俊山. 绿色消费与绿色营销 [M]. 北京: 清华大学出版社, 2012.

[20] 龙少波, 陈路, 张梦雪. 基于可持续生计分析框架的消费扶贫质量研究: 以国家扶贫开发工作重点县绿春县为例 [J]. 宏观质量研究, 2021, 9 (1): 15-28.

[21] 罗宾·蔡斯. 共享经济: 重构未来商业新模式 [M]. 杭州: 浙江人民出版社, 2015.

[22] 马克思恩格斯文集 (第8卷) [M]. 北京: 人民出版社, 2009.

[23] 马克思. 资本论 (第二卷) [M]. 北京: 人民出版社, 1975.

[24] 马克思. 资本论 (第一卷) [M]. 北京: 人民出版社, 1975.

[25] 马彦华. 新中国成立70年来我国服务消费的演变与思考 [J]. 企业经济, 2019 (9): 24-30.

[26] 毛捷, 赵金冉. 政府公共卫生投入的经济效应: 基于农村居民消费的检验 [J]. 中国社会科学, 2017 (10): 70-89.

[27] 毛中根, 等. 中国文化消费提升研究 [M]. 北京: 科学出版社, 2018.

[28] 齐萧苪. 冠状病毒疫情对中国远程教育影响的思考 [J]. 科技与创新, 2020 (18): 44-45, 49.

[29] 前瞻产业研究院. 2020年中国健康服务行业市场现状及发展前景分析未来十年市场规模将达到16万亿元 [EB/OL]. https://bg.qianzhan.com/trends/detail/506/200417-331a1ed4.html.

[30] 秦珑. 基于长效消费机制的消费品商贸流通体系评价 [J]. 商业经济研究, 2015 (18): 16-17.

[31] 谭燕芝, 李兰. 论我国消费信贷的发展: 基于借鉴美国消费信贷的视角 [J]. 消费经济, 2008 (3): 33-37.

[32] 王俊. 消费扶贫的路怎么走 [J]. 决策, 2019 (7): 60-62.

[33] 魏延安. 消费扶贫: 政策、理论与实践 [J]. 陕西行政学院学报, 2020, 34 (1): 14-19.

[34] 文魁. 建设绿色城市享受绿色生活: 以绿色消费推动绿色北京建设 [J]. 中国特色社会主义研究, 2009 (3): 55-60.

[35] 文魁. 论科学消费 [J]. 党政干部文摘, 2007 (4): 19-20.

[36] 夏杰长. 全球疫情冲击下的中国服务业: 分化与创新发展 [J]. 财经问题研究, 2020 (6): 3-12.

[37] 邢晓溪, 郭克莎. 数字消费对商贸流通的偏离效应研究 [J]. 商业经济研究, 2020 (7): 14-17.

[38] 熊英, 别智. 绿色产业与绿色产品、绿色商标 [J]. 中华商标, 2010 (11): 21-24.

[39] 亚当·斯密. 国富论 [M]. 北京: 商务印书馆, 2015.

[40] 杨敏, 叶彬, 杨芳, 钱争鸣. 经济增长模型中的制度内生化与资本化研究 [J]. 经济问题探索, 2013 (3): 24-29.

[41] 姚作为. 服务消费决策行为研究: 基于品牌关系的角度 [M]. 北京: 中国标

准出版社，2007.

[42] 运行监测协调局. 2019 年软件和信息技术服务业统计公报 [R]. 2020.

[43] 臧旭恒，李燕桥. 消费信贷、流动性约束与中国城镇居民消费行为：基于 2004~2009 年省际面板数据的经验分析 [J]. 经济学动态，2012（2）：61-66.

[44] 赵萍. 消费经济学理论溯源 [M]. 北京：社会科学文献出版社，2011.

[45] 赵晓. 共享经济 2.0：谁将引领明天 [M]. 北京：经济日报出版社，2018.

[46] 赵振华. 马克思的消费理论及其启示 [J]. 当代经济研究，2011（1）：18-21.

[47] 周振华. 服务经济的内涵、特征及其发展趋势 [J]. 科学发展，2010（7）：3-14.

后　　记

消费是经济发展的"压舱石",消费对于畅通国民经济循环有着举足轻重的地位。作为经济学科的分支,消费经济学对于理解消费领域的运行规律、扩大消费规模、加快消费升级以及制定消费政策具有重要的意义。

在当前加快构建以国内大循环为主体,国内国际双循环相互促进的新发展格局背景下,高品质的消费对于人民满足对美好生活的向往有重要的作用。在2020年《中共中央关于制定国民经济和社会发展第十四个五年规划和二〇三五年远景目标的建议》中,首次提出高品质生活,而个性化、多样化的消费是高品质生活的重要体现。随着中国人均GDP突破1万美元的大关,之前大规模的排浪式、模仿式的消费模式已经基本结束。而在当前和未来的数智时代,随着人、货、场的不断加速变化,新颖性的、多样化的、个性化的消费需求正在兴起,这也使得传统消费经济学的研究面临新的问题和挑战。

因此,为了应对我国消费经济所出现的新问题和新特征,我们组织编写了这部现代消费经济学教材。与国内目前已有的消费经济学教材相比,本书有如下几个特点:一是更加系统地梳理了消费经济的相关理论;二是紧跟时代发展步伐,对当前消费经济前沿的热点问题、趋势问题进行了专门总结,如品牌消费、数字消费、服务消费、公共消费以及消费扶贫等;三是本书的大部分的章节都附有扩展材料,包括相关政策文件、前沿知识、案例,便于读者理论联系实际,理解国家消费经济政策制定的背景和实施效果。希望这本书的出版能够为从事消费经济学的科研工作者以及学生们提供相关参考和材料。本书的编写过程中参考了诸多学者的专著、论文和报告,我们都尽量列出。但由于时间仓促,可能还会有所遗漏,还望各位专家谅解。消费经济学领域博大精深,我们尽力去归纳总结,但由于时间和能力有限,如有谬误,还请各位读者朋友们多多批评指正,这也有利于我们未来在再版中加以纠正和完善。

感谢文魁(首都经济贸易大学原校长、教授)、夏杰长(中国社会科学院财经战略研究院副院长、研究员、教授)等消费领域的专家对本书的建议和意见。同时也感谢经济科学出版社对本书的悉心编辑和校对,使得本教材能够顺利出版。

本书的编写集中了若干位从事消费和经济学研究者的力量,具体分工如下:

第一章 导论(刘慧)、第二章 消费理论(刘慧、路爽、冯磊)、第三章 消费需求(龙少波、李洁雨)、第四章 消费升级(龙少波、裴红霞)、第五章 消费环境(龙少波、张睿)、第六章 服务消费(刘慧、冯磊)、第七章 绿色消费(刘慧、冯磊)、第八章 文化消费(刘慧、路爽)、第九章 数字消费(刘慧、路爽)、第十章 共享消费(刘慧、冯磊)、第十一章 公共消费（龙少波、张梦雪、杨慧）、第十二章 消费信贷（龙少波、田浩）、第十三章 消费扶贫（龙少波、陈路）、第十四章 品牌消费（刘慧、路爽）、第十五章 消费主义（刘慧、路爽）、第十六章 消费者权益（龙少波、左渝兰）、第十七章 消费经济政策（龙少波、丁点尔）、第十八章 消费经济调控（龙少波、李紫璇）。

编者

2021 年 3 月